"아버지여, 저의 생명으로 저(이) 사람의 생명을
대신하게 하시며,
나를 데려 가시고 저(이) 사람을 남게 하소서
친히 임재하셔서 역사하소서!
저(이) 사람을 살려 주옵소서!"
부활을 믿는 사람은
'아버지의 마음'으로 기도할 수 있다.

주님 다시 오시고 죽은 자들이 모두 살아난다면
온 우주의 질서와 물리적 법칙이 다 바뀌었다는 뜻이다.
이미 새 하늘과 새 땅이 이루어진 것이다.
그러므로 주님의 재림과 부활과
마지막 심판과 '새 하늘과 새 땅'은 하나이며
두 단계 재림(공중 재림과 지상 재림)이나 7년 대환난,
휴거, 천년 왕국 등
긴 시간을 두고 복잡한 여러 단계로 나뉘어질 수 없다.

개인적 경건에서 공동체적 희생으로
성화의 목록을 갱신하라.
하나님 안에서 진정한 부활의 능력이란
지배하고 다스리고 주목을 끄는 능력이 아니라
헌신하고 양보하고 기꺼이 손해를 볼 수 있는 능력이다.

② **기독교인문학**으로 부활 신앙 다시 읽기

죽음보다 가까운 "지금 여기"에서의 부활

"그리스도인다움"을 위한 부활 신앙의 회복

김 함 목사

그리스도인의 부활은
"지금 여기에서" 이루어지는 것처럼 이루어진다.

죽은 자는 잠에서 깨듯이 일어날 것이다.

죽음을 앞 둔 그리스도인은
아무 것도 두려워하지 말 것!!(히 2: 15)

주님께서 약속하신 것은 천국(천당)이 아니라 부활이다.

이레서원

죽음보다 가까운 "지금 여기"에서의 부활
"그리스도인다움"을 위한 부활 신앙의 회복

김 함 목사 지음

초판 1쇄 인쇄 2024년 10월 7일
초판 1쇄 발행 2024년 10월 10일

발행처 이레서원
발행인 문영이
출판 신고 2005년 9월 13일 제2015-000099호

기획·마케팅 신창윤
편집 송혜숙
총무 곽현자

경기도 고양시 일산동구 백석로71번길 46, 1층 1호
Tel: 02-402-3238, 406-3273 / Fax: 02-401-3387
E-mail: jireh@changjisa.com
Facebook: facebook.com/jirehpub

책값은 표지에 있습니다.

ISBN 978-89-7435-664-4 (03230)

신저작권법에 의해 한국 내에서 보호받는 저작물이므로 저작권자의 서면 허락 없이 이 책의 어떠한 부분이라도 전자적인 혹은 기계적인 형태나 방법을 포함해서 그 어떤 형태로든 무단 전재하거나 무단 복제하는 것을 금합니다.

죽음보다 가까운 "지금 여기"에서의 부활

"그리스도인다움"을 위한 부활 신앙의 회복

차 례

추 천 사   11

머 리 말   17

서 론   23

1. 아버지(어머니)의 마음으로 기도하기   31

이럴 때는 어떻게 해야 합니까?
치유 기도의 목적
어떻게 기도할 것인가?
아버지의 마음과 스승의 마음
아버지의 마음과 부모의 마음
이보다 더 큰 사랑이 없나니
하나님에 대한 오해

소리 내어 하는 기도
주님의 마음
하나님의 마음
우리 신앙의 현실과 부활의 영광
아버지의 마음으로 하는 기도
부활과 영생을 포기하는(?) 기도

2. "죽기를 무서워하"지 않는 사람 75

기독교 신앙의 본질은 부활 신앙이다
영혼의 구원과 부활 신앙
"죽기를 무서워하"지 않는 사람
불교와 이슬람교, 그밖의 경우
육신의 존재와 죽음
구원과 구원의 확신
죄의 개념과 기독교 신앙의 기본 원리
죽은 다음의 명예에 대하여
부활과 영생의 약속

3. 무슨 천국이 이래? 125

천국은 어떤 곳인가요?

천국에 대한 오해
단순한 용어의 혼란일 뿐인가?
죽어서 가는 나라 천국(천당)
완성시켜 가는 나라 천국(하나님 나라)
살아서 실현하고 누리는 나라

4. 우리는 어떻게 부활 신앙을 잃어버렸나?   165

우리는 무엇을 잃어버렸는가?
선교 패턴의 변화와 관련하여
주님의 재림이 늦어지는 이유

5. 잠 자다 깨는 듯이 부활할 것이다   191

하루가 천 년 같고 천년이 하루 같다?
죽은 사람, 잠 자는 사람
죽음—천국(천당)—부활(주님의 재림)

6. 부활과 동시에 '새 하늘과 새 땅'이 이루어진다   203

부활하고 보니……
세대주의적 전천년설

사탄의 결박
새 하늘과 새 땅
재림―부활―마지막 심판―새 하늘과 새 땅

7. "나라를 내게 맡기신 것 같이 나도 너희에게 맡겨"   249

천국(하나님 나라)을 천국답게
구원을 위한 믿음
주님 예수의 원리
그러면 어떻게 살 것인가?
지금 여기에서의 부활
성화의 목록을 갱신하라
상급에 대하여
순교에 대하여

8. 삶의 부조리와 그 배후   305

이해할 수 없는 일들
웃사의 경우와 욥
하나님에 대한 완전한 신뢰

추 천 사

(가나다 역순)

허 주 (아세아연합신학대학교 신약학 교수)

인간은 '언어의 동물'이라는 말이 있다. 하나님의 형상으로 지음 받은 인간의 차별성이라 해도 과언이 아니다. 이 명제에 덧붙이고 싶은 것이 있다. 인간은 언어를 통해 자신의 인생을 스토리로 구성하는 존재라는 사실이다. 이 책은 '재림과 부활 신앙'의 렌즈로 자신과 하나님, 이웃과 세상의 여러 소재들을 삶 속에서 관찰하고 묵상한 에세이식 이야기이다. 한국 그리스도인의 성숙된 자아와 한국 교회의 성경적 회복을 향한 저자의 소망과 기도가 챕터 이곳 저곳에 쉼 없이 깔려 있다. 저자의 이야기를 따라가다 보면 어느새 부활의 옷을 입은 채 그리스도 예수 재림 이야기 속의 인물로 형상화된 독자 자신을 만날 수 있다. 그때 거기서의 초대 교회 이야기가 새롭게 종말론적으로 찾아오는 오늘 여기서의 우리들의 이야기가 된다.

한덕수 (누가가정의학과의원 원장, 누가선교봉사단 이사장)

만약 이 책에서 주장하는 대로 부활과 영생이, 지금의 이 삶에 곧바로 이어지는 것이 사실이라면, 그것은 우리가 지금까지 생각하고 있던 신앙적 사고의 틀을 허무는 발상의 대전환이라고 말하지 않을 수 없다. 주님의 재림과 관련된 의문점들에 대해서도 이 책은 나름대로의 대답을 제시하고 있다. 지금 우리가 살아 가는 이 세계와 흔히들 천국(천당)이라고 부르는 세계의 시간의 흐름이 같지 않음에서부터 오는 이해의 오류라고 말이다.

본질적으로 기독교는 부활 신앙으로 기독교가 되었고, 그리스도인은 부활 신앙을 믿음으로 그리스도인일 수 있다. 많은 사람들이 종말의 때라고 말하는 지금 이 시대에, 부활 신앙의 회복이야말로 기독교를 기독교답게, 그리스도인을 그리스도인답게 세울 수 있는 절실한 주제라는 데 공감하는 바이다.

최은택 (연세대 연합신학대학원 겸임교수)

김함 목사님의 통찰에는 깊이 있는 고민과 성찰이 담겨 있습니다. 특별히 성경과 신앙을 바라보는 그의 눈에는 기존의 습관적인 성경 해석과 신앙 생활의 양태를 넘어 다양한 관점에서 본래적 의미를 찾아 적용하고자 하는 구도자적인 모습도 보입니다. 그는 오늘날 기독교의 문제를 진단하면서 먼저 그 중심에 왜곡된 '천국(천당) 신앙'이 있다는 점을 지적합니다. 그리고 기독교 신앙의 핵심이라 할 수 있는 '부활 신앙'의 회복을 강조하고 있습니다.

이 책에서, 육신의 삶과 부활의 삶이 마치 함께 붙어 있는 듯이 연속성을 가지고 있다는 주장 못지않게 큰 쟁점은, 바로 천년 왕국에 대한 부분이라고 할 수 있습니다. 저자는 주님의 재림과 함께 죽은 자와 산 자의 부활을 이야기할 때, 긴 시간과 여러 복잡한 과정을 제시할 필요가 없다고 말합니다. 주님의 재림과 성도들의 부활, 그리고 마지막 심판과 '새 하늘과 새 땅' 사이에는 어떤 중간 과정도 필요하지 않다는 것입니다. 모든 죽은 자들이 일시에 부활한다는 것은 지금까지의 우주 질서와 물리 법칙이 무너지고 새로운 우주 질서와 물리 법칙이 세워졌다는 의미이므로, 이미 새 하늘과 새 땅이 이루어졌다는 뜻으로 보는 게 맞고, 따라서 주님의 두 단계 재림(공중 재림과 지상 재림)도, 기존의 휴거 개념도, 천년 왕국도, 사탄의 묶임과 놓임도 새롭게 조명되어야 마땅하다고 합니다.

저자는 부활 신앙의 회복이, 이 땅에서 고난 없는 풍요한 삶을 추구하기보다는, 새 하늘과 새 땅에서의 영생을 위해, 그리스도인다운 삶을 가능하게 한다고 보았습니다. 또한 개인적 경건 위주로 구성되어 있는 성화의 덕목을, 공동체적인 희생과 헌신의 방향으로 확장시켜야 할 필요성을 제시하고 있습니다. 이러한 접근은 오늘날 기독교의 부정적인 자화상을 교정하는 데 꼭 필요한 과정이라고 여겨집니다. 그리스도인다운 삶을 위한 과정에 참여하고 싶으신 분들께 이 책을 추천합니다.

최병우 (군포G샘병원 원목, 한국원목협회 회장)

성경은, 그리스도인이라면 죽음을 두려워할 필요가 없다고 말씀합니다.(히 2: 15) 왜냐하면 주님의 부활이 사망의 권세, 곧 사탄의 권세를 파괴해 버렸기 때문입니다.(고전 15: 54) 많은 사람들이, 심지어 그리스도인들 가운데서도 부활을 믿을 수 없다는 사람들이 있습니다. 그러나 이미 있었던 존재가 다시 나타나는 것이 기적이라면, 없었던 존재가 새로 태어나는 것은 더 큰 기적이 아닐까요?

특별히 이 책은, 주님 예수를 바라보는 한 사람 한 사람에게는 부활과 영생이, 언제일지 모르는 먼 훗날 주님께서 재림하실 때까지 기다려야 하는 것이 아니라, 이 육신의 삶을 마치자마자 바로 이어지도록 설계되어 있다는 주장을 하고 있습니다. 만약 그 주장이 사실이라면, 지금 병마의 고통 가운데 계시거나 더이상 치료할 방법이 없다는 분들에게도 영생의 소망을 주기에 부족함이 없다고 하겠습니다.

조병수 (합동신학대학원 전 총장, 프랑스 위그노연구소 대표)
　자칫하면 먼 훗날의 일로 치부하여 소홀히 여기기 쉬운 부활 신학을 전면으로 끌어낼 뿐 아니라 부활과 현실의 연계성을 강하게 드러낸 책이다. 인체가 유기적으로 연결되어 있기 때문에 어느 한 감각 기관이 즐거우면 온 몸이 영향을 받는 것처럼, 기독교 신앙의 체계는 놀라울 정도로 정교하게 얽혀 있어서, 한 주제의 의미를 선명하게 깨달으면 갑자기 모든 주제가 환하게 이해되는 현상을 일으킨다. 마찬가지로 부활의 의미를 파악하는 순간, 전에는 무심코 받아들이던 구원, 성화, 천국, 재림, 상급 등 많은 것의 의미가 갑자기 한눈에 들어온다. 이 책의 백미는 부활 신앙을 회복하는 것이 그리스도인다워지는 지름길임을 제시하는 데 있다. 침착한 마음을 가지고 천천히 이 책을 일독해 보길 권한다.

양용의 (에스라성경대학원 은퇴 교수)
　"죽음보다 가까운 지금 여기에서의 부활", 책 제목부터 많은 생각을 함축한, 그래서 궁금증을 불러일으키는 흥미로운 책이다. 김함 목사는 스스로 이 책을, 신학적인 해결책을 제시하기 위해서가 아니라, 삶과 사색을 통해 깨닫게 된 '묵상적인 성찰 중심의 에세이'로 쓴 것임을 밝힌다. 김함 목사는 이 책에서, 오늘날 그리스도인의 신앙에 부활 신앙이 설 자리를 잃어 가고 있는 위기를 적절히 진단하고, 그 부활의 중요성을 회복해야 할 필요성을 다각적으로 촉구한다. 부활의 소망 가운데 죽음을 재해석하고, 참된 그리스도인의 가치관을 가지고 '양보하고 손해보고 희생하는' 덕목들의 소중한 가치를 깨닫기 원하는 분들께 이 책의 일독을 권한다.

류호준 (백석대학교 신학대학원 은퇴 교수)

하나님 나라를 전적으로 다른 세상으로만 강조했던 한국 교회의 오래 된 전통이 이른바 "천국(천당) 신앙"입니다. 죽어서 가는 복락의 세계 정도로 생각했던 전통입니다. 아직도 상당수 그리스도인들이 그런 신앙에 동의합니다. 하지만 하나님 나라의 현재성, 즉 지금 여기에서 일하시는 하나님에 대한 신앙은 어떠한가요? 저자는 이 지점에서 기독교 신앙의 근본 가르침을 재고하자고 주장합니다.

그에 따르면 기독교 신앙의 핵심 축은 예수 그리스도의 죽으심과 부활이고, 이 핵심 축을 중심으로 기독교는 지금까지 수많은 세월을 인고하며 복음 전파의 파수대(把守隊)와 전진 기지 역할을 충실히 수행해 왔습니다. 저자는 강력한 목소리로 천국(천당) 신앙이 아니라 부활 신앙을 기독교 신앙의 주춧돌로 삼아야 한다고 역설합니다. "지금 여기에서의 부활 신앙" 말입니다. 저자의 신학적 지평은 놀랍게도 웅대합니다. 그에게 부활은 개인적 차원을 넘어 새 하늘과 새 땅의 도래로 확장되는 우주적 사건이 됩니다.

저자가 말했듯이 이 책은 전문적 학술 서적도 논문 모음집도 아닙니다. 하지만 평생 진지하게 묻고 사고(思考)하는 그리스도인으로서 저자가 기독교 신앙의 본질에 관한 담론을 삶의 근거리에서 열정적인 목소리로 펼쳐 갑니다. 부활 신앙! 그것은 단순히 구호가 아니라 우리 그리스도인들의 개인적 삶의 전 여정을 이끌어 가는 근본적 힘이 될 수 있고 또 되어야 한다고 믿습니다. 뿐만 아니라 예수의 재림과 마지막 부활과 마지막 심판과 새 하늘과 새 땅의 도래로 이어지는 하나님의 장대한 구원 역사의 원동력이 될 것입니다.

기독교 신앙의 본질을 아주 쉽고 이해하기 좋게 펼쳐 놓은 책입니다. 마지막 장까지 완독하시면 "죽음보다 가까운 지금 여기에서의 부활 신앙"이 독자 여러분의 신앙 여정에 강력한 동력이 되리라 믿어 의심치 않습니다.

길성남 (고신대학교 은퇴 교수)

이 책은 어린 시절부터 신앙 생활을 해 온 저자가 자신의 경험과 사색과 통찰을 친근하면서도 솔직한 문체로 써내려간 개인적 신앙의 기록이라고 할 수 있다. 인생을 마치고 하나님 앞에 설 날을 생각하며 진지하게 쓴 글이어서 읽는 이를 숙연하게 만들고 자신의 신앙을 돌아보도록 도전하는 힘이 있다. 이 책에서 저자가 역설하는 것은 기독교의 기본 신앙이 부활 신앙이라는 점이다. 그는 오늘날 한국 교회가 교회다움을 상실하고 그리스도인들이 그리스도인다움을 잃어버린 가장 큰 이유가 부활 신앙을 상실한 것에 있다고 주장한다. 만일 부활 신앙을 회복한다면 초대 교회 성도들처럼 놀라운 헌신과 희생과 양보와 용서와 인내가 가능해질 것이고, 아버지의 마음으로 기도하는 것도 가능해질 것이라고 확신한다.

저자는 부활 신앙의 중요성을 말하는 것에 그치지 않는다. 저자 자신이 부활 신앙의 중요성을 확신하고 그 신앙대로 살기로 다짐한다. 그래서 아버지의 마음으로 양보하고 손해보고 기도하기를 주저하지 않는다. 여러 해 동안 저자를 옆에서 지켜본 사람으로서 분명히 말할 수 있다. 저자가 부활 신앙의 실천자라는 것을. 부디 이 책을 읽는 모든 독자들이 부활 신앙의 중요성을 깨닫고 부활 신앙을 회복하길 바란다.

머 리 말

　전혀 계획에 있던 일이 아니었다. 1년 전만 해도 나는 이 책의 내용에 대하여 아는 바가 별로 없었다. 그런데 생각하지 못했던 대목에서 의문이 생기고, 예상 밖의 맥락에서 실마리가 풀리고, 잠자던 가운데 비몽사몽 중에 단상이 떠오르고, 아침 기도를 하다 말고 갑자기 없었던 통찰이 생기기도 했다. (기도하는 중에 떠오른 생각을 잊어버리지 않기 위해, 기도하다 말고 메모장을 찾다가, 결국 기도의 맥이 끊어진 적도 있었다.) 어느 때는 무언가에게 누군가에게 억지로 끌려 가는 것이 아닌가 생각될 때도 있었다.

　집필하는 중에도 그랬지만 집필을 완료하고 보니, 이렇게 고상한 신념이('아버지의 마음으로 기도하기'와 같은) 어떻게 나같은(고상해지려고 부단히 노력하고 있지만 실상은 여전히 자기 수준에서 벗어나지 못하고 있는) 사람에게 허락되었을까 하는 의구심이 든다. 또한 부활에 대한 주제들을 두고 말하자면, 좀더 능력 있고 영향력 있고 명성 있는 사람에게 주어졌으면, 전파하고 확산시키기가 더욱 용이하지 않았을까 하는 생각을 부인할 도리가 없다. 이런 주제들은, 몰랐으면 모르겠거니와 알고 난 다음에는 사람을 그냥 가만히 있지 못하게 만들기 때문이다. 그래서, 역시 하나님은 우리가 어떤 일을 하느냐가 아니라 어떤 사람이 되어지느냐에 더 큰 관심을 갖고 계시구나 하는 생각도 드는 바이다.

이 책에 수록된 내용들은, 아마도 이제 내 인생의 마지막 사명으로 이어지게 되리라 예상해 본다. 그동안 별로 이룬 것이 없고 하는 일도 없이 그저 추하지 않게 늙어 가는 길만 남았다고 여겨 왔는데, 생각지도 않게 할 일이 생겨 버렸다. 우리의 교회가 초대 교회와 같이 부활 신앙을 회복하는 것, 그래서 모든 그리스도인들이 기독교 신앙의 역동에 가득 차서 세상을 향해 나아가는 것, 마침내 주님 예수의 길이 이 육신의 세상 가운데 드러나 그분이 재림하실 때까지 이어지도록 하는 것, 그걸 볼 수 있다면, 잠시 잠깐의 이 생을 바치는 게 뭐 그리 아까울 게 있으랴 하는 마음이 되기도 하는 것 같다.

어쩌면 이 때를 위하여 지금까지 살아 온 것이 아닐까 하는 심정이 될 때도 있었다. 나같은 사람에게 이런 통찰이 주어진 것을 보니 정말 주님 오실 때가 임박한 것인가 하는 생각에 사로잡히 기도 했다. 하지만 전후 사정이 어찌 되었든, 각 사람에게 주어진 몫은 너무 많지도 않고 너무 적지도 않아 차별이 없을 터이다. 맡겨진 만큼만 최선으로 감당하는 것이 나의 사명이라고 믿는다. 지나치게 높은 데 마음을 두지 않고, 그렇다고 게으름을 피우지도 않으면서, 생을 허락하시는 동안 온전한 그리스도인으로 살아 갈 수 있기를 소망할 따름이다.

이 책은 신학적 저술도 아니고 논문도 아니며 어떤 특별한 주제들을 집대성한 역작이라 할 수도 없다. 다만 몇 가지 단편적인 생각들을 연결시키고 재구성하여 기존의 관념들과 차별화를 시도했을 뿐이다. 어찌 보면 작은 발상의 전환에 지나지 않는 이 작은 책은, 그러나 누군가에게는 크게 활용될 가능성이 매우 높다고 나는 생각한다. 하나님 나라의 영광을 바라보며 주님 예수의 길로 행하기 위한 희생과 헌신을, 나 자신에게 그리고 다른 사람에게 요청할 때에, 그 당위성에 대해 무언가 좀 허전하게 느껴지던 잃어버린 작은 고리 하나를 찾았다고나 할까!?

이 책에서 제시하는 내용들을 수용하고 믿을 수 있다면, 반드시 지금 이 육신의 삶에 대한 안목과 태도가 바뀌게 되리라고 기대한다. 나 자신, 이러한 부활 신앙을 깨닫고 난 다음과 그 이전의 삶에 대한 태도에는 적지 않은 차이가 있었다. 먼저는 힘든 상황에 처할 때마다 지금의 삶을 주신 하나님의 의지를 부정하면서, 은근히 '이 괴로운 삶은 언제 끝나나, 죽으면 다 끝인데……' 하는 마음이 자주 들었었는데, 이제는 그런 마음이 없어졌다. 이전에는 죽음에 대한 일말의 두려움이 남아 있었지만 지금은 그게 아주 희미해졌다.(완전히 없어졌다고 할 수는 없지만) 죽음을 바라면서도 죽음을 두려워하는(이런 태도는 믿음의 균형이 무너졌다는 사실과 관련이 있다.) 이율배반적인 자세로 어정쩡하게 살아 왔었는데, 이제 생사(生死)를 하나님께 맡기고 오직 지금의 삶에서 최선을 다하여 주님 예수의 길을 따라가려는 마음으로 변화된 것이다.

천국(천당) 신앙이 부활 신앙으로 바뀔 때 변화가 일어나는 것은 당연한 일이다. 죽은 다음 천국(천당)에서 영원한 안식을 누리는 것(이 말 자체가 사실과 거리가 멀지만)과 새롭게 창조된 세상에서 부활하여 영생을 누리는 것 사이에는 엄청난 차이가 있다. 그리고 성경은 일관되게 천국(천당)이 아니라 주님의 재림과 우리의 부활을 증언하고 있다. 오직 성경을 믿고 자의적(恣意的)인 해석을 삼가며 모르는 것은 모르는 채로 남겨 둘 수 있다면, 누구든지 나와 동일한 결론에 이르러 동일한 변화를 경험할 수 있을 것이라고 생각한다.

이 책의 출판에 즈음하여 몇몇 분들에게 고마운 마음을 전하고 싶다. 먼저 그동안 함께 해 준 아내 문영이, 딸 은빈과 사위 박

태현, 아들 상군과 며느리 장미, 손자 박은호와 박선호, 태어난 지 얼마 되지 않은 손자 환이에게 사랑의 마음을 전한다. 그리고 1차 집필이 완료된 원고를 읽고 피드백을 해 주신 초등 학교 시절의 동네 친구였던 김병로 소장, 고등 학교 동창인 김원식 소장, 제자 윤종필 목사, G샘병원의 최병우 원목과 허태희 목사님에게 감사드린다. 이레서원의 신창윤 팀장, 곽현자 총무, 송혜숙 과장에게도 수고하셨다는 인사를 드리고 싶다.

이 책이 오늘날 우리의 기독교에 조금 보탬이 될 수 있기를 간절히 소망한다. 여러 교회와 많은 그리스도인들에게 선한 영향을 미칠 수 있기를 기대한다. 모든 그리스도인이 (나 자신을 포함하여) 초대 교회 때와 같이 하나님 나라를 향한 신앙의 열정에 불타오를 수 있기를 간구하는 바이다. 그리고 어떤 이의 고언(苦言)과 같이 '나는 과연 거듭난 사람인가' 다시 한번 생각해 본다.

2024년 6월 13일
CAFE 커피테라피/이레서원에서

서 론

이 책은 전적으로 한 가지 가정으로부터 출발한다. 그 한 가지 가정이란, '주님께서는 헛말을 하시지 않는다'는 것이다. 그것은 또한 '성경은 거짓말을 하지 않는다'는 가정과도 동일한 의미라고 보면 될 것이다. 그러므로, 주님께서 그렇게 말씀하셨다면, 성경에 그렇게 기록되어 있다면, 그렇게 믿는 것이 마땅하다. 이해가 되지 않는다 해도 이해를 위한 올바른 을 찾지 못한 것일 뿐 그 기록이 잘못된 것이라고 말할 수는 없다.

모두가 알다시피 성경 해석은 기본적으로 귀납적(歸納的)인 방법이 아니라 연역적(演繹的)인 방법을 추구하고 있다. 부분적으로 귀납적 접근을 허용할 때도 있지만, 근본적으로 연역적인 태도를 포기한 적이 없다. 이러한 태도는, 너무 독선적이고 아전인수식으로 해석될 위험을 가지고 있다는 경고를 인정한다 하더라도, 하나님의 말씀을 대하는 바른 태도임에 틀림없다. 하나님의 말씀은 처음부터 이미 진리이기 때문이다. 따라서 먼저 진리로 결론이 내려진 명제를 제시한 다음에, 후에 그것이 진실임을 논증해 나가는 것이 마땅하다고 하겠다. 그리고 지금까지 이런 방식으로 비진리임이 증명된 명제는 하나도 없었다고 믿는다.

> 예를 들어,
>
> 현대 물리학의 발전 과정을 보면, 언제부터인지 마치 물리학이 아니라 철학인 것처럼 느껴지는 경우가 적지 않다. 많은 경우에, 현대 물리학 이론의 증명은 전통적인 귀납적 논증의 방법이 아니라 연역적 방식을 선택하고 있다. 거듭되는 실험을 통하여 어떤 결론을 도출해 내는 것이 아니라, 먼저 어떤 명제를 진리로 가정한 다음, 나중에 실험을 통하여 그 명제를 증명하려고 하는 것이다. 아인슈타인의 상대성 원리로부터 양자 역학을 거쳐 최근의 초끈 이론에 이르기까지, 최신 물리학 이론은 모두 이러한 방식으로 증명되었고 사실로 확인되었다.
>
> 물론 먼저 진리로 제시된 명제가 아무렇게나 그냥 하늘에서 뚝 떨어지지는 않았을 것이다. 모두 다 어떤 근거를 가지고 있으며, 지금까지의 연구 결과들이 모여서 그 근거의 기반을 형성하고 있을 것이다. 하지만 그렇다고 해도, 과거와는 다른 새로운 흐름이 이미 형성되어 있는 것은 분

> 명한 사실이다. 현대의 물리학 이론들이 새로운 거대 원리의 발견에 치중되어 있는 것도 한 몫을 했으리라 짐작된다. 아무튼 새로운 물리적 법칙들이 논리 철학이나 수사학처럼 가정으로부터 출발한다는 점은 시사하는 바가 크다고 말하기에 부족함이 없어 보인다.

이 책은 '주님은 헛말을 하시지 않고 성경은 거짓말을 하지 않는다'는 가정으로부터 시작된다. 여러 주제들이 있을 수 있겠지만, 이 책은 그 중에서도 재림과 부활에 대한 주님의 언급과 성경의 진술을 논증하려고 시도한다. 여기서 굳이 주님의 언급과 성경의 진술을 따로 거론하는 이유는, 주님께서 직접 하신 말씀에 더 집중하고 싶기 때문이다. 복음서에 기록되어 있는 대로 주님께서 직접 하신 말씀에는 다른 무엇과도 비교할 수 없는 권위가 있다고 믿기 때문이다.

주님께서는 복음서의 여러 곳에서, 주님 자신이 부활 승천하신 다음 곧 다시 오실 것처럼 말씀하셨다. 이러한 말씀은 한두 군데가 아니라 여러 곳에 기록되어 있다. 그런데 2천 년이 지난 지금에 와서 보면, 결국 다시 오시지 않은 것으로 판명이 난 것처럼 보여진다. 주님께서 직접 하신 말씀이니 그럴 리가 없을 텐데 말이다. 이런 모순을 해결하기 위해 여러 신학자들이, 부활에 대한 주님의 언급을 다르게 해석하려고 시도해 왔다. '이 말씀은 그런 뜻이 아니라, 사실은……' 하면서 말이다. 어떤 구체적인 사건으로 보든 또는 현실이 아니라 통치의 개념으로 보든 결과는 마찬가지이다. 하지만 어떤 식으로 해석하든 변명처럼 느껴질 뿐, 명쾌하게 받아들이기 어려운 것이 사실이다.

원래 사람의 말이란 의미만을 전달하는 것이 아니다. 사람의 말은 의미뿐 아니라 기분과 분위기, 뉘앙스 등등을 같이 전하게 마련이다. 그런데 기존의 해석들을 보면, 마치 주님께서는 그런 의미로 말씀하시지 않았는데 제자들이 잘못 읽은 것처럼 몰아가는 것만 같다. 만약 그게 사실이라면, 이렇게 되물어 보고 싶다. 주님께서는 당신 자신의 말씀이 제자들에게 그렇게 읽혀질 수 있다는 것을 전혀 예상하시지 못하셨을까?

그럴 리가?

그러므로 나는 이렇게 가정하고 싶다. 일부 신학자들의 해석과 제자들의 해석은 서로 상충되지 않는다고. 다시 말해서 제자들의 해석도 맞고 일부 신학자들의 해석도 아주 틀리지는 않는다는 말이다. 어떻게 그게 가능할 수 있을까? 주님의 말씀을 최대한 중의적(重義的)으로 해석한다고 해도, 제자들의 해석에 대해서는 설명이 필요할 텐데, 금방 오실 것처럼 하신 말씀과 2천 년이 지나도록 오시지 않는 현실의 모순을 어떻게 해소할 수 있을까? 그 의문에 대한 나의 대답이 바로 이 책이라고 할 수 있다.

주님께서는 분명히 곧 오실 것처럼 말씀하셨다. 그리고 바울과 베드로 역시 그렇게 이해한 것이 틀림 없다. 그들이 그렇게까지 수고하면서 바쁘게 움직일 수 있었던 이유는, 주님께서 오시기 전에 사명을 다하기 위해서였다고 생각한다. 주님께서 자기 세대에 오실 것이라고 믿었기 때문에, 초대 교회의 그리스도인들은 기꺼이 희생하고 헌신하며, 어떤 힘든 수고도 마다하지 않으면서, 자기 재산을 다 내놓고, 신분을 초월하여 교제하며, 순교를 마다하지 않고 앞으로 나아갈 수 있었다. 그 결과가 300년만에 로마 제국을 내부에서부터 정복하는 결과로 나타나게 되었던 것이다.

만약 제자들이 주님의 말씀을 그리 해석하지 않았다면, 지금의 그리스도인들처럼 언제가 될지 모르는 막연히 먼 미래의 일로 주님의 재림을 받아들였다면, 과연 그런 힘을 발휘할 수 있었을까? 오늘날처럼 땅 끝에까지 이르러 세계를 주도하는 위치에 오를 수 있었을까? 역사에는 가정이 없다고 하지만, 아마도 불가능한 일이 아니었을까 한다. 물론 주님은 틀림없이 일이 이렇게 진행될 줄 알고 계셨을 것이다. 그리고는, 말씀만(?) 그렇게 하시고는, 2천 년이 지나도록 오시지 않았다. 자, 이 모순을 어떻게 해석해야 할까?

짐작하건대 기독교가 로마 제국의 국교로 정해진 이후, 사도들과 속사도들과 교부들이 다 죽고 나서, 핍박이 사라졌을 뿐 아니라 기독교가 사회의 주류를 이루고 난 다음, 죽은 자들의 부활은 가급적 피해 가고 싶은 주제가 되었으리라. 죽은 자들의 부활을 얘기하려면 주님의 재림에 대하여 해명해야 하는데, 그게 쉽지 않았을 것이기 때문이다. 그렇게 그렇게 세월이 자꾸 흘러가다 보니, 이제 부활은 아예 은퇴한 노인들처럼 잊혀진 주제가 되고 만 것이 아닌가 한다. 목록에는 들어 있지만 아무도 찾지 않는 그런 주제 말이다.

아무튼 이 책은 그 잊혀진 주제에 대하여 부족하나마 대답을 제시하려고 시도하였다. 신학적인 해결책이라기보다는 묵상적인 성찰 중심의 에세이에 가깝지만, 대단히 중요한 의미를 가지고 있다는 것은 분명한 사실이라고 생각한다. 부활 신앙의 회복, 즉 주님께서 곧 오시느냐 아니면 언제일지 모를 나중에 오시느냐 하는 것은, 그리스도인 한 사람 한 사람에게 아주 큰 영향을 미치는 일이기 때문이다. 그리고 그리스도인 한 사람 한 사람의 변화는 그대로 교회와 기독교 전체에 대한 강력한 영향으로 나타나게 될 것이다. 어쩌면 마치 초대 교회 시대처럼……!

'아버지(어머니)의 마음으로 기도하기'를 맨 앞으로 이끌고 나온 것은, 부활 신앙을 회복하고 주님의 재림과 부활이 적어도 그리스도인 한 사람 한 사람에게는 자기 생애를 마침과 거의 동시에 이루어질 것으로 믿는 사람이라면, 타인을 위하여 예수의 이름으로 이렇게 기도할 수 있다는 것을 보여 주고 싶었기 때문이다. 아주 많은 그리스도인이 이렇게 '아버지(어머니)의 마음'으로 기도할 수 있다면, 초대 교회 때와 같은 성령의 역사가 아주 불가능한 일만은 아니라고 나는 기대하고 싶다.

이 책의 핵심 메시지는 크게 두 가지로 정리될 수 있겠다. 첫째, 주님의 재림은 인류의 역사로 보자면 2천 년의 기나긴 세월 동안 이루어지지 않은 일이지만, 개인 개인으로 보자면 자기 생애를 마치면서 바로 이루어질 일이라는 것이다. 둘째, 주님의 재림과 부활은 마지막 심판 및 새 하늘과 새 땅의 도래와 하나로 묶여서 동시에 일어날 일이지, 여러 단계로 나뉘어져서 다시 긴 세월(예를 들어 천년 왕국) 동안의 기다림을 필요로 하지 않을 것이라는 사실이다. 부활하고 나서도 완전한 세상을 보기 위해서는 한참 기다려야 한다면, 주님의 재림은 완성이 아니라 요식 행위처럼 되어 버리는 것이다. 이 두 가지 사실에 동의하고 그것을 우리의 믿음으로 받아들일 수 있다면, 오늘날 우리의 기독교는 초대 교회와 같은 열정과 역동을 다시 회복할 수 있다고 믿는다. 많은 그리스도들인이 그 때와 같이 진정한 그리스도인의 모습으로 지금 이 육신의 삶을 살아 낼 수 있으리라.

그러므로 이제 우리는, 진심으로 이렇게 기도하고 싶어지며 또 이렇게 기도할 수 있게 되는 것이다.

주여, 어서 오시옵소서.
오셔서 이 악한 것들과 이 추한 것들과 이 약하고 무능한 것을 끝내시고 나(우리)를 새롭게 하여 주소서.
이 세상을 새롭게 하소서.
온 우주와 하나님의 창조 세계를 새롭게 하여 주옵소서.
아멘~!

아버지(어머니)의 마음으로 기도하기

아버지여, 저의 생명으로 저(이) 사람의 생명을 대신하게 하시고, 나를 데려 가시고 저(이) 사람을 남게 하소서. 친히 임재하셔서 역사하소서! 저(이) 사람을 살려 주옵소서!

이럴 때는 어떻게 해야 합니까?

어떤 청년이 말기암 진단을 받고 죽게 되었다고 한다. 지금까지 그리스도인으로 살아 오지 않았던 이 청년은, 살고자 하는 마음으로 투병 가운데 세례를 받게 되었다. 뿐만 아니라 이 청년의 부모 역시 시골에서 올라와, 아들을 살리고자 하는 소망에 세례를 받고 그리스도인이 되었다. 그런데 문제는 도무지 이 청년의 암이 나아지는 기미가 보이지 않는다는 것이다. 오히려 점점 더 악화되어서 이제는 진통제가 더이상 듣지 않는 상태에까지 이르게 되었다고 한다.

"이럴 때는 도대체 어떻게 해야 됩니까?"

10년쯤 손아래인 G병원의 C목사님이 나에게 묻는다.

'그걸 왜 나한테 묻는담?'

이런 환자에 대하여 그리스도인으로서, 사역자로서, 목사로서, 어떻게 해야 할까? 물론 위로하고 격려하고 위하여 기도하는 것은 당연한 일이다. 그러나 기도해서 낳으면 그보다 더 다행한 일이 없겠지만, 기도해도 낫지 않으면 어떻게 해야 할까? 오늘도

병 낫기를 소원하며 괴로움과 슬픔에 묶이고 눌린 가운데 간신히 숨만 쉬고 있는 그에게, 죽음 이후의 세계와 주님 구원의 역사하심을 설명하며 믿음을 잃지 말라고 권면하는 것으로 충분하다고 할 수 있을까? 그러면 되는 것일까?

그래, 인생은 어차피 한번 죽는 것이고 누구도 거기서 벗어날 수 없는 법이니, 아직 너무 젊어서 좀 억울한 감이 없지 않지만, 이번에는 내 차례이니, 뭐, 할 수 없지 하며 받아들이라고 해야 하는 것일까?

그러나 이 청년은 아직 온전한 그리스도인이 아니고, 그 부모 역시 아직은 구원받은 성도라고 장담할 수 없다는 것이 문제이다. 이렇게 결국은 회복하지 못하고 사망에 이르게 된다면, 이 청년은 물론이고 그 부모 역시, 기독교 신앙의 한계와 기대를 채워주지 못하는 기도의 능력으로 인하여, 깊은 절망과 함께 사탄의 권세 앞에 무너지지 않을까 우려하지 않을 수 없다. 자, 이럴 때 어떻게 해야 하느냐고 C목사님이 나에게 묻고 있는 것이다.

치유 기도의 목적

참 어려운 질문이다. 별 능력도 없이 그저 진심 하나만을 가지고 목사가 되어서, 지금까지 지극히 작은 것이나마 사명이라 여기고 사역해 왔는데, 지금 암으로 죽어 가는 저 사람을 위하여 내가 무엇을 해 줄 수 있을까? 하나님의 영광을 위하여 나는 도대체 무엇을 할 수 있는가 하는 자괴감을 피할 수 없는 대목이다. 나는 왜 이렇게 무능한지, 왜 나에게는 은사라고 할 만한 요소들이 이토록 부족한지 한탄하며, 환자를 돕기는커녕 그와 함께 나 자신이 우울의 나락으로 주저앉기가 십상이다.

그런데, 가만히 생각해 보면 또 다른 생각이 마음 속에서 일어나는 것을 깨닫게 된다. 묻자, 기독교 신앙의 본질이 환자를 치료하고 회복시키는 것이던가? 물론 그런 부분도 포함되어 있음을 부정할 수 없겠지만, 그래도 그것이 제1목적이라고 말할 수는 없을 터이다. 흔히 말하기를 주님께서 살리신 나사로도 결국에는 다시 죽었다고 하지 않던가! 물론 환자 자신에게야 지금 병을 치유하는 것보다 더 중한 일이 없을 것이고, 또 그렇게 되어진다면 더이상 바랄 것이 없겠지만, 우리는 그들의 절실한 심정에 똑같이 절실한 심정으로 공감하는 한편 사역자로서의 객관성 또한 절대로 놓치지 말아야 할 것이다.

다시 생각해 보자. 기독교 신앙의 본질이 환자를 치료하고 회복시키는 것이던가? 생각해 보면 병을 고치는 것은 기독교 신앙을 구현해 나가는 과정에서 파생하는 부산물이지, 병 고치는 것이 우리의 주목적이라 하기는 어렵다고 본다. 누가 뭐라고 해도 기독교 신앙의 본질은, 주 예수 그리스도를 중보자로 하여 온 인류에게 주시는 하나님의 사랑의 섭리요, 구속의 역사를 통하여 이루고자 하시는 하나님 나라의 영광이다. 그리고 그 구체적인 현현은 부활을 허락하심으로 당신의 자녀들에게 주시는 영생이며, 새롭게 창조하시는 새 하늘과 새 땅을 실현하심으로써 완성될 것이다.

그런 관점에서 본다면, 환자들이 가장 원하는 것은 병이 치유되는 것이겠지만, 우리가 진정으로 바라는 것은, 그들의 병이 치료되는 것이라기보다는 그들이 자신의 병을 통하여 하나님의 사랑을 깨닫고 그 분 앞에 좀더 가까이 나아가게 되는 것이다. 죽느냐 사느냐는 그 다음의 문제이다. 그것을 위하여 오늘도 모든 사역자들이 수고를 마다하지 않고 불철주야 기도하며 헌신하는 것이 아닌가? 아무 대가를 요구하지 않는 그런 모든 수고와 기도와 헌신으로써 하나님의 사랑이 이 세상 가운데 온전히 이루어져 가는 것이리라.

따라서 사역자들의 첫번째 사명은 병을 치유하는 것이 될 수 없고 또 되어서도 안 된다. 그것은 의사들의 몫이지 사역자들의 일이 아니다. 그리고 병이 치유된다 하더라도 그저 치유되는 것으로 끝나서는 안 되며, 치유 과정을 통해 사역자 자신의 영광이 드러나서도 안 되고, 오직 필멸자(必滅者)를 향한 주 예수 그리스도의 사랑이 전해지고 보여지고 받아들여져야 한다. 그렇게 되면 환자는 지금 병이 치유되지 않는다 해도 구원을 받고 영생을 얻게 될 것이다.

반대로, 비록 병이 낫게 된다고 해도, 병을 이겨 내는 과정을 통해 주님을 만나지 못했기 때문에 구원받지 못하고 영생을 얻지도 못한다면, 차라리 병을 고치지 못하고 그냥 죽음에 이르는 것이 더 나은 일일 수도 있다. 사탄도 일시적으로 병을 치료하기도 하고 또 우리가 기적이라고 부를 만한 일들을 행하기도 하는 법이다.

신대원 동기 목사님 가운데 캐나다 인디언 지역 선교사로 가신 분이 있는데, 그 목사님의 선교지에서 일어났던 일이다. 캐나다 인디언들은 일반적으로 백인을 불신하고 우리와 같은 동양인에게 친밀감을 느끼는 경향이 강하다고 한다. 그래서 인디언 거주 지역의 중심에는 동양인 선교사 외에는 좀처럼 접근하기가 쉽지 않다는 것이다.

어느 날 그 인디언 거주 지역에서 원주민 하나가 자동차 사고로 치명적인 큰 부상을 당하고 말았다. 부상의 정도가 너무 심각해서 모두들 살아나기가 어려울 것이라고 생각했다. 가까운 곳에 큰 병원도 없고 몸은 이미 죽어 가고 있었으므로, 다 포기하고 그저 고통 없이 죽을 수 있기만을 빌고 있었다. 그 때, 어디선가 인디언 무당 하나가 나타나더니, 그들의 전통 방식대로 굿판을 벌이기 시작했다. 원래가 무속이 강한 지역인데다가 가족 중의 누군가가 안타까운 마음에 무당을 불렀던 모양이었다. 그런데, 죽으리라 예상했던 그 사람이 죽지 않고 살아났다는 것이다.

이 사건은 당연히 그 주변 지역에까지 무속의 영향력이 극대화되는 결과를 초래하고 말았다. 더욱 안타까운 것은, 그 일로 인하여 그 지역 전체에서 목사와 선교사들의 사기가 크게 저하되었다고 한다. 무당도 저런 역사를 일으키는데, 우리는 뭔가? 명색이 목사요 선교사인데, 우리는 왜 아무런 이적도 행하지 못하는 것인가? 이 사람들에게는 우리가 무당보다도 못한 존재로 비치겠구나. 이제 앞으로 선교 사역을 어떻게 펼쳐 가야 하나?

왜 그렇지 않겠는가?

그러나, 인디언 주민들의 표면적인 반응에 너무 신경 쓸 일은 아니라고 생각한다. 영적인 현상은 그 자체로는 진리가 될 수 없으며, 따라서 영의 일은 분별을 통하여 바른 정의를

> 내릴 수 있어야 하는 법이다. 이 세상 수많은 종교들이, 수많
> 은 이단들이, 모두 일정한 영적인 현상들을 동반한다는 것
> 은, 오늘날뿐 아니라 아주 오랜 옛날부터 있어 왔던 일이다.
> 기독교 신앙의 실현은 단기적인 몇몇 작은 결과들에 의해 좌
> 우되는 것이 아니며, 기독교 신앙은 장기적인 과정을 통하여
> 깊고 튼튼한 뿌리를 내리는 것이 중요하다.

어떻게 기도할 것인가?

자, 그렇다면, 이제 어떻게 할 것인가? 질병이 치유되고 않고를 떠나서, 주님 예수의 사랑을 그들에게 보여 주려면 어떻게 해야 할 것인가? 단순히 보여 줌으로써 그들의 마음을 감동시키려는 것이 아니라, 그들 스스로 그 사랑의 주체가 되도록 이끌려면 어떻게 해야 하나? 물론 더 낮은 자세로 더 열심히 봉사하고 더 열심히 기도하고 더 열심히 헌신해야 할 것이다. 당연히 그리 해야 할 것이다. 그런데, 그러면, 지금까지는 그렇게 하지 않았다는 말인가? 지금까지도 그리 해 오지 않았던가! 지금까지 그래 왔음에도 불구하고 여기서 또 다시 '더'라고 말하는 이유가 무엇인가?

사실 그리스도인의 그리스도인다움은 얼마나 더 주님의 형상

을 닮으려고 노력하는가에 달려 있다고 해도 과언이 아니다. 그것은 어떤 상태라기보다는 오히려 하나의 과정이라고 할 수 있다. 얼핏 주님의 모습과 많이 닮은 것처럼 보이는 사람이라고 해서 더 그리스도인답다 섣불리 판단할 것이 아니고, 주님의 모습과는 상당히 달라 보이는 사람이라고 하여 그리스도인답지 못하다 경솔하게 말할 수도 없는 일이다. 그 본질과 마음의 동기와 실체를 사람의 눈으로는 꿰뚫어보기가 어렵기 때문이다.

우리가 실제로 그렇게 할 수 있는가 없는가를 따지지 않고 말한다면, 주님은 당신의 생명을 걸고 십자가의 길을 마다하지 않으셨다. 따라서 우리 역시 되든 안 되든 그 분과 마찬가지로 생명을 걸지 않으면 안 된다. 조금 양보해서, 생명을 걸려고 무지 노력하지 않으면 안 된다. 조금 더 양보해서, 노력해야겠다고 결심하지 않으면 안 된다. 그러지 못하고서는 진정한 그리스도인이라고 말하기가 쬐끔 어려워지는 게 아닐까 생각한다.

여기서 나는 '아버지(어머니)의 마음으로 기도하기'를 제시하고 싶다.

(고린도전서 4장 14~16절)
내가 너희를 부끄럽게 하려고 이것을 쓰는 것이 아니라
오직 너희를 내 사랑하는 자녀같이 권하려 하는 것이라

> 그리스도 안에서 일만 스승이 있으되 아버지는 많지 아
> 니하니 그리스도 예수 안에서 내가 복음으로써 너희를 낳
> 았음이라
> 　그러므로 내가 너희에게 권하노니 너희는 나를 본받는
> 자가 되라

아버지의 마음과 스승의 마음

고린도전서에서 바울은 자신이, 스승의 마음이 아니라 아버지의 마음으로 고린도교회에 편지하였음을 밝히고 있다. 바울이 그렇게 말하는 이유는, 자신이 제시하는 가르침과 권면을 고린도교회 성도들이 받아들이기를 원하기 때문이다. '나는 지금 아버지가 자녀에게 말하는 심정으로 이 편지를 쓰고 있으니 부디 그 내용을 거부하지 말고 수용해 주었으면 좋겠다'는 것이다.

그런데 고린도교회 성도들이 바울의 권면을 받아들이느냐 거부하느냐 하는 문제는, 지금 바울이 하는 이 말에 달려 있다고 말하기는 어렵다. 문제는 지금까지의 바울의 말과 행실이, 고린도교회 성도들에게 어떻게 인식되고 있었느냐 하는 것이다. 그동안의 바울의 언행이, 고린도교회 성도들에게, 아버지의 마음으로 하는 것이라고 인정되고 있었느냐 아니냐에 모든 게 달려 있

다고 해도 지나친 말이 아니리라.

물론 바울의 '아버지의 마음'을 인정하는 사람도 있고 부정하는 사람도 있었을 것이고, 그에 따라 바울의 권면을 받아들이는 사람도 있고 거부하는 사람도 있었을 것이다. 심지어 정면으로 거스르는 사람이 없었다고 말하기도 어려울 터이다. 그것은 지금도 마찬가지라고 할 수 있다. 어쨌든 바울은 지금 여기서 고린도교회 성도들에게 자신의 편지 내용을 이해시키기 위해 최선의 노력을 기울이고 있다. 그들을 진정한 그리스도인으로 양육하려는 목적이 있기 때문이다.

여기서 스승이란 일단, 가르치는 사람을 말함이다. (문맥상 교사뿐 아니라 전도자, 장로, 랍비 들을 포함한 개념으로 보인다.) 물론 가르치는 사람들 사이에도 여러 부류가 있을 것은 당연한 일이다. 어떤 사람은 그저 가르치는 것으로 끝날 것이고, 또 어떤 사람은 가르칠 뿐 아니라 돌보고 양육하여 참된 스승으로 일컬음을 받기에 부족함이 없는 경우도 있을 것이다. 심지어 가르치는 일조차 게을리하는 사람도 얼마든지 있을 수 있다. 그러나 어떤 경우든 스승은 아이에게 있어서 아버지 만큼 무한 책임을 지는 존재는 아니라고 말할 수 있겠다.

반면에 아버지는 아이를 가르치기도 하지만, 무엇보다도, 아이와 운명을 함께 하는 사람이라고 할 수 있다. 아버지는 아이에게 생명을 원류를 전해 주었고, 먹이고 키우고 양육했으며, 어린 시절의 보호자요 동반자요 롤 모델이다. 또한 오랜 기간 동안 살을 맞대고 함께 생활함으로써 미운 정 고운 정이 하나로 뒤섞여 들어서, 뗄래야 뗄 수 없는 감성의 복합적인 동일체를 이루고, 누군가 하나가 먼저 죽고 난 뒤에도 결코 잊어버릴 수 없는 그런 존재가 바로 아버지이다.

바울은 "내가 복음으로써 너희를 낳았"으니까 자기가 아버지라는 논리를 펴고 있다. 복음으로 낳는다는 것은 전도할 뿐 아니라 전도한 사람이 온전한 믿음의 사람됨을 이룰 때까지 돌보고 양육한다는 뜻이다. 알다시피 낳았으니까 무조건 아버지가 되는 것은 아니다. 이 세상에는 아버지같지 않은 아버지도 많기 때문이다. 그러므로 아버지가 되는 것은 낳음을 통해서라기보다는 차라리 키움을 통해서라고 감히 말할 수 있을 것이다.

고린도전서 4장에서 바울이 스스로 말한 '아버지'이기 때문에 감당해야만 했던 희생은 이렇다. (아버지가 아닌 사람이 아버지라고 말하는 것은 결코 쉬운 일이 아니다.)

천사와 사람에게 구경거리가 되고,
어리석고,

약하고,

비천하고,

주리고,

목마르며,

헐벗고,

매맞으며,

정처가 없고,

사역자임에도 수고하여 친히 손으로 일을 하며,

모욕을 당하고,

박해를 받고,

비방을 받고,

더러워져서 만물의 찌꺼기 같이 된 것

등등.

그런 희생을 치렀음에도 불구하고, 고린도교회를 포기하지 않고 끝까지 이렇게 권면할 수 있는 것은, 바울이 고린도교회를 마치 자녀처럼 생각하기 때문이라는 것이다.

물론 여기서 바울이 스승과 아버지를 대비시킨 것은, 스승을 폄하하려는 것이 아니라 아버지를 부각시키려는 의도라고 생각된다. 그 스승 역시 누군가의 아버지일 터이니, 제자에게는 스승의 도리를 다하겠지만 자신의 자녀에게는 또한 아버지로서의 도리를 다할 것이다. 그렇게 볼 때 스승과 아버지의 차이는 결코 작다고 말할 수 없다.

아버지의 마음과 부모의 마음

예를 들어 자녀가 병들어 죽게 되었다고 하자. 존경하는 스승이 찾아와 좋은 말로 위로하고 권면하고 또 아무리 열심히 중보기도를 한다고 해도 한계가 있을 수밖에 없을 것이다. 그 한계는 스승이 아니라 죽고 못 사는 친구나 피를 나눈 형제나 섬기는 교회의 목사님이라 하더라도 엄연히 넘을 수 없는 현실의 벽이 아닐 수 없다.

그럴 때 아버지는 아마도 이렇게 기도할 것이다.

"하늘 아버지여, 차라리 저의 목숨으로 이 아이의 생명을 대신하게 하여 주십시오. 저는 살 만큼 살았으나 이 아이는 아직 살아야 할 날이 많이 남아 있지 않습니까? 하나님, 차라리 저의 목숨을 대신 가져 가시고 이 아이의 생명을 살려 주십시오."

요즘은 뭐 하도 이상한 아버지들이 많은 시대라서 어떨지 모르겠지만, 정상적인 아버지라면 반드시 이렇게 기도하지 않겠는가? 진심으로 이렇게 기도하지 않겠는가?

그러나 이런 아버지조차도, 아직 바울이 말하는 아버지의 마음을 가졌다고 말할 수는 없다. 이 아버지는 자기 자녀에 대하여 그런 마음을 품었으나, 바울이 말하는 "아버지의 마음"은 남의 자녀에 대해서도 똑같은 마음을 품는 것을 의미하기 때문이다. 따라서 자기 자녀에 대하여 가질 수 있는 이 아버지의 마음은, 용어의 혼동을 피하기 위해서라도 '부모의 마음'으로 고쳐 부르는 것이 좋겠다.

하여튼 '아버지의 마음'이란, '부모의 마음'을, 자기 자녀를 넘어 '많은 사람'에게까지 확장시킨 마음이라고 정의할 수 있을 것이다. 물론 이러한 마음은 하나님의 사랑과 주님 예수의 은혜를 따라서 이루어지는 것이다. 사도 바울은 아예 여기서 매우 교만하게도(?) 자신을 본받으라고 선언한다. 당연히 우리는 인간 바울을 본받을 이유가 없다. 하지만 우리는 바울을 본받음으로써 주님을 본받고 하나님을 본받게 되는 것이다. 주님을 본받으라.

아버지의 마음이란 그러므로 예수 그리스도의 가르침과 진리 중에서 가장 핵심적인 부분을 비유적으로 표현한 것이라고 할 수 있다. 바울은 이미 다른 곳에서도 이렇게 말한 바 있다. (일반적으로 데살로니가전서가 고린도전서보다 먼저 쓰여졌다고 인정된다.)

    (데살로니가전서 2장 7~8절)
    우리는 그리스도의 사도로서 마땅히 권위를 주장할 수 있으나 도리어 너희 가운데서 유순한 자가 되어 유모가 자기 자녀를 기름과 같이 하였으니
    우리가 이같이 너희를 사모하여 하나님의 복음뿐 아니라 우리의 목숨까지도 너희에게 주기를 기뻐함은 너희가 우리의 사랑하는 자 됨이라

이보다 더 큰 사랑이 없나니

    (요한복음 15장 13~14절)
    사람이 친구를 위하여 자기 목숨을 버리면 이보다 더 큰 사랑이 없나니
    너희는 내가 명하는 대로 행하면 곧 나의 친구라

이 문맥에 따른다면, 주님은 우리(나)를 위하여 목숨을 버리심으로써 우리(나)를 더없이 사랑하는 우리(나)의 진정한 친구가 되고자 하셨다. 그러므로 이제는 우리(나)가 주님을 친구로 받아

들일지 않을지 반응을 보일 차례이다. 왜냐 하면 친구 관계란 쌍방 합의 아래 이루어지는 것이기 때문이다. 그 분이 자기 목숨까지 버리면서 우리(나)와 친구가 되려 하신다고 해서, 우리(나)가 반드시 그것을 받아들여야 할 의무는 없다. 그 큰 사랑을 믿지 않거나 또는 오히려 부담스러워할 수도 있는 것이 사람이라는 존재이다.

그런데 주님을 친구로 받아들이는 데는 한 가지 옵션이 걸려 있다. 그것은 주님의 명령대로 행해야 한다는 것이다. 주님은 우리(나)를 위하여 목숨을 버리셨지만 우리(나)는 그 분이 명하는 대로 행하면 된다. 그러면 주님과 우리(나)는 진실한 친구 관계가 된다는 말이다. 그 분이 무엇을 명령할지 어떻게 알고? 이런 의문이 들 수도 있겠지만, 그래서, 바로 그것이 믿음이며 그 분에 대한 신뢰이다. 그 분이 명령하는 최대치는, 그 분이 우리(나)를 위하여 그러셨던 것처럼, 타인을 위하여 우리(나)의 목숨을 버리는 것일 수도 있다. 하지만 그 분은 꼭 필요한 때가 아니라면 좀처럼 쉽게 그런 명령을 내리시지 않는다. 만약 꼭 필요해서 그런 명령을 내리신다면, 반드시 그것을 감당할 만한 믿음도 함께 주실 것이다.

사람이 자기 자녀 아닌 사람을 위하여 자기 생명을 내놓고 기도하는 것은, 그 사람을 사랑해서이기도 하겠지만, 사실은 우리

(나)를 위하여 당신의 목숨을 버리신 주님을 사랑하기 때문이다. 주님은 나에게 값 없이 사랑을 베푸셨지만, 그렇다고 나는, 내가, 그냥 그대로 가만히 있을 수는 없는 노릇이다. 그것이 희생이고, 헌신이고, 순종이고, 충성이 아니겠는가? 희생, 헌신, 순종, 충성은 대가로 지불되는 것이 아니다. 그저 감사의 뜻으로 주님께 드리는 예물일 따름이다.

은혜에 감사하는 뜻으로 생명을 드려야 한다면 너무 과한 것이 아니냐고 물을지도 모르겠다. 그러나 주님께 드리지 않아도 우리 생명은, 우리 모두가 알고 있는 바와 같이, 어차피 소멸하는 숙명을 가지고 있는 것이 사실이다. 어차피 없어질 것을, 마치 영원히 있을 것처럼 제 값을 쳐 주시는 것이, 이 은혜와 이 감사의 신비한 관계라고 말할 수 있겠다. 그리고 또한 주님께서는 우리에게 영원한 생명을 약속하셨으므로, 그런 계산은 아무런 의미가 없다고 생각된다.

여기서 일단 아버지의 마음이, 부모의 마음을 다른 '많은 사람'에게까지 확장시킨 마음이라고 정의내리고 싶다. 그런데 '모든 사람'이라 하지 않고 '많은 사람'이라고 하는 데는 이유가 있다. 이 세상 어느 누구도, 모든 사람에 대하여 아버지의 마음을 품을 수는 없는 노릇이다. 어렵게 어렵게, 부모의 마음을 넘어 아버지의 마음으로 기도하기를 결단하고, 서원하고, 실천하려 한다고 해도, 엄연히 한계가 있는 것이 현실이다.

　세상에는 참 여러 부류의 사람들이 있고, 이런 저런 이유 때문에 정상을 유지하지 못하는 사람들도 많고, 완전히 비뚤어져서 더는 고쳐 쓸 수 없는 사람들도 있다. 어떤 사람들은 기도받기를 감사하지 않을 뿐 아니라 거부하고, 거부할 뿐 아니라 조롱하고, 조롱할 뿐 아니라 적대하기도 하는 것이다. 똑같은 사람으로서는 그런 사람들을 온전히 감당할 수 없는 법이다. 사랑받기를 거절하기로 작정한 사람을 무슨 수로 변화시킬 수 있겠는가? 이미 비뚤어진 사랑의 경험으로 충만한 사람을 말이다.

　사랑의 대상에만 그런 원리가 적용되는 것은 아니다. 타락하고 부패한 본성의 사람이란 참 이기적이어서, 사랑이라는 행위 자체가 일정한 이기심에 기초해 있다는 것은 이미 알려져 있는 사실이다. 사랑에는 그런 것이 없다고 쉽게 말하지 말라. 나는 내 자녀를 아무 대가도 바라지 않고 사랑한다 말하지 말라. 이는 특별한 지식에 속해 있는 관념이 아니다. 그것을 우리는 보상 심리라고 부른다. 사랑을 베풀면서 자신을 만족시키고, 나의 사랑을 받은 대상이 나에게 감사하기를 기대한다. 사랑하는 자녀가 나에게 효도를 다하기를 바라고, 이 세상이 나의 헌신과 희생을 알아 주기를 소망한다. 그게 사람의 사랑이다.

물론 이는 인지상정으로서, 무작정 탓하려는 것이 아니다. 육신의 존재로 살아 가는 사람이라면 누구도 여기서 자유로울 수 없다. 나중에 자기 삶을 다 마치고 육신을 벗고 나면 그 때 비로서 자유로워질 수 있을지 모르겠다. 만약 육신을 입고도 여기서 자유로울 수 있는 존재가 있다면, 아마도 예수 그리스도 한 분 외에는 달리 찾을 수 없을 것이다. 따라서 '아버지의 마음'을 품는다는 것만으로도, 기독교 신앙의 가장 고상한 지경에 이르렀다고 말하기에 부족함이 없으리라 생각된다.

우리는 아버지의 마음이, 얼마나 의롭고 얼마나 고상하고 얼마나 거룩한 마음인지 충분히 인식할 필요가 있다. 다만, 이러한 고상한 마음은 우리의 품성과는 별로 관계가 없을지도 모른다. 다시 말해서 이런 고상한 마음이 우리 자신의 고상한 인격으로부터 피어난 것이 아니라는 말이다. 우리의 인품은 여전히 보잘 것없고 초라하고 한심한데, 어떻게 이토록 고상한 마음에 이르게 되었을까? 그래서 우리는 이런 마음을 하나님께서 주시는 마음이라고 부를 수밖에 없는 것이다.

그렇다. 이는 분명히 하나님께서 주시는 마음이다. 나(우리) 같은 죄인이, 주 예수를 통해 주시는 하나님의 사랑으로 의인의 범주에 들어가게 되었으므로, 그 사랑에 감사해서, 의의 명분을 넘어 의의 실제에 이르기를 소망하였더니, 이제 이렇게 고상한 믿음으로, 주 예수께서 가르쳐 주신 것과 그 분이 삶으로써 직접 보여 주신 길을 따르고자 하는 결단을 허락해 주셨다. 그야말로 하나님의 크신 은혜가 아니고 무엇이랴!

　잠간 살다 가는 인생에서 주님을 만나게 하시고, 또 이렇게 고상한 믿음으로 진정한 기독교 신앙의 본질을 깨닫게 하시니, 감사 위에 더 큰 감사를 드리지 않을 수 없다. 비록 지금 물질이 부족해 곤란을 겪으며 먹을 것이 모자라 배를 곯는다 해도, 물론 그 역시 참으로 중요한 문제이기는 하지만, 한 치 앞을 모르는 인생에서 지금 이 순간이 내 삶의 마지막 순간이라 해도, 이 믿음의 진실을 아는 것과 모르는 것의 차이는 하나님 앞에서 결코 작지 않다고 믿는다.

하나님에 대한 오해

　그러면 이와 같이 복되고 의미 있고 고상한 믿음의 결단을 왜 많은 그리스도인들이 실천하지 못하는 것일까? 이 지식이, 어떤 심오한 깊이와 정밀한 논리를 필요로 하는 그런 종류의 것인가? 아니면 아주 엄청난 스케일을 요구하는 그런 것인가? 이 지식은 그저 기독교 믿음에 기초한 하나의 지식일 뿐이다. 일종의 발상의 전환이라고나 할까! 하지만 그럼에도 불구하고 아무도 선뜻

나서는 이가 없는 것 같다. 이에 대해서는 그럴 만한 이유가 있을 것으로 짐작되는 바가 있다. 여기서 한 가지, 우리에게, 하나님에 대한 오해가 있음을 지적하고 싶다.

아마도 "저의 목숨을 대신……"이라고 말하는 순간, 하나님께서 "옳다꾸나. 너 분명히 그렇게 말했지? 내가 강요한 게 아니라 너 스스로의 의지로 그렇게 말한 거야! 자, 어디 보자." 하시면서 무언가 몹시 두려워할 만한 어떤 상황으로 우리를 끌고 가시지 않을까 하는 의구심! 옛날부터 전해져 내려오는 주술적인 사고방식으로서 말이 씨가 된다 하고(말이란 그에 합당한 열매를 맺는 법이니 말을 신중하게 해야 한다는 것과는 다른 의미에서), 하늘이 시기한다고 하는 그런 것들 말이다.

(잠언 26장 2절)
까닭 없는 저주는 참새가 떠도는 것과 제비가 날아가는 것 같이 이루어지지 아니하느니라

그야말로 잘못된 믿음 가운데 하나라고 하지 않을 수 없다. 우리의 역사와 시대가 만들어 낸 하나님에 대한 많은 미신들이 있는데, 이것도 그 중 하나이다. 하나님은 결단코 그런 분이 아니시다. 오히려 우리가 입으로만 외치는 "모든 것을 하나님께 맡기겠다, 모든 것을 주님께 맡기겠다"는 신앙 고백이, 현실적인 근거를 가지고 아주 구체화될 것이라는 점을 분명히 얘기할 수 있다. 오히려 하나님은 이렇게 말씀하실 것이다.

"네가 참으로 기특한 마음을 품었구나. 믿음의 성장이 매우 더딘 것 같더니 마침내 그런 마음에까지 이르렀다니 정말 대견하구나. 그러므로 이제 나도 너에게 은혜를 베풀고, 남은 여생 동안 네가 아버지의 마음으로 하나님 나라를 위하여 헌신할 수 있도록, 새로운 마음과 새로운 기회를 열어 주리라. 나 하나님의 말이니라."

물론 하나님은 가볍게 여길 수도, 시험할 수도 없는 분이시다. 따라서 진심으로 그런 마음을 품은 것이 아니라 그저 립서비스만 가지고는 감히 하나님을 속일 수 없을 것이다. 먼저 부활의 영광을 생각하고, 지금껏 살아 숨쉼에 감사하라. 오늘 밤 죽음을 맞을지도, 내일 말기암 진단을 받을지도 모르는 것이 인생이라면, 그야말로 나의 생명을 하나님의 손에 '명시적으로' 맡기는 것이 무에 그리 어려운 일이랴!

덧붙여서 아버지의 마음으로 기도하는 사람은 자기 기도의 끝에 이렇게 덧붙일 수 있게 되는 것이다.

"지금까지 살아 오면서 하나님의 영광을 위하여 아무 것도 이룬 일이 없습니다. 이것 저것 분주하기는 했으나, 생각해 보면 아무 것도 제대로 드린 것이 없었습니다. 이 무익한 종의 생명으로 저(이) 사람의 생명을 다시 살릴 수 있다면 참으로 영광스러운 일이 아니겠습니까? 아버지여, 저의 생명으로 저(이) 사람의 생명을 대신하게 하시고, 나를 데려 가시고 저(이) 사람을 남게 하소서. 친히 임재하셔서 역사하소서! 저(이) 사람을 살려 주옵소서!"

소리 내어 하는 기도

이 자리에서 한 가지, 아버지의 마음으로 하는 기도의 방점은, 원칙적으로 소리 내어 하는 기도에 찍혀 있다는 점을 강조하고 싶다. 환자 앞에서 하는 기도이며, 여러 사람이 있는 곳에서 하는 기도이다. 함께 선포하고 함께 들으며 믿음에서 믿음으로 이어 가야 할 기도이다. 원래 기도란 소리 내어 하는 것이 원칙이기도 하다. 물론 마음 속으로 기도해야 할 때도 있다. 따라서 소리 내어 기도할 때와 마음 속으로 기도할 때를, 장소와 내용과 주변 사람들과의 관계를 고려하여 잘 분별해야 할 것이다.

소리 내어 기도하는 것을 원칙으로 삼는 이유는, 소리 내어 기도하지 않으면 하나님 외에는 누구도 들을 수 없기 때문이다. 다시 말해서 소리 내어 기도하면 하나님과 영들과 사람들이 모두 들을 수 있지만, 마음 속으로 기도하면 하나님만 들으실 수 있기 때문이다.

혹시 하나님만 들으시면 되는 게 아니냐고 반문하는 분이 있을 수도 있겠다. 하지만 내 기도 소리가 다른 듣는 사람들에게 구원과 회복의 실마리가 될지 누가 알겠으며, 듣는 영들에게 하나님의 영광을 위한 제물이 되어질지 누가 알 수 있겠는가? 영들이야 그렇다고 친다 해도, 가까운 곳에 아무도 없다고 생각하기 쉽겠지만, 나 자신은, 뭐, 사람이 아닌가? 혼자 있을 때에도 소리 내어 기도하면 그 기도 소리가 자기 귀를 통하여 들리기 때문에, 마음 속으로만 기도하는 것과는 다른 차원의 감동과 은혜를 느낄 수도 있다.

그러므로, 성경을 낭독하는 것도 마찬가지겠지만, 소리 내어 기도하는 습관을 들이고 또 익숙해지도록 연습을 할 필요가 있다고 본다. 아니, 연습이라기보다는 훈련이 필요하다. 왜냐하면 주님께서 원하실 때 바로 응답할 수 있어야 하기 때문이다. 충분히 훈련되어 있지 않으면, 주님께서 아무리 원하셔도 거기에 바로 부응하지 못하는 불충자가 될 수밖에 없다. 나는 성대가 약해서, 나는 많이 배우지 못해서, 나는 낯가림이 심해서 등 여러 가지 이유 뒤에 숨어서, 주님께 더 많은 쓰임을 받아야 함에도 불구하고, 그저 하루 하루 겨우 겨우 믿음을 유지해 나가기도 힘들어 하는 사람들이 얼마나 많은지 알 수 없다.

이렇게 해서 나의 기도를 통하여 하나님의 사랑이 선포되고, 주 예수 이름의 권세가 드러나게 된다. 비록 병이 낫지 않을지라도 하나님의 사랑이 전해지게 된다. 주 예수 이름의 권세는, 무엇보다도 내가 아버지의 마음으로 기도할 수 있게 된 '바로 그것'이다. 그 이름의 권세를 믿고 나는 이렇게 아버지의 마음으로 기도할 수 있게 되었다. 그렇게 해서 우리는 무가치하게 죽을 수도 있는 생명을, 어차피 죽게 되어 있는 생명을, 아주 가치 있는 죽음으로 바꿀 수 있는 기회를 얻게 되는 것이다.

이런 과정을 거쳐, 우리 기독교 공동체 가운데 아버지의 마음을 품은 사람들이 많아지고, 아버지의 마음으로 기도하는 사람들이 더 많아지고, 아버지의 마음으로 행동하는 사람들이 더욱 많아지고, 그래서 믿지 않는 사람들에게도 이 마음이 많이 드러나고 전해지고 확증된다면, 지금 이 땅의 하나님 나라에는 대체 어떤 일들이 벌어질 것인가? 상상하는 것만으로도 즐겁지 아니한가?

주님의 마음

한편, 아버지의 마음이 있는 반면에 주님의 마음도 생각해 볼 수 있다. 주님 예수의 가르침 가운데 제1이 무엇인가? 그것은 '원수를 사랑하라'는 한 말씀이라고 할 수 있다. "세상에나! 내 자녀 아닌 사람을 아버지의 마음으로 사랑하는 것도 거의 불가능에 가까운 일인데, 원수를 사랑하라구요?" 그것은 불가능에 가까운 일을 아득히 넘어서서 완전 불가능한 일이 아닐 수 없다. 그러므로 아버지의 마음보다 높은 곳에는 우리 주님의 마음이 있는 것이다.

앞에서도 말한 바와 같이, 아버지의 마음은 타인을 위하여 자기 목숨을 대신 내어 놓는 마음이지만, 동시에 분명한 한계를 가지고 있다. 우리가 아버지의 마음으로 품으려는 대상이 불쌍하고, 연약하고, 겸손하고, 동정할 만한 가치가 있어 보이는 사람이라면, 그런 사람에 대해서라면, 주님의 명령을 좇아서, 조금은 억지로, 그렇게 할 수도 있다고 본다. 그러나 그 대상이 강퍅하고, 고집 세고, 오만하고, 목이 뻣뻣하고, 너무 비뚤어져서, 도대체 동정할 만한 가치가 없어 보이는 사람이라면 어떻게 될 것인가? 만약에 그 사람이 옛날에 나에게 사기를 치고 도망친 사람이라면 어떻게 할 것인가? 그 사람으로 인하여 내가 온갖 고초를 겪어야 했다면 어떻게 해야 할까? 그가 내 자녀를 죽음에 이르도록 한 자라면?

　주님은 '그런 사람'을 구원하기 위해서도 당신 자신의 목숨을 아끼지 않으셨다. 그리고, 당신이 바로 '그런 사람'이다. 그래서 지금 내가 구원받은 그리스도인이 되어서, 이제는 아버지의 마음을 품겠다는 결단에 이르게까지 된 것이 아닌가? 그러므로 주님의 마음을 그저 흉내 비슷하게 낼 수 있는 것만으로도 대단한 일이 아닐 수 없다. 손양원 목사님 정도가 그런 분이라고 할 수 있을 것이다.

하나님의 마음

　그렇다면 하나님의 마음이란 것도 있을까? 있다면 어떤 것일까? 하나님 아버지의 마음에 대해서는 말하기가 쉽지 않다. 사람이라면 누구라도 생각에 떠올리는 것조차 어렵고 힘들고 괴로울 수밖에 없는 일이기 때문이다. 그것은 정상적인 사람에게는 불가능하며, 오직 하나님만 하실 수 있는 일이다. 가장 단순하게 말하다면 하나님 아버지의 마음이란, 존재해야 할 아무 가치도 없는 대상을 위하여, 자기 생명으로도 모자라서, 자기 생명보다 더 아끼는 자기 아들의 생명을 내어 주는 마음이다.

어떻게 그럴 수 있을까? 아무리 사랑이 많은 사람도 타인을 위해 제 아들의 생명을 대신 내어 줄 수는 없는 노릇이다. 그런 사람이 혹시 있다 해도, 우리 가운데 어느 누구도 그 사람을 결코 인정하지 않으려 할 것이다. 아마 손양원 목사님조차도, 어차피 자기 아들이 이미 죽었기 때문에 원수에 대한 사랑을 실천할 수 있었던 것이 아닐까 싶다.(손양원 목사님을 폄하할 의도가 전혀 없다.) 손양원 목사님이라고 해도 살아 있는 아들을 원수에게 내어 줄 수는 없었을 것이다.

혹시 백 세에 얻은 아들 이삭을 바치는 아브라함의 마음이 비슷한 마음이라고 말할 수 있을지 모르겠다. 그러나 인신 공양으로 아들을 바치는 문화적 배경이 있었던 것을 생각해 보면, 어디에서 어디까지가 하나님 아버지의 마음이고 어디에서 어디까지가 우상 숭배자(?)의 마음인지 명확히 구분하기가 어렵다. 다만, 아브라함은 전능하신 하나님을 위해 아들을 바쳤고, 하나님은 저주받은 인간을 위하여 자기 아들을 내어 주셨으니, 둘을 단순 비교하는 것은 무리라고 해야만 할 것이다. (아브라함에 대해서는 마지막 8장에서 따로 논의하기로 한다.)

우리 신앙의 현실과 부활의 영광

이렇게 아버지의 마음, 주님의 마음, 하나님의 마음을 생각하며, 오늘 우리에게 주어진 신앙의 현실을 충성으로 살고, 헌신으로 살고, 순종으로 살아서, 부활의 영광이 임할 때 부끄러움 없이 재림의 주님을 만나고 싶지만……!!

(고린도후서 5장 15~17절)
그가 모든 사람을 대신하여 죽으심은 살아 있는 자들로 하여금 다시는 그들 자신을 위하여 살지 않고 오직 그들을 대신하여 죽었다가 다시 살아나신 이를 위하여 살게 하려 함이라

그러므로 우리가 이제부터는 어떤 사람도 육신을 따라 알지 아니하노라 비록 우리가 그리스도도 육신을 따라 알았으나 이제부터는 그같이 알지 아니하노라

그런즉 누구든지 그리스도 안에 있으면 새로운 피조물이라 이전 것은 지나갔으니 보라 새 것이 되었도다

"아버지의 마음이나 주님의 마음이나 나로서는 도저히 불가능한 일이니까 관심 끄고 살자!"

"생각하면 죄책감만 드니까 그냥 잊고 살자!"

"그래도 나는 교회 봉사 활동도 열심히 하고 십일조도 꼬박꼬박 내고 선교 후원도 많이 하잖아? 그럼 됐지 뭐!"

아마도 많은 그리스도인들이 이런 마음을 품고 신앙 생활을 하고 있으리라 생각된다. 그러나 하나님은 최고의 헌신만을 원하신다는 사실을 명심할 필요가 있다. 차선은 필요 없다. 오직 최선을 원하실 뿐이다. 이 본문에서는 '자신을 위하여 살지' 말고 주님을 위하여 살아야 한다고 분명히 말씀하고 있다. 이 말씀은 스치듯 지나가면서 자기 자신을 '새로운 피조물'이라고 여긴다면, 그것은 사실이 아니라고 말할 수밖에 없다.

(고린도후서 5장 4~5절)
참으로 이 장막에 있는 우리가 짐진 것 같이 탄식하는 것은 벗고자 함이 아니요 오히려 덧입고자 함이니 죽을 것이 생명에 삼킨 바 되게 하려 함이라
곧 이것을 우리에게 이루게 하시고 보증으로 성령을 우리에게 주신 이는 하나님이시니라

육신의 연약함으로 인하여 고통받는 것은 모든 인생의 공통점이라고 할 수 있다. 질병도 사망도 다 이 육신의 연약함으로부터

비롯되는 것이다. 따라서 사람의 인생 전체가 광야길이요 포로 길이라고 우리는 탄식하지 않을 수 없다. 이 세상의 모든 것은 오직 "육신의 정욕과 안목의 정욕과 이생의 자랑뿐"(요일 2: 16)이라고 했다. 이런 인생을 살아 가는 우리 모두에게 이 본문은 위로와 대안을 제시해 주고 있다.

모든 그리스도인의 소망은, 이 연약한 육신을 짊어지고 탄식하는 것이 아니라, 새로운 육신을 입고 부활하는 것이라는 믿음으로, 그 탄식을 이겨 내는 것이라고 말하고 있다. 부활의 영광을 소망하면서 오늘의 괴로움과 탄식을 이겨 내는 것은, 성령을 통하여 하나님께서 보증하신 일이라고 이 본문은 분명히 못박고 있다. 그러므로 그리스도인은 자기의 손해와 불편을 마다하지 말아야 한다. 아깝고 억울하지만 부활의 영광에 비한다면 "육신의 정욕과 안목의 정욕과 이생의 자랑"을 추구하는 것은 너무나 작은 일이기 때문이다.

이렇게 하나님의 마음이 주님의 마음으로, 주님의 마음이 아버지의 마음으로 이어짐으로써, 우리는 진실한 하나님의 사람, 참된 예수의 사람이 되어, 이 육신의 삶을 온전히 감당해 내게 되는 것이다. 그리고 기회가 있을 때마다 아버지의 마음으로 기도함으로써 기독교의 본질을 알리고, 주님의 길을 따르며, 부활 신앙을 선포하고, 하나님 나라를 바르게 세워 나가는 것이다. 그것이야말로 모든 그리스도인의 본분이라고 할 만하다. 그래서 이렇게 기도한다.

아버지의 마음으로 하는 기도

"하나님 아버지!

이 영혼을 불쌍히 여겨 주십시오.

질병으로 인하여 괴로워하며 두려워하며 목이 타는 듯한 갈증에 시달리고 있습니다.

간절히 낫고자 하오니 간절한 기도를 들으시고 치유하여 주십시오.

회복시켜 주신다면 새로운 삶을 살며 하나님 나라를 위하여 헌신하겠습니다.

이제 우리 주님 예수께서 가셨던 길을 본받아서, 아버지의 마음으로 기도하오니

차라리 저의 생명을 대신 바치는 한이 있더라도 이 영혼에게 다시 기회를 주시기를 간절히 소원합니다.

차라리 이 사람의 암세포를 저의 몸에 옮기시고 이 영혼을 살게 해 주십시오.

이제 내가 나사렛 예수의 이름으로 명령하노니

너 더러운 질병은 예수 이름으로 저주를 받고 떠나갈지어다.

너 더러운 암세포는 예수 이름으로 저주를 받고 녹아져서 사라질지어다.

암으로 역사하는 너 더러운 사탄의 권세는 예수 이름 앞에 저주를 받아 무너지고 깨어질지어다.

예수님의 이름으로 기도합니다.

아멘."

표현은 다를 수 있다. 그러나 마음만은 동일한 아버지의 마음으로 기도해야 한다. 독감에 걸린 사람이나 배탈이 난 사람이나 뼈가 부러진 사람을 위해서 굳이 목숨을 걸 필요는 없을 것이다. 그러나 내 자녀를 바라보는 것과 동일한 마음으로 하는 기도를 통하여, 주님 예수의 길이 우리 육신의 삶 가운데, 이 세상 가운데 드러나리라고 믿는 바이다.

만약 앞에서와 같이 기도하기가 부담스럽다면, 또는 기도의 내용이 너무 튀고 선동적인 것 같아서 망설여진다면, 이렇게 조금 바꿔서 기도하면 될 것이다.

"하나님 아버지!

이 영혼을 불쌍히 여겨 주십시오.

질병으로 인하여 괴로워하며 두려워하며 목이 타는 듯한 갈증에 시달리고 있습니다.

간절히 낫고자 하오니 간절한 기도를 들으시고 치유하여 주십시오.

회복시켜 주신다면 새로운 삶을 살며 하나님을 위하여 헌신하겠습니다.

이제 우리 주님 예수께서 걸어가신 길을 따라 아버지의 마음으로 기도합니다.

제가 할 수 있는 것이라면 무엇이든지 이 사람 대신 드리기로 마음을 정했으니, 이 영혼에게 다시 기회를 주시기를 간절히 소원합니다.

제가 할 수 있는 일이라면 무슨 일이든지 이 사람 대신 행하기로 마음을 정했으니, 이 영혼에게 다시 기회를 주시기를 간절히 소원합니다. 이 영혼을 살게 해 주십시오.

이제 내가 나사렛 예수의 이름으로 명령하노니
너 더러운 질병은 예수 이름으로 저주를 받고 떠나갈지어다.
너 더러운 암세포는 예수 이름으로 저주를 받고 녹아져서 사라질지어다.
암으로 역사하는 너 더러운 사탄의 권세는 예수 이름 앞에 저주를 받아 무너지고 깨어질지어다.
예수님의 이름으로 기도합니다.

아멘."

우리가 이렇게 아버지의 마음으로 기도할 수 있는 것은, 다름 아니라 부활을 믿기 때문이다. 주님께서 부활하셔서 잠 자는 자들의 첫 열매가 되신 것을 믿고, 우리 역시 그렇게 부활할 것을 믿기 때문이다. 부활을 믿는 사람들은 이렇게 기도할 수 있다. 아니, 이보다 더한 기도도 할 수 있는 법이다. 부활을 확신하고, 주님의 뜻에 이 육신의 삶의 모든 것을 맡기며, 하나님의 선하신 의지를 조금도 의심하지 않기 때문에.

그리고 아버지의 마음으로 기도할 수 있는 사람이 아버지의 마음으로 이해하고, 아버지의 마음으로 용서하고, 아버지의 마음으로 양보하고, 아버지의 마음으로 손해 보고, 아버지의 마음으로 희생할 수 있는 것은 당연한 일이다. 더 중한 것도 드리기로 각오했는데 그보다 더 가벼운 것을 내어 놓지 못할 이유가 어디 있겠는가?

그러므로 아버지의 마음으로 기도하는 모든 성도들과 사역자들은 두려워할 필요가 전혀 없다. 앞에서도 언급한 바와 같이, 아버지의 마음으로 하는 기도는 하나님께서 기뻐하시는 기도요, 기독교를 참 기독교답게 하는 기도요, 하나님 나라를 온전히 하나님 나라답게 하는 기도이기 때문이다. 이는 결코 삶을 포기한 사람의 자포자기식 신앙 표현이 아니며, 하나님께서 주신 자기 생명을 가볍게 여기는 태도가 아니며, 하나님의 역사에 어거지로 끼어들고자 하는 인간적 의지의 표현이 아니다. 이 기도는 하나님의 마음과 주님의 마음을 어떻게든 흉내라도 내 보려는 안간힘에 지나지 않는다.

부활과 영생을 포기하는(?) 기도

참고로, 아버지의 마음이 아무리 고상하고 진정과 신령에 가득한 마음이라 하더라도, 모세와 사도 바울이 자기 민족에 대하여 품었던 마음보다 더 헌신적이라고 말할 수는 없다.

(출애굽기 32장 32절)
그러나 이제 그들의 죄를 사하시옵소서 그렇지 아니하시오면 원하건대 주께서 기록하신 책에서 내 이름을 지워 버려 주옵소서

모세는, 자신이 40일 동안 시내산에서 하나님과 함께 있는 동안 이스라엘 백성들이 아론을 부추겨서 금신상을 만들었을 때, 하나님께서 진노하사 그들을 멸하시겠다고 하자, 이렇게 기도했었다.

또한 바울 사도는 자기 민족을 위하여 다음과 같이 기도하지 않았던가?

(로마서 9장 1~3절)
내가 그리스도 안에서 참말을 하고 거짓말을 아니하노라 나에게 큰 근심이 있는 것과 마음에 그치지 않는 고통이 있는 것을 내 양심이 성령 안에서 나와 더불어 증언하노니
나의 형제 곧 골육의 친척을 위하여 내 자신이 저주를 받아 그리스도에게서 끊어질지라도 원하는 바로라

솔직히 나는 이렇게 기도하지는 못할 것 같다. 우리가 자기 목숨을 걸고 타인을 위하여 기도할 수 있는 것은, 이 삶은 육신의 한계와 괴로움에 붙잡혀 어차피 지나가 버리면 끝나고 말 터이지만, 저 부활의 영생이야말로 완전한 삶이라는 사실을 깨달았기 때문이다. 그래서, 뭐, 지금 당장 죽기를 바라는 건 결코 아니지만, 아무튼 아버지의 마음으로 기도하면서 기독교다운 기독교, 하나님 나라다운 (아직 완성되지 않았지만) 하나님 나라를 위하여, 조금이나마 헌신하고자 하는 마음을 확정할 수 있게 되었다.

하지만, 그런 부활의 소망을 포기하면서까지 다른 이를 위하

여 기도한다? 나는 내 자녀를 위해서도 그렇게까지 기도하지는 못할 것 같다. 이것이 나의 믿음과 신앙의 한계일지도 모른다. 한편, 그렇게까지 기도하는 것이 과연 하나님의 뜻에 부합하는 것일까 하는 의문이 (변명처럼) 드는 것도 어쩔 수 없는 일이 아닌가 한다.

한 개인은 오직 자신의 구원에 대해서만 주님 앞에서 책임(?)을 질 수 있는 법이다. 책임을 진다는 말이 적절한 표현인지는 잘 모르겠지만, 마지막 심판대 앞에서 영생과 영벌을 가르는 어떤 기준이 있다고 한다면, 조심스럽게 책임이라는 단어를 사용할 수도 있겠다 싶다. 물론 감히 하나님 앞에서 한낱 사람이 책임을 진다고 한다면, 무슨 책임을 얼마나 질 수 있겠는가? 하나님의 도우심과 인도하심과 은혜 가운데 일평생을 살아 온 한 사람이, 비록 자기 의지를 가지고 살아 오긴 했지만, 어디에서 어디까지를 자기 책임이라 하고 어디에서 어디까지를 자기 책임이 아니라고 해야 할지 잘 상상이 되지 않는다.

혹시 하나님 앞에서 책임을 진다고 해도, 그 책임이란 육신의 삶이 끝나는 순간까지만 유효한 법이다. 당연히 그 이후에는 더 이상 책임을 지려고 해도 질 수가 없는 상태에 이르게 되는 것이 분명하다. 책임만이 아니라 모든 인간 관계, 사랑하고 미워했던 인연들, 지금까지 추구해 왔던 것의 편린들, 그동안 쌓아올린 모든 인과의 경로(經路)와 결정(結晶)들이, 우리가 육신으로 살아가는 이 삶이 끝나는 동시에 모두 함께 끝나는 것이다. 그렇게 한 사람의 죽음은 그 자신과 관련된 모든 것을 (주변 사람들의 기억을 잠시 붙잡는 것 외에는) 다 무(無)로 돌리게 된다. 그는 더이상 이 세계에 아무런 영향도 미칠 수 없다. 물론 영향을 받지도 않게 될 것이다.

자기 자신에 대해서도 그러할 것인데, 한 나라와 민족과 시대에 대해서는 더 말할 필요가 없다고 본다. 한 사람이 나라와 민족과 시대를 위하여 기도할 수는 있겠지만, 책임(?)을 질 수는 없는 노릇이다. 더욱이 우리가 모든 불이익과 불편과 아픔과 슬픔과 외로움과 심지어 불명예까지 감수하면서 진리와 의와 법을 따르려는 근본적 이유는 부활과 영생을 믿기 때문이다. 다시 말해서 우리 인생의 목표는 부활과 영생이라고 할 수 있다. 그런데 그 목표를 포기하면서까지 성취해야만 할 더 높은 다른 목표가 한낱 사람에게 있을 수 있다는 말인가?

그리스도인의 모든 생각과 언행과 노력과 싸움과 (자기 자신과의 싸움이든 자기 밖의 현실과의 싸움이든) 인내는, 그 자체의 가치보다는 오직 주님의 뜻에 종속되어야 한다. 그런데 한 사람 한 사람에 대한 주님의 뜻과, 나라들과 민족들과 시대에 대한 주님의 뜻은, 어떻게 이해하고 어떻게 해석해야 할까? 둘 사이에는 어떤 차이점과 공통점이 있을까? 어떤 (나라들과 민족들과 시대가 모두 각 개인들이 모여 이루어진다는 점에서) 연속성과 불연속성이 있을까? 그에 대하여 우리는 무엇을 알고 있는가?

우리가 알고 있는 것은 오직 하나, 부활과 영생에 대한 주님 예수의 은혜와, 하나님의 심판 앞에 선 우리 자신의 신앙적 책임(?)뿐이다. 그 이상의 것에 대하여 우리는 아는 것이 하나도 없고 할 수 있는 일이 아무 것도 없다. 그러므로 모세와 바울의 기도는, 자기 나라와 민족에 대한 그들의 그 정도까지 애타는 심정을 표현한 것이지, 애초에 자신들이 책임질 수 있는 한계를 벗어난 일이라고 보아도 무방할 것이다.

그렇게 본다면, 자기 자신의 구원을 포기하는 것을 대가로, 더 위대하고 심오한 가치의 명분에 대하여 하나님께 기도하는 것은, 그것이 아무리 고상하고 선하다 하더라도, 처음부터 성립될 수가 없다고 보는 게 맞을 것 같다. 그것은 사람의 한계와 범위를 벗어나는 일이다. 그러므로 사랑하는 자녀를 위해서라는 명분 앞에서도, 그렇게까지는 기도하지 못하는 것이 아닌가 한다.

그런데 그런 기도를, 모세와 바울은 했다. 그리고 하나님은 그들에게 아무런 책임을 묻지 않으셨다. 단, 여기서 그들의 기도에 사심이 섞였다든지 자기를 나타내려 하였다든지 하나님을 시험하려는 의도가 있었다든지 했다면, 아마도 하나님은 기도의 내용이 아니라 순수하지 못한 의도에 대한 책임을 물으셨을지도 모를 일이다.

그러므로 아버지의 마음으로 기도할 때도 불순한 마음에 휘둘리지 않도록 스스로 돌아보고 삼가 주의할 필요성은 충분히 있다고 하겠다.

"죽기를 무서워하"지 않는 사람

또 죽기를 무서워하므로 한평생
매여 종 노릇 하는 모든 자들을 놓아
주려 하심이니 (히 2: 15)

기독교 신앙의 본질은 부활 신앙이다

기독교 신앙의 본질을 한 단어로 표현한다면, 여러 가지 표현이 가능하겠지만 아마도 부활 신앙이라고 말할 수 있지 않을까 싶다. 세상 모든 종교가 내세관을 가지고 있지만, 부활 신앙은 오직 기독교에만 있다. 모든 종교가, 잘 믿고 선한 일을 많이 하면 죽어서 좋은 곳에 간다고 가르치는데, 오직 기독교만은, 죽어서 가는 곳은 그 곳이 좋은 곳이든 나쁜 곳이든 임시로 머무는 장소일 뿐이며, 마침내는 모두가 부활하여 영생 또는 영벌에 이르게 된다고 가르친다.

불교의 극락과 힌두교의 '스와르그', 이슬람의 '잔나' 등은 모두 조금씩 다르긴 해도 공통적으로 평화와 행복과 만족(지금 이 육신의 삶을 기준으로)으로 가득한 세상이라고 한다. 그러나 우리의 부활 신앙은 다른 차원의 개념으로서, 하나님께서 새롭게 창조하신 '새 하늘과 새 땅'에서 새로운 육체로써 살아 가는 구체적인 현실(영적인 관념이 아니라)에 대한 이야기이다.

그러므로 부활 신앙은, 기독교를 다른 종교와 구별해 주는 가장 기독교적인 특징을 드러낸다. 오직 부활 신앙만이 기독교에, 다른 종교와의 차별성을 제시해 준다. 오늘날과 같은 종교다원주의의 시대에, 우리 기독교에 이보다 더 나은 전도와 변증의 도구가 어디 있겠는가? 진리와 진실에 근거한 증언보다 더 신뢰할 만한 증거는 어디서도 구할 수 없는 법이다.

불교의 윤회 사상이 혹시 부활 신앙과 비슷하게 보일 수도 있다. 하지만 윤회 사상에는 주체가 없다. 누가 그런 일을 주도하는가? 굳이 얘기하자면 이미 그렇게 만들어져 있는 일종의 시스템이 윤회의 바퀴를 움직인다는 것이다. 그 시스템에는 인격이 있는가? 또는 이름이 있는가? 누가 그것을 만들었는가? 누가 그것을 보증하는가? 윤회의 시스템은 일종의 인공 지능 같은 것인가? 그야말로 자연신론이요 범신론의 산물일 뿐이다. 초월적인 현상은 인정되지만 그 현상을 다스리는 주체를 특정하지 못하는 그런 시스템에 사람이 복종할 이유가 있을까!

부활 신앙은 예수 그리스도를 통하여 하나님께서 약속하셨고, 예수께서 친히 부활의 첫 열매가 되셔서 그것을 증명하셨고, 주님의 제자들이 믿고 따르면서 신약 성경에 기록되었고, 그 믿음으로써 자신들을 핍박하던 로마 제국을 오히려 그 내부에서부터 정복하여 오늘날에 이르게 되었다. 그것이 바로 부활 신앙이다. 부활은 어떤 은사와 권세와 보상과 축복보다 더 상위의 개념이다. 부활은 어떤 고귀한 가치나 위대한 관념이나 고상한 상징이 아니라 구체적인 현실이며, 그렇지 않다면 우리 그리스도인들에게 아무 의미가 없다.

 부활이 없다고 하는 사람은, 물리적 세계의 현실 외에 다른 세계(영의 세계)를 한번도 경험해 보지 못한 사람임에 틀림없다. 그러나 이 세상에는 육체의 세계뿐 아니라 영의 세계가 엄연히 존재하고 있다. 모든 종교는 어떤 의미로든 이 영적 세계와 연관되어 있음이 분명하다. 영적 세계에 대한 경험을 전제하지 않고서는, 그렇게 오랜 세월 동안, 그 종교의 가르침과 시스템이 소실되지 않고 계속 유지·보존되어 오지 못했을 것이기 때문이다. 그것을 이해할 수 있다면, 최소한 부활의 가능성만은 부정할 수 없을 거라고 나는 생각한다.

 무신론은 있을 수 없는 결론이다. 무신론은 그저 영의 세계에 대한 자신의 무지함을 드러낼 뿐이다. 예를 들어, (적절한 비유인지는 잘 모르겠으나) 귀신을 믿지 않는 사람들 가운데 귀신을 만난 사람은 아무도 없을 것이다. 귀신을 만났는데 귀신을 믿지 않을 수는 없을 것이기 때문이다.

 한편 귀신을 믿는 사람들 가운데 귀신을 만난 사람들이 상당수 포함되어 있을 것은 당연한 일이다. 당연히 귀신을 직접 보지 않고서도 귀신을 믿는 사람들이 있을 수 있겠지만, 그들은 예외로 쳐도 논리적으로 무방할 것으로 본다. 물론 귀신을 경험하고 나서도 그것을 순간적 착각이나 환상으로 몰아 가려는 사람들이 분명히 있을 것이다. 하지만 귀신을 경험한 모든 사람이 같은 판단을 내리지 않는이상 그 역시 설득력이 떨어진다고 생각된다.

결국 귀신을 부정하는 무신론자들 가운데 귀신을 본 사람은 아무도 없는 것이다. 만약 무신론자이지만 귀신은 믿는다는 사람이 혹시 있다면, 그는 그저 혼란에 빠진 낭인에 지나지 않는다고 봐야 할 것이다.

이와 같은 관점에서 본다면, 진정한 문제의 핵심은 신이 있느냐 없느냐가 아니라, 어떤 신이 진짜 신이냐 하는 것이다. 기독교의 신이 진짜 신이냐 이슬람교의 신이 진짜 신이냐 그것도 아니라면 힌두교의 신이 진짜 신이냐? 만약 모든 신이 진짜라고 말한다면, 그것은, 진짜 신은 없으며 낮은 수준의 잡신들만 있다는 말과 같은 의미라고 읽어도 아무 상관이 없을 것이다. 다신교, 범신론, 종교다원주의 등은 그러므로 원시 신앙과 같은 수준의 결론으로 보아도 무방하리라. 따라서 기독교의 부활은 영적 세계에 대한 믿음을 넘어서서, 진리가 무엇이며 과연 어느 종교가 진리이냐의 문제에 대한 최종적인 대답(받아들이든 거부하든)이라고도 할 수 있다.

영혼의 구원과 부활 신앙

그러면 그리스도인에게 부활이란 꼭 필요한 주제인가? 아니, 인간에게 부활이란 반드시 있어야 하는 요소인가? 비그리스도인은 말할 것도 없고, 그리스도인조차도 부활을 생각하지 않고 오직 영혼의 구원만을 바라는 사람이 얼마나 많은가? 죽어서 천국(천당) 가는 것을 사모한다면서도 부활에 대하여는 '말도 안 되는 소리'라고 일축하는 사람이 적지 않다. 주님께서 분명히 당신 자신의 입으로 말씀하시고 성경에 명확히 기록되어 있는 것을 믿지 않는다면, 믿음의 연조와 상관없이 그런 사람들을, 과연 진정한 그리스도인이라고 부를 수 있을지 그리고 제대로 구원받은 사람이라고 할 수 있을지 의심하지 않을 수가 없다.

구원의 문제는 아직 완성된 것이 아니므로 사실 명확하게 규정하기 어려운 부분이 적지 않다고 본다. 영혼의 구원과 부활 사이에는 어떤 관계가 있을까? 영혼의 구원만을 믿는 사람은 영혼만을 구원받고, 영과 육의 구원 곧 부활을 믿는 사람만 부활을 하게 되는 것인가? 아니면 반쪽짜리 구원이란 있을 수 없는 법이니, 영혼의 구원만을 믿는 사람은 결국 구원받지 못하는 것인가? 잘 모르겠다. 하지만 성경에 주님께서 친히 하신 말씀으로 기록되어 있는 부활을 믿지 않으면서 영혼의 구원만을 믿는다는 것은, 도대체 다른 종교의 내세관과 무슨 차이가 있다는 것인지 알 수가 없다.

아무튼, 기독교적인 여러 모양을 취하고 있으나 마음 속의 진짜 동기는 이단이요 우상 숭배인 경우가 얼마든지 있을 수 있다는 점을 고려한다면, 부활을 믿지 않고 영혼의 구원만을 믿는다는 그 믿음이 얼마나 허술하고 위태로운 것인지 돌아볼 필요가 충분히 있다고 생각한다. 그들이 생각하는 영혼의 구원에 따르는 모든 평안은, 단순히 육체를 벗어버림으로써 그 속박으로부터 해방되었기 때문에 그에 수반되는 지극히 수동적인 평안에 지나지 않는다.

그러나 부활은, 다시 회복한 육체를 가진 상태로 누리는 완전하고 절대적인 평안을 약속하고 있다. 주님께서 약속하신 부활은 또한 우리에게, 이기심에 기초하지 않는 완전한 세상을 제시하고 있다. 우리가 알고 있는 완전한 세상이라면 에덴 동산을 생각할 수 있겠지만, 사실 에덴 동산조차도 완전한 세상은 아니었던 것 같다. (여기에 혹시 어떤 신학적인 논점이 있다고 해도 그 부분에 대해서는 이 책의 주제도 아니고 또 무슨 진지한 결론도 아니기 때문에 별로 언급하고 싶지 않다.) 왜냐하면 그 곳에는 아직 유혹과 높아지고 싶은 마음과 책임을 타인에게 전가하려는 본능 같은 것이 존재하고 있었기 때문이다. 그러나 새로 오는 세상은 그야말로 완전한 세상이라고 말씀하신다.

기독교의 가르침에 따르면, 부활은 그리스도인들만이 아니라 모든 사람에게 일어나는 사건이다. 다시 말해서 구원받지 못한 사람도 부활을 한다. 하지만 기독교인이 꿈꾸는 부활은 죄 가운데의 부활이 아니라 무죄 가운데서의 부활이다. 무죄 가운데의 부활은 영생(永生)이지만 죄 가운데서의 부활은 영벌(永罰)로 이어지게 된다. 그러므로 부활(영생)은 심판(영벌)의 동의어이며, 동전의 양면처럼 따로 분리될 수 없는 것이다. 단, 부활(영생)은 받고 싶다고 받을 수 있는 것이 아니지만, 심판(영벌)은 받기 싫어도 받을 수밖에 없다는 분명한 사실을 기억할 수 있었으면 좋겠다.

진실이 그러함에도 많은 그리스도인들이 부활은 생각하지 않고 오직 천국(천당)만을 사모하고 있다. 특히 많은 노인들이 그러하다. 그들에게 부활을 전파하면, 약간 당황스러워하는 가운데, 부활을 부정하지는 못하지만, 지금까지 그토록 중요하게 여겨 왔던 천국(천당)이라는 관념을 변화시킬 생각은 전혀 하지 않는 것을 보게 된다. 과거로부터 받아 온 교육이 거의 세뇌라 할 만큼 굳어지고 익숙해져서, 이제는 아주 완고한 상태에 이르렀기 때문이다. 잘못된 교육의 폐해가 아닐 수 없다.

만약 부활이 없다면 모든 그리스도인은, 인류 역사상 가장 거대한 사기극에 놀아난 가장 불쌍한 자들이요 웃음거리로 전락하게 될 것이다.

(고린도전서 15장 19~20절)
만일 그리스도 안에서 우리가 바라는 것이 다만 이 세상의 삶뿐이면 모든 사람 가운데 우리가 더욱 불쌍한 자이리라
그러나 이제 그리스도께서 죽은 자 가운데서 다시 살아나사 잠자는 자들의 첫 열매가 되셨도다

역사의 끝에서는 죽음, 죽음의 원리와 법칙 자체가 무너지게 될 것이라고 성경은 증언하고 있다. 완전한 새 세상이 열리기 위해서는 반드시 그렇게 되어야만 한다.

(고린도전서 15장 53~54절)
이 썩을 것이 반드시 썩지 아니할 것을 입겠고 이 죽을 것이 죽지 아니함을 입으리로다
이 썩을 것이 썩지 아니함을 입고 이 죽을 것이 죽지 아니함을 입을 때에는 사망을 삼키고 이기리라고 기록된 말씀이 이루어지리라

> *(요한복음 25장 25~29절)*
> *진실로 진실로 너희에게 이르노니 죽은 자들이 하나님의 아들의 음성을 들을 때가 오나니 곧 이 때라 듣는 자는 살아나리라*
> *......*
> *이를 놀랍게 여기지 말라 무덤 속에 있는 자가 다 그의 음성을 들을 때가 오나니*
> *선한 일을 행한 자는 생명의 부활로, 악한 일을 행한 자는 심판의 부활로 나오리라*

덧붙여서 개인의 마지막 때에도, 역시 개인적인 차원에서의 소멸만이 아니라 새로운 시작이 있음을 알게 될 것이다. 지금까지 살아 왔던 삶과는 비교할 수 없는 아주 멋지고 완전한 삶이 시작되는 것이다.

"죽기를 무서워하"지 않는 사람

물어 보자. 예수께서 우리와 똑같은 육신적 존재로 이 땅에 오셔서, 십자가의 고통과 수치를 겪으면서 죽었다가 다시 살아나신 근본적인 이유가 무엇인가? 그리스도인에게는 너무나 당연하고 또 너무나 친숙한 이 질문에 우리는 어떻게 대답해야 할 것인가? 너무나 초보적인 질문이라고 생각할 수도 있고, 한 마디로 뭐라고 정의 내리기 어렵다 생각할 사람도 있을 것이다. 뻔한 질문인 것 같기는 한데 뭔가 함정이 있는 게 아닐까 의심스러울 수도 있겠다. 아마도 가장 일반적인 대답은 우리 죄를 십자가 보혈로 씻어 구원해 주시기 위해서……

물론 대답은 하나가 아닐 수 있다. 인간의 언어는 마치 인간의 육신처럼 한계가 분명해서 한번에 모든 것을 다 말할 수 없다. 따라서 여러 번에 걸쳐 여러 말을 할 수밖에 없는데, 대체적으로 두 가지로 요약될 수 있다.

① 십자가 보혈로 우리(나)의 죄를 대속해 주시기 위해서
　우리(나)를 구원하시기 위해서
　하나님과의 단절된 관계를 회복시켜 주시기 위해서

② 타락한 세상을 돌이켜 처음 창조의 뜻을 회복하시려고
　하나님 나라를 완성하시기 위해서

어떤 대답을 하더라도 잘못된 대답이라고 할 수는 없으리라. 다 맞는 말이다. ①의 대답들은 인간 중심적인 관점을 드러내고 ②의 대답은 하나님 중심적인 관점을 제시한다고 말할 수도 있

겠지만, ①과 ② 가운데 어느 하나라도 빼고서는 충분한 대답이라고 말하기 어려울 것으로 생각된다.

그런데 여기 히브리서에서는 전혀 다른 관점을 제시하고 있다. 근본적으로 앞의 경우와 다른 말씀이라 할 수는 없겠지만, 아무튼 조금 다른 인상을 준다. 뭔가 격이 떨어진다고 할까, 또는 점잖치 못하다고 할까, 그것도 아니라면 완전히 익지 않은 조금은 날것 같은 느낌을 불러일으킨다. 모든 추가적인 서술을 배제한 채 대단히 실존적인 차원에서의 대답을 제시해 주고 있는 것 같다.

(히브리서 2장 14~15절)
자녀들은 혈과 육에 속하였으매 그도 또한 같은 모양으로 혈과 육을 함께 지니심은 죽음을 통하여 죽음의 세력을 잡은 자 곧 마귀를 멸하시며
또 죽기를 무서워하므로 한평생 매어 종 노릇 하는 모든 자들을 놓아 주려 하심이니

③ 죽기를 무서워하는 사람들을 자유롭게 해 주시기 위해서

지극히 직설적이고도 원초적인 이 답변이 의미하는 바는 구체적으로 어떤 것일까? 좀더 고상하고 지성적인 어떤 관념이 아니

라, 아무 것도 꾸미지 않고 인간 본성의 본질적인 어떤 부분을 이토록 숨김 없이 드러내는 이유는 무엇인가? 한 사람 한 사람의 실존을 향해 정면으로 드러내는 이 적의(敵意)(?) 또는 선의(善意)를, 우리는 대체 어떻게 받아들여야 하겠는가? 그것은 마치 각 사람에게 승부를 요구하는 것처럼 읽혀질 수도 있다. 인정하고 순리를 따라가든지, 부정하고 못들은 체하든지 둘 중의 하나라는 말이다.

히브리서 본문에 따르면 주님의 부활의 목적은, 첫째, 마귀를 멸하시고, 둘째, 죽음을 무서워하는 자들을 놓아 주시기 위함이라고 하였다. 그런데 마귀는 죽음의 세력을 잡은 자이다. 따라서 죽음을 무서워하는 자는 마귀를 무서워하게 마련이고, 마귀를 무서워하는 자는 결국 마귀에게 종노릇할 수밖에 없게 되는 것이다.

여기서 가장 중요한 포인트 하나! 죽음은 죽음에 대한 저항이 아니라 죽음에 대한 순응을 통해서만 이길 수 있다. 그것이 주님께서 죽음을 이기신 방식이다. 역사상 오직 기독교만이 이러한 방법으로 오늘날의 자리에 이르렀다. 죽음을 대적하는 것으로도, 죽음을 거부하는 것으로도, 죽음을 외면하는 것으로도, 결코 죽음을 이길 수는 없는 법이다. (이것은 굉장히 중요한 이슈를 포함하고 있는데, 이 책에서는 자세히 다루지 않는다.)

주님은 우리와 똑같은 조건에서 죽임을 당하셨다. 우리처럼 죽음을 맞이하셨고, 죽음에 이르는 과정의 고통을 맛보셨고, 그리고 하나님께 죽음을 앞둔 괴로운 심정을 토로하셨다. 인간으로서 그 분이 할 수 있다면 우리(나)도 할 수 있다는 확실한 증거를 보여 주시기 위해서(?) 그렇게 하셨다. 그리고 죽은 지 사흘만인 초실절 새벽에 죽음을 이기시고 부활하셨다. 우리(나)도 그 분처럼 부활할 수 있다는 것을 보여 주시려는 듯이 말이다! 그래서 주님을 가리켜 '부활의 첫 열매'라고 하지 않던가?

모든 두려움은 결국 죽음에 대한 두려움의 변형에 불과하다. 고통에 대한 두려움 역시 죽음에 대한 두려움의 지류(支流)에 지나지 않는다. 자살하는 사람들 역시 똑같은 이유로 자기 목숨을 끊는 것이 아닐까? 지나치게 단순화시켜 말하는 것이기는 하지만, 삶에 대한 소망보다 죽음에 대한 두려움이 더 클 때(바꾸어 말하면 삶에 대한 두려움이 죽음에 대한 두려움보다 더 클 때) 사람은 자살을 선택하는 것이 아닐까?(그런데 삶에 대한 두려움이란 사실 죽음에 대한 두려움으로부터 갈라져 나온 것이라고 할 수 있다.) 어떤 신념을 위해 자기 생명을 버리는 사람들 역시 죽음에 대한 두려움을 전제하지 않고서는 그들의 선택을 이해할 수 없다.

죽음은 단순히 소멸만을 의미하는 것이 아니다. 지금까지 살아 온 생애의 전과정과 그에 수반되었던 수많은 경험들과 모든 애증의 인간 관계 전체의 연속성이 (그것은 '나의 전부'이며 바로 '나 자신'이다.) 단 한번에 끊어지게 된다는 엄연한 현실 앞에 우리는 놓여 있다. 어떻게 두려워하지 않을 수 있겠는가? 그렇게 본다면 죽음에 대한 두려움은 곧 삶에 대한 두려움일 수 있고(어차피 죽을 생명), 부활에 대한 소망은 곧 삶에 대한 소망일 수 있다. 그래서 부활을 믿는 사람이 삶에도 더 적극적인 것처럼 보일 수 있다. 반면에 죽음을 두려워하는 사람은 삶에도 더 소극적이어서, 자기도 모르게 죽음을 회피하거나 잊어버리려고(욕구 충족을 추구하는 등의 방법으로) 하는 것이다.

그러나 기독교는 죽음에 대한 두려움 때문이 아니라 부활에 대한 확신 때문에 죽음을 받아들인다. 그런데 여기서 정말 중요한 문제 하나! 부활이 있으려면 먼저 어떤 일이 일어나야 할까? 그것은 바로 죽음이다. 먼저 죽어야 후에 부활이 일어날 수 있다. 죽음이 먼저이고 부활은 나중이다. 그렇지만 어떤 사람이든 부활은 소망하지만 죽기는 바라지 않는다. 이것이야말로 부활을 믿는다는 모든 그리스도인들의 모순이라고 하지 않을 수 없다. 성경이 부활을 약속하고 있는 것은 사실이지만, 먼저 죽지 않고서는 부활도 없음을 분명히 밝히고 있다. 부활이 이루어질 것을 믿는다면 먼저 죽음을 받아들일 각오를 하는 것이 맞다.

(고린도후서 4장 8~9절)
우리가 담대하여 원하는 바는 차라리 몸을 떠나 주와 함께 있는 그것이라
그런즉 우리는 몸으로 있든지 떠나든지 주를 기쁘시게 하는 자가 되기를 힘쓰노라

부활에 대한 소망으로 죽음에 대한 두려움을 이겨 내는 것, 그것이 바로 부활 신앙의 핵심이요 본질이라고 할 수 있다. 부활을 믿는다면서 지금 이 육신의 삶에 더 큰 애착을 느끼고 있다면, 그 사람은 부활 신앙을 가진 사람이라고 말하기 어렵지 않을까? 물론 죽음은 아직 멀리 있고 삶은 바로 지금 여기에 있으니, 한 마디로 뭐라고 정의를 내리기 어려운 일이기는 하다. 맥락에 따라서는 죽기가 힘든 것이 아니라 사는 게 더 어려울 때도 있는 법이다. 하지만 그리스도인에게는 일반적으로, 부활의 소망은 현실의 어려움과 괴로움과 두려움을 넘어설 수 있게 해 주는 분명한 능력이 된다.

불교와 이슬람교, 그밖의 경우

누구나 알고 있듯이, 불교에서는 해탈(解脫)을 목적으로 도를 닦는다고 한다. 그런데 해탈 또는 열반(涅槃)의 구체적인 내용이 무엇인지 아는 사람은 많지 않은 것 같다. 아주 간단히 한 마디로 말한다면, 불교에서 말하는 해탈의 진짜 목적은 자기 존재의 소멸이다. 그들은 자기의 소멸을 목표로 도까지 닦고 있는 것이다. 그것은 자살과는 완전히 다른 개념이다. 그것은 동기의 문제가 아니라 현실의 문제라고 할 수 있다. 자살한 사람은 여전히 윤회를 통하여 다음 생에 다시 태어나고, 거기서 그토록 괴로웠던 육신의 삶을 또 다시 살아야만 한다.(물론 전생의 기억이 모두 지워진 상태이기는 하지만) 하지만 해탈을 이룬 사람은 다시 태어나지 않고, 윤회의 수레바퀴를 벗어나 영원히 소멸된다는 것이다.

불교의 윤회 사상(힌두교에서 비롯된 것이기 때문에 힌두교와 비슷하며 따라서 힌두교에 대해서는 별도로 다루지 않는다.)에 따르면, 사람은 여러 생(生)을 살도록 되어 있다고 한다. 그런데 아무리 여러 번의 삶을 살아도 모두가 본질적으로 똑같은 육신의 삶을 반복하는 것일 뿐, 그 지루하고 괴로운 삶으로부터의 구원은 어디에서도 찾을 수 없다는 것이 그들의 결론이다. 다만 한 가지 방법은, 오직 자기 존재를 소멸시킴으로써 윤회의 수레바퀴에서 벗어나는 것, 그것밖에 없다는 것이다. '극락'이라 하는 것도, 우리 기독교의 천국(천당) 같은 곳이 아니라, 다만 여러 윤회의 삶 가운데 가장 해탈에 가까운 한 번의 삶에 지나지 않는다고 한다.

결국 불교에서 말하는 해탈이라는 것은, 육신의 삶에 대한 '완전한 절망'의 결과라고 할 수 있겠다. 전생에 대한 기억이 지워지므로 마치 한 번의 삶인 듯 여겨질 수도 있겠지만, 때로는 무언가 문제가 발생하여 전생을 기억하는 경우도 있다고 한다. (예를 들어 티벳 불교의 경우, 달라이 라마는 아예 초월적인 능력으로 모든 전생의 기억을 다 유지하고 있다고도 말한다.) 아무튼 그 '완전한 절망'의 근원에는 바로 죽음에 대한 두려움이 자리잡고 있다. 생노병사(生老病死)는 모두 죽음에 묶여 있는 것들이기 때문이다. 그렇게 본다면 해탈을 추구하는 불교인들이야말로 진정으로 부활과 영생의 신념을 필요로 하는 사람들이 아닌가 하는 생각이 든다.

여러 번의 생을 살 수 있다면 좋은 게 아니냐고 생각하는 사람도 있을 수 있겠지만, 한 번의 생이든 열 번의 생이든 생노병사의 괴로움에 휘둘리는 본질은 다를 것이 하나도 없다. 그리고 또한 기억을 잃어버린 생은 생이라고 할 수 없다. 그것은 마치 치매에 걸리는 것과 유사한 개념이다. 만약 여러 번의 생을 다 기억하면서 살아야 한다면, 아마도 사람들이 생각할 수 있는 행복과는 더욱 멀어질 것 같은 생각이 든다.

불교와 달리 이슬람교의 구원은, 육신의 만족을 극대화하려고 시도하며 철저히 남성중심주의를 추구한다. 그들에 따르면, 예를 들어 알라를 위해 싸우다 순교하는 남자들에게는 상급으로 일곱 명의 처녀들이 아내로 주어진다고 한다.(이슬람 신학자에 따라서는 그녀들의 숫자와 신분에서 차이가 있을 수 있다.) 그 일곱 명의 처녀는 '후르아인'이라고 부르며, 오직 그 목적을 위하여 지음받은 특별한 존재인데, 각각 일곱 명(또는 70명)의 시녀들을 거느리고 있다. 그리고 그녀들의 처녀막은 남자와의 관계가 끝나고 나면 매번 다시 재생되므로, 영원히 처녀성을 유지할 수 있다. 결국 그런 여자를 최대 49명까지(각각 일곱 명의 시녀들까지 포함해서. 시녀들이 70명이라면 그 숫자는 더 늘어날 수 있다.) 소유할 수 있게 된다는 것이다.

이슬람 전사들이 이맘(사제)에게 묻기를, 일곱 명(또는 49명이나 그 이상의 숫자)이나 되는 아내들을 (성적으로) 어떻게 만족시켜 줄 수 있겠느냐고 하면, 그들은 이렇게 대답한다. 그 곳에서는 남자의 (성적) 능력이 지금보다 100배쯤 강화되기 때문에 아무리 많은 여자라고 해도 능히 감당할 수 있다고. 그러니까 아무 걱정도 할 필요가 없다고. (……) 그러면서 순교한 여성에 대해서는 아무런 언급도 하지 않는다. 이 땅에서 자녀를 낳고 함께 살던 아내(들)에 대해서도 별 말이 없다. 이것이 이슬람의 공식 입장이라고 한다.(코란과 하디스에 기록되어 있다.)

이렇게 볼 때, 세계 주요 종교인 기독교와 불교와 이슬람교의 죽음에 대한 태도를 단편적으로나마 비교해 볼 수 있을 듯하다. 불교는 죽음에 대한 두려움을 회피하려고 하며(도까지 닦아 가면서), 이슬람교는 죽음에 대한 두려움을 정면에서 이기려고 한다.(욕망을 극대화함으로써) 하지만 우리 기독교는 다르다. 기독교는 죽음에의 순응을 통하여 죽음에 대한 두려움을 이기려고 한다. (물론 여러 반론이 있을 수 있으리라.) 바로 주님 예수의 방법이다.

시몬느 보부아르의 소설 "모든 인간은 죽는다"에 나오는 레이몽 포스카, 시리즈 영화 "하이 랜더"의 코너 맥클라우드, 그리고 버지니의 울프의 "올란도"는 모두 죽지 않는 존재로 설정되어 있다. 물론 가상의 인물이기는 하지만, 그들은 모두가 하나같이, 밝고 행복한 인간상이 아니라 우울하고 어둡고 불행한 캐릭터를 연출한다. 영원히 죽지 않는 존재인데 왜 행복하지 못하고 불행할까? 그 대답은, 즉답하기보다는 의문으로 남기는 게 좋을 것 같다. 그들 영원히 사는 자들의 소원이 하나 있다면 그것은 하나같이 '죽는 것'이다.

지금 이 세계의 한계 안에서, 지금 우리(나)의 인간성을 가지고서는, 영원히 산다는 것은 축복이 아니라 오히려 저주가 될 수밖에 없다. 지금 이 세계의 인간성이란 아담의 타락 이후 그 후손인 우리들에게 유전된 것으로서, 이기심을 기초로 하는 부패한 본성을 기반으로 하고 있다. 영생(永生)이 행복이 되려면, 지금 이 세계의 인간성이 다른 세계의 새로운 인간성으로 바뀌지 않으면 안 된다. 그 새로운 인간성이 바로 부활의 육신이요, 그 새로운 인간성을 허락하는 터전이 바로 새 하늘과 새 땅이라고 보면 될 것 같다.

> 20대 초반 무렵 나의 인생 목표라고 하면, 그 시기 청년들이 흔히 그렇듯이 자아 실현 또는 자아의 완성이라고 할 수 있었다. 그리고 스스로 설정하기를, 완성된 자아의 구체적 실상은 죽음을 무서워하지 않는 인간상의 구현이라고 생각했었다. 지금 생각해 보면 순진한 그리고 너무 단순한 발상이었지만, 그 땐 진심으로 그렇게 생각했었다. 그런데 그런 관점에서 본다면, 나는 인생 목적을 이미 이루었다고 볼 수도 있을 것 같다. 나는 이제 나 자신이 죽음을 무서워하지 않는 사람이 되었다고 생각하고 있다. 나는 부활과 영생을 확신하고 있기 때문이다.
>
> 하지만 그 때 나는, 죽음을 무서워하지 않는 상태가 지금과 같이 이런 상태라고는 전혀 생각하지 못했다. 내가 생각했던 죽음을 무서워하지 않는 상태란, 대단히 높은 인격과 품성을 성취한 경지로서, 지고(至高)한 안목과 심오하고도

폭넓은 판단과 흔들리지 않는 감성을 겸비한, 그야말로 완성된 자아상의 실현이라고 할 만한 모습을 의미하는 것이었다. 지금과 같이, 죽음을 그다지 두려워하지 않게 되었다는 것 외에 다른 부분은 과거나 현재나 별로 다를 것이 없는 이런 상태를 말하는 게 아니었다.

아무튼 지금 나는 스스로 죽음을 무서워하지 않는다 여기고 있다. (사실은 쬐끔 두렵지만 ^^) 그런데 그에 비해 지금 나의 영적·심리적 상태는 어떠한가? 여전히 많은 내면적 결핍에 휘둘리는 가운데 있으며, 인격과 품성도 상대적으로 낮은 상태를 벗어나지 못하고 있다. 여전히 연약하고 무능하며, 대인 관계도 원만치 못하고, 육신의 정욕과 안목의 정욕과 이생의 자랑에서 자유롭지 못하다. 그런데도 나는 청년 때의 나의 인생 목표를 이루었다(?) 당연히 그것은 나의 의지와 노력으로 이루어진 것이라고 할 수 없다. 전적으로 그것은, 주님 예수의 부활을 믿음으로써 하나님께서 허락하신 은혜 덕분이다!

애초에 내가 그런 목표를 상정한 것은, 죽는다는 숙명을 무겁게 받아들이고 어떻게든 대안을 마련하고 싶다는 의지에서 비롯되었을 것이라고 본다. 지금은 명확히 기억나지 않지만, 평생을 그런 관념들과 뒤섞여 살아 온 것을 생각해 보

> 면 분명히 그럴 것이다. 그런 관점에서 본다면, 비록 여전히 연약한 가운데 있고, 인격도 품성도 고상한 수준과는 적지 않은 괴리가 있으며, 거룩과 경건으로부터 떨어진 삶을 살고 있을지라도, 나는 확실히 해답을 얻은 것이다.

당연히, 죽음을 무서워하지 않는다고 해서 죽지 않는 것은 아니다. 부활도 일단 죽은 다음에 일어날 일이다. 주님 예수의 부활도 십자가의 죽음 이후에 발생한 사건이다. 주님은 본질적으로 육신의 존재가 아니라 초월의 존재였다. 주님은 우리와 같은 필멸(必滅)의 존재가 아니라 불멸(不滅)의 존재였다. 그런 주님께서 굳이 당신 자신을 낮추어 우리와 똑같은 필멸의 존재가 되어, 일시적이기는 하지만 스스로를 죽음의 권세에 맡기셨다. 굳이 우리와 똑같은 존재가 되셔서, 굳이 우리처럼 십자가에서 죽으셨다가, 우리와는 달리 다시 살아나신 이유가 무엇인가? 히브리서 2장 14~15절의 본문은 지금 그 이유를 우리에게 제시해 주고 있다.

육신의 존재와 죽음

인생의 모든 괴로움은 죽음에 대한 두려움과 밀접하게 관련되어 있다고 할 수 있다. 욕구와 충동과 본능과 미움과 분노와 시기와 자기애와 수치심과 자존심과 불만과 번뇌는 모두 우리 인간의 죽음이라는 한계와 함께 일어나거나 또는 한계로부터 파생하는 현상이다. 육신의 정욕과 안목의 정욕과 이생의 자랑이 다, 인간은 결국 죽는다는 엄연한 사실, 바꾸어 말하면 필멸자(必滅者)의 숙명에 뿌리를 내리고 있는 것이 분명하다.

이렇게 말하면 고개를 갸우뚱거릴 사람이 있을지도 모른다.

죽음이란 무엇인가? 많은 시대마다 많은 사람들이 많은 정의를 내리며 의미를 부여해 왔지만, 한 마디로 죽음이란, 영혼을 담고 있는 그릇인 육신이 어떤 이유로 인하여 깨어짐으로써 영혼과 육신이 분리되는 것을 일컫는 말이다.

그러면 왜 육신이라는 그릇이 깨어지는가? 좀더 정확히 말하면 왜 육신이라는 그릇이 이르든 늦든 '반드시' 깨어지는가? 그 근본적인 이유는, 우리의 육신이 처음 잠시 동안은 생성되고 발전하고 성장하는 것처럼 보이지만, 시간이 지나면서 점점 소모되고 낡아지고 늙어지는 속성을 가지고 있기 때문이다. 아니, 처음 잠시 동안 생성되고 발전하고 성장하는 것처럼 보일 때에도, 사실 내부적으로는 점점 소모되고 낡아지고 늙어지는 숙명에서 벗어나지 못하고 있었던 것이다.

우리 안에서는 늘 생성과 소멸이 함께 일어나고 있다. 처음에는 생성이 소멸을 앞서는 것처럼 보이지만 이윽고 소멸이 생성을 앞서게 된다. 시간이 흐름에 따라서 생성은 더욱 줄어들고 소멸은 더욱 증가하게 되는데, 그 끝에는 반드시 소멸의 완성, 곧 죽음이 있다.

우리의 육신이 스스로의 힘으로 자신을 보존하지 못하는 속성을 가지고 있기 때문에, 언제나 우리는 어떤 결핍의 상태에 있게 된다. 육신을 보존하기 위해서는 반드시 그 결핍을 해소해야 하는데, 스스로의 능력으로는 해소할 수 없으므로 외부로부터의 유입을 통하여 결핍을 채우게 된다. 그리고 그렇게 존재를 유지할 수 있는 유일한 방법이 외부로부터의 유입뿐이라는 이 엄연한 현실은, 우리 인류의 기본적인 존재 양식으로 자리잡았고 또 그렇게 작동하여 왔다.

너의 살을 씹어서 나의 살을 찌운다. 이 육신을 유지하기 위해서는 외부로부터 영양소가 공급되어야 한다. 그러다 보니 이런 패턴은 근본적인 존재 양식으로 굳어져서, 필요 이상의 외부 유입을 추구하는 데까지 이르게 되었다. 육신을 유지하기 위해서만이 아니라, 거기서 더 나아가 자신의 삶을 더 풍요롭게 하기 위하여, 더욱 많은 외부로부터의 유입을 추구하게 된 것이다. 그러면 그 외부의 유입은 어디에서 오는가? 그것은 외부 세계, 결국은 타자(인간이든 자연이든)로부터 올 수밖에 없다. 하지만 그 타자 역시 외부로부터의 유입을 필요로 하는 육신적 존재일 테니, 제한된 자원을 놓고 서로를 잡아먹는 경쟁이 불가피해지는 구조가 형성될 수밖에 없다.

사실 그것은 우리 육신의 한계라기보다는 우리가 속해 있는 이 우주의 한계이며 물리적 법칙의 한계라고 하는 것이 맞을 것 같다. 그렇기 때문에 그런 세계에 속해 있는 우리 역시 그 한계에서 벗어나지 못하고 있는 것이다. 큰 짐승이 작은 짐승을 잡아먹고, 작은 짐승은 더 작은 짐승을 잡아먹고, 육식 동물은 초식동물을 잡아먹고, 초식동물은 식물들을 뜯어 먹고, 그렇게 끊임없이 반복되어 온 이 모든 일들은, 다 자기를 보존하기 위해 외부로부터의 유입에 의지할 수밖에 없는 존재들의 어쩔 수 없는 투쟁이며 몸부림이라고 보아야 할 것이다. 바위나 흙이나 물과 같은 무생물들 그리고 산과 강과 바다와 심지어는 저 천체들에 이르기까지 예외는 없으며 하나도 없다.

육신은 죽지만 영은 죽지 않는다고 해도, 지금으로서는 그것이 무슨 대안이 되는 것은 아니다. 왜냐하면 육신에 붙잡혀 사는 우리의 경험은 오직 육신적 경험일 뿐이기 때문이다. 혹시 예외적인 경우로서 어떤 영적 경험을 할 수 있었다고 해도, 그것은 비일관적인 돌발 경험에 불과하기 때문에 일반화시키기가 어렵다.

어떤 사람들은 그런 비일관적인 돌발 경험을 일반화시키려고 시도하는데, 그런 경우 영적 세계 전반에 대한 경험과 이해가 현저히 부족하기 때문에, 지극히 편협하고 강박적인 태도를 보이는 경우가 거의 대부분이다. 따라서 이 우주 질서 전체가 변경되지 않고서는 이런 한계에서 아무도 벗어날 수 없다.

그런데 아쉽기는 하지만 이와 같은 한계를 바르게 통찰하고 인식하는 것은 매우 중요한 문제이다. 할 수 있는 것과 할 수 없는 것 그리고 알 수 있는 것과 알 수 없는 것을 제대로 구분하지 못하는 사람은, 자신이 추구하고자 하는 가치와 신념에 유익을 끼치기는커녕 오히려 해를 입히기 쉽다. 더욱이 우리는 인간의 육신 일반에 갇혀 있는 것이 아니라 한 개체로서의 육신에 묶여 있다는 사실을 잊어서는 안 된다. 나의 확신과 너의 확신이 같다는 데 동의한다고 해도, 엄밀히 말하면 같은 확신이 아니라, 비슷하기는 하지만 서로 다른 확신의 한계에서 벗어날 수 없다.

하나님께 충성을 다해야 한다고 말하면 반대할 사람이 아무도 없을 것이다. 만약 반대하는 사람이 있다고 한다면 그는 그리스도인이 아닐 것이 분명하다. 하지만 우리의 판단이 갈라지는 부분은 그 다음부터이다. 이렇게 하는 것이 하나님께 충성하는 것이다 저렇게 하는 게 하나님께 충성하는 것이다, 이 길이 하나님께 도달하는 더 빠른 길이고 저 길은 늦다, 이 방법은 맞고 저 방법은 틀렸다 하면서 다툼을 벌이는 것이다. 그 다툼 때문에 죽이고 죽고 했던 것이 우리 교회사의 역사라고 해도 과언이 아니다. 물론 금도(禁度)는 있다.

어느 해 봄인가 상담 교육을 포함한 제자 훈련 프로그램을 만들어 페이스북에 올린 적이 있었다. 훈련받을 사람들을 모집하기 위해서였다. 그런데 같은 교단에 속했다는 어떤 젊은 목사님이, 왜 성경을 가르치지 않고 상담을 가르치느냐고 강력히 항의해 왔다. 목사가 성경을 가르치지 않고 상담을 가르치는 것이 말이 되느냐는 것이다. 자신의 블로그인지 어딘지 이단적 사역자 리스트에 내 이름을 올리겠다는 것이었다. 하지만 내가 보기에는, 당신이, 바로, 이단이오!(라고 대놓고 말하지는 않았다.)

많은 사람들이, 특히 보수주의 진영의 많은 사람들이 아직도 이런 생각을 고수하고 있는 것 같다. 자신이 가장 정직하고 진실하며 충성스럽다고 믿으면서, 자신들은 점도 흠도 얼룩도 없다면서 말이다. 아마도 그들은 스스로를 인간이 아닐지도 모른다고 생각하는 모양이다. 인간으로서 점도 흠도 얼룩도 없는 자가 어디 있겠는가? 자신이 바라는 것과, 분하지만, 자신의 한계를 혼동하는 게 아닌가 싶다. 그들은 보수주의자가 아니라 근본주의자로 봐야 한다.

> 근본주의란, 할 수만 있다면 납치하고 폭탄을 터뜨리고 전쟁을 일으켜서라도 자신의 확신을 관철하고 싶어하는 그런 신념을 말한다. 왜냐하면 자신들의 신념은 그럴 만한 가치가 충분히 있다고 믿으니까!

"성경 하나면 다 된다!" 거의 기고만장에 가까운 이런 호언장담은 참 멋져 보이지만, 하나님 나라에는 아무 도움이 되지 않는, 아니 아무 도움이 되지 않을 뿐 아니라 오히려 심각한 해를 끼치는, 자기 만족의 욕구를 채우는 구호에 지나지 않는다. 성경이 위대한 진리인 것이야 더 말해서 무엇하랴! 그 점에 동의하지 않는다면 그리스도인이라고 부르기도 어렵겠지만, 모든 신학적·신앙적 문제는 성경이 부족해서가 아니라 그것을 읽고 해석하고 실천하는 사람들 자신의 (육신적) 한계 때문에 생기는 것임을 알아야 한다.

적어도 이 땅에서 (하늘이 아니라) 절대적인 것이란 없으며, 오직 상대적인 것이 있을 따름이다. 하늘에서는 당연히 절대적이겠지만, 그 절대적인 진리가 땅에 내려오는 순간에는 육신적 한계의 제한을 받게 마련이다. 주님조차도 이 땅에 내려오신 순간 우리와 똑같은 사람이 되셨다. 그러므로 모든 확신은 다 주관적 확신일 뿐 인간의 영역에 절대적 확신이란 있을 수 없다. 모든 갈등은 다, 주관적인 것을 객관적인 것으로 확신하는 데서부터 온다. 그 주관적 확신을 자신에게 그리고 타인에게 강요하는 데서부터 온다.

그렇지 않다면, 어떻게 똑같은 구절을 읽고 전혀 다른 해석을 할 수 있는가? 글자 그대로 일 점 일 획도 더하거나 뺄 수 없다면, 어떻게 성경을 번역하는 일이 가능한가? 성경 원문은 도대체 어디로 사라졌는가? 성경은 진리이지만 인간의 언어로 기록됨으로써 인간적인 부분을 포함할 수밖에 없게 되었다. 그러므로 인간 언어의 한계를 따져 가며 조심스럽게 읽고 해석해야 한다. 행여 하나님의 뜻을 잘못 이해하지 않도록 말이다. 과잉 일반화하고 싶은 욕구에 사로잡혀서, 또는 알기 어려운 것을 억지로 풀려다가, 오히려 스스로의 함정에 빠져 허우적거리는 경우가 얼마나 많은지 모른다. 명확하지 않다면 그냥 괄호 속에 넣은 채로 내버려 두라. 때가 되면 스스로 괄호를 열고 밖으로 나올 것이다.

주님 예수께서 성육신하신 근본적 이유는, 여러 가지 해석이 가능할 수 있겠지만, 가장 먼저 그 분께서 구원하시려는 우리 인간이 육신의 존재이기 때문이다. 육신의 존재를 구원하시기 위해 스스로를 초월의 존재에서 육신의 존재로 비하시킨 주님의 뜻을 온전히 이해하기란 사실상 불가능하다. 하지만 꼭 그렇게까지 하셔야만 하는 일이었을까 하는 의문이 드는 것도 사실이다. 저 높은 하늘에서 그냥 당신의 권능으로 우리를 구원하시는 것은 불가능한 일이었나? 아니, 불가능하지 않았으리라. 하나님께는 모든 것이 가능하다. 아마도 그렇게 하신 근본적인 이유는, 당신의 입장(이런 표현 자체가 하나님과는 아무 상관이 없다)이 아니라 철저하게 우리의 낮은 수준에 맞춰 주시기 위해서였을 것이라고 나는 생각한다.

주님 예수께서는 인간의 육신을 입으심으로써 인간이 되셨고, 그로부터 인간적인 속성에 구속받게 되셨다. 다시 말하면 그렇게 될 줄 아시면서도, 그렇게 되시기를, 스스로 선택하셨다. 오늘날 인간으로서의 주님 예수를 부인하면, 비록 주님을 높이고자 하는 의도로 그렇게 한다 해도 그것은 이단이 된다.

주님의 속성은 하나님 50% 인간 50%가 아니라 하나님 100% 인간 100%라고 한다. 완전한 하나님이요 완전한 사람이신 주님 예수에 대하여 언급할 때, 여기서 주목하고자 하는 것은 '완전한 사람'이라는 이 부분이다. (완전한 하나님이라는 부분에 대해서는 아쉽게도 사람이 알 수 있는 바가 별로 없다.) 완전한 사람으로서의 주님(원죄가 없다는 것 하나만 빼고)께서 십자가에서 죽었다가 사흘만에 다시 살아나셨다는 바로 이 부분이다.

구원과 구원의 확신

자, 여기서, 우리 그리스도인들이 말하는 구원에 대하여 다시 한번 생각해 보고 싶은 것이 있다. 흔히들 영혼 구원, 영혼 구원, 하는데, 우리 그리스도인에게 구원받았다는 것은 어떤 의미인가? 명쾌하게 대답하는 것은 쉽지 않을 수도 있겠지만, 각자 추상적으로나마 자기 자신에 대해서나 다른 사람에 대해서, 구원받았을 것 같다 또는 구원받지 못했을 것 같다는 추론을 가지고 있는 것 같다. 그리고 그런 추론의 바탕이 되는 것은 역시 그 사람의 겉으로 드러난 몸가짐과 말과 행실일 것이다.

내용만을 가지고 이야기한다면, 구원이란 흔히 말하듯이 천국(천당) 갈 수 있는 자격 또는 심판을 받지 않고 영생을 누리게 될 것이라는 확증에 가깝다고 할 수 있겠다. 하지만 만약 그렇다고 한다면, 구원이란 무슨 인증서나 증권이나 권리증이나 보증서나 확인서 같은 것인가? 어떤 형식으로든 나중에 발생할 어떤 효과를 앞서서 보장하는 일종의 약속과 같은 것인가? 누가 그걸 보장하는가? 자기 자신인가 아니면 타자인가?

어떻게 정의를 내리든 분명한 것은, 확정된(?) 구원이라면 모르겠거니와 적어도 지금 우리에게 구원이란 언제나 미정의 상태를 제시해 주고 있을 따름이다. 이것이야말로 정말 중요한 점이라는 사실을 강조하고 싶다. 하나님께서는 이미 확정된 구원의 내용을 다 알고 계시겠지만 우리 자신은 아직 그렇지 못하다. 아직 확정되지 않은 것을 마치 확정된 것처럼 믿고 살아 간다는 것은, 맥락에 따라서는, 정반대의 결론에 도달할 수도 있다는 점을 이해하는 것이 매우 중요하다.

이른바 구원의 확신이라는 것이 있다. 개인적 구원의 여정 중에 가장 중요한 요소 가운데 하나일 것이다. 생각해 보라. 구원의 확신을 가지고 하는 신앙 생활과, 구원의 확신 없는 신앙 생활이 어떤 차이를 나타낼지를 말이다. 그러므로 많은 목사님들이 그토록 구원의 확신을 강조하는 것이다. 그러나 그보다 더 중요하게 알아야 할 점이 하나 있는데, 그것은 바로 구원의 확신이 자신을 구원하는 것이 아니라는 사실이다.

구원의 권한은 오직 하나님의 주권에 속해 있다는 것을 잊어서는 안 된다. 구원의 확신은, 진리에 대하여 자신이 깨달은 여러 가지 지식과 신앙 경험 등을 바탕으로 유추한 것이기 때문에, 어느 정도의 개연성을 가지고 있는 것은 분명하겠지만, 본질적으로 주관적 판단이며 주관적 인식이다. 따라서 그것을 가지고 구원의 확정을 말하는 것은 어불성설(語不成說)이며 교만에 다름 아니다. 만약 누군가 자신이나 타인의 구원에 대한 어떤 영적인 응답을 확실히 받았다고 주장한다면, 그것이야말로 정말 위험한 일이 아닐 수 없다.

그래서 구원파가 잘못된 것이다. 잘못된 것을 고집하고 강요하니 이단인 것이다. 그들은 인간에 대하여, 이 세계에 대하여, 지극히 잘못된 성찰을 하고 있다. 주님 예수의 은혜가 무엇을 의미하는지, 왜 성령의 인도하심이 필요한지, 어째서 부활과 '새 하늘과 새 땅'이 우리의 소망이 되는지에 대한 몰이해를 여실히 드러내 보여 주고 있는 것이다. 만약 그들이 주장이 맞다면 오늘의 인간 세상과 그리고 하나님 나라는 지금과는 다른 모습이어야 할 것이다.

잘못된 구원의 확신이 얼마든지 있을 수 있다는 점을 기억하자. 나는 그렇지 않다고 확신하지 말라. 유대인들은 2천 년 동안 나라를 잃고서도 민족 정체성을 지켜 나갈 수 있을 만큼 강력한 구원의 확신을 가지고 있다. 구원파 역시 세상에서 구원의 확신이 가장 강한 집단 가운데 하나일지도 모른다. 이단들의 구원의 확신이 정통보다 더욱 강한 법이다. 그러나 강하게 확신한다고 해서 구원의 가능성이 더 올라가는 것은 아니다. 사도 바울 같은 사람조차도 마지막 2%의 의심(?)을 남겨 둔 채 죽는 날까지 절제하기를 멈추지 않았는데, 우리 같은 평범한 사람들이야 말해서 무엇하랴.

(고린도전서 9장 24~27절)
운동장에서 달음질하는 자들이 다 달릴지라도 오직 상을 받는 사람은 한 사람인 줄을 너희가 알지 못하느냐 너희도 상을 받도록 이와 같이 달음질하라
이기기를 다투는 자마다 모든 일에 절제하나니 그들은 썩을 승리자의 관을 얻고자 하되 우리는 썩지 아니할 것을 얻고자 하노라
그러므로 나는 달음질하기를 향방 없는 것 같이 아니하고 싸우기를 허공을 치는 것 같이 아니하며
내가 내 몸을 쳐 복종하게 함은 내가 남에게 전파한 후에 자신이 도리어 버림을 당할까 두려워함이로다

아무튼 구원의 확신에 허실이 있을 수 있음을 잊지 말자. 98%의 구원의 확신이 최선이다. 그런 구원의 확신을 가지고 2%의 겸손을 잃지 말아야 한다. 하지만 그런 점을 감안하더라도 확실히 구원받았다고 믿는 사람이라면, 구원이 실현되기 전에 이미 구원의 증거들을 자기 자신 안에 가지고 있든지 또는 가지려고 힘을 쓰게 마련이다. 경건한 삶을 벗어나지 않으며, 희생과 헌신을 당연히 여기고, 주님의 가르침을 지키려고 온 힘을 다하며, 주님 가신 길을 따르려고 쉬지 않고 노력하게 된다. 단순한 확신이 아니라, 그런 의지와 노력들이 구원의 또 다른 증거가 되어, 각자의 신앙 현실에서 더욱 구체적인 힘으로 작용할 수 있게 될 것이다.

죄의 개념과 기독교 신앙의 기본 원리

여기서 죄와 구원의 관계에 대하여 간단하게나마 적고 넘어가지 않을 수 없을 것 같다. 모든 그리스도인은 원죄를 인정한다. 아담과 하와가 하나님께 불손종한 죄를 그 후손인 우리가 대대손손 물려받았다는 것이다. 그런데 요즘은 원죄를 부정하거나 최소한 그에 대한 의문을 제기하는 사람들이 자꾸 늘어나는 추세인 것 같다. 아마도 이 부분과 관련하여 신학적 증명을 시도하고자 한다면, 쉽지 않을 뿐더러 완전한 해명은 아예 가능하지도 않을 것으로 생각된다.

신학적으로 완전한 해명이 불가능한 이유는, 그것이 근본적으로 인간의 불완전한 언어와 논리에 기반을 두고 있기 때문이다. 그렇다고 해서 어떤 초월적인 영성의 권위를 빌리려 한다면, 그 초월적인 영성(예를 들어 성령)의 권위를 인정한다 하더라도, 모든 사람에게 일반화시킬 수가 없기 때문에, '절대적으로 옳다'고 말할 수 없게 된다. 여기서 일반화할 수 없다는 한계는, 언어와 논리의 한계와 똑같이, 결국 인간 자체의 한계 때문이라고 할 수 있다. 그리고 인간의 한계란 인간의 타락 및 원죄와 밀접하게 관련되어 있다고 본다.

이는 초월적인 영의 세계와 그 능력을 부정하려는 것이 아니다. 오히려 그것이, 하나님께서 세우신 지금 이 세상을 움직이는 기본 원리이기 때문이다. 그러므로 무엇이든 하늘에서 직접 내려왔다고 말한다면, 시대를 막론하고 그것이야말로 명백한 거짓말이라고 도리어 의심할 수밖에 없다. 예를 들어 성경은 수천 년에 걸쳐 수십 명의 기자들에 의해서 쓰여졌고, 별별 해괴한 이야기들까지 그대로 기록되어 있으며, 주님의 조상 중에는 이방 여인과 기생과 심지어 시아버지와 부적절한 관계를 맺은 여자까지 포함되어 있지만, 그래서 오히려 더욱 신뢰할 수 있는 것이다.

그런 관점에서 본다면, 나는 원죄에 대하여 ('신학적'이 아니라 굳이 표현한다면 '인문학적'으로) 이렇게 말하고 싶다.

"원죄란, 아담으로부터 물려받아서가 아니라, 우리들 가운데 어느 누구라도 그 때 그 자리에서, 아담-하와와 똑같은 조건 똑같은 상황에 처해 있었다면, 그들과 똑같이 행동하지 않았을 사람은 하나도 없었을 것이라는 사실을 의미한다."

어떤 사람들(예를 들어 구원파)은, 주님께서 십자가 죽음을 통하여 우리 죄를 다 용서해 주셨기 때문에 우리는 이미 무죄한 자가 되었고 따라서 회개할 필요가 없다고 주장하는데, 그것은 사실일 수가 없다. 왜냐하면 지금 우리가 사는 이 세상 어떤 것이라도 명분과 실제는 같을 수 없기 때문이다.

죄의 개념은 명분뿐만 아니라 육체성에 뿌리를 두고 있음을 알아야 한다. 즉, 육체 자체가 우리 죄의 가장 중요한 구성 요소라고 할 수 있다. 육체성 가운데 있으면서도 죄가 없는 존재는 단 한 분밖에 없었다. 예수 그리스도!! 하지만 그래야만 했던, 그럴 수밖에 없었던 당위성이 분명히 있었다. 유일하게 죄 없는 육체가 아니고서는, 과거와 현재와 미래의 모든 죄 있는 육체들의 죄 문제를 단번에 해결해 줄 수 없었기 때문이다. 그런데 아직 육체 가운데 있는 인간이, 예수 그리스도의 공로를 빙자하여 자신은 이미 무죄한 자가 되었다고 주장한다면, 그것은 예수 그리스도의 영광을 더 높이기 위한 것인가 아니면 구원에 있어서 자기 자신의 안전을 가장 먼저 확보하기 위해서인가? (구원이 확정되었다고 하니 안심이 되는가?)

죄는, 아담과 하와의 범죄에 대한 하나님의 심판으로 인하여, 우리 몸과 이 세계가 아주 낮은 수준으로 전락한 것과 깊은 관계가 있다. 그 전에는, 고통 없이 출산할 수 있는 몸이었고, 땀을 흘리며 수고하지 않아도 사는 데 아무 문제가 없는 세상이었다. 한 마디로 죽음(소멸)이 없는 세상이었다. 그러나 하나님의 심판이 내려진 다음부터는 모든 것이 바뀌었다.

　주님의 재림과 우리(산 자와 죽은 자)의 부활은 그 모든 것을 되돌릴 뿐 아니라 이전보다 더 완전한 몸(부활의 몸)과 더 완벽한 세상(새 하늘과 새 땅)으로 회복시킨다는 의미가 있다. 하지만 주님 오실 때까지는 여전히 타락한 몸이요 부패한 세상이다. 그런데 어떻게, 자신은 주님의 십자가를 믿음으로써 죄를 용서 받았으니 이미 무죄한 존재이며 회개할 것이 없다 말할 수 있는가? 아직 우리 몸은 그대로이고 이 세상 역시 그대로인데…!! 자기 자신을 돌아보면 바로 알 수 있다. 우리는 아직 심판받은 아담-하와와 똑같이, 욕심과 이기심과 많은 한계에 묶여 있는 존재일 뿐이다.

　주님의 십자가와 부활은 이 모든 사건과 과정과 역사와 섭리의 의미를 상징적으로 보여 주고 있다. 그래서 십자가의 고난과 부활의 영광이라고 하지 않는가? 우리가 주님의 십자가 앞에서 죄 사함을 받았다는 것은 분명한 사실이다. 그러나 아직은 명분상으로만 그러하다. 계약서는 작성했지만 계약 실행은 잠시 후이다. 다만 절대로 취소되거나 변경되지 않는 계약이라는 것을 기억하자. 그래서 언약인 것이다.

　그리고 주님께서 다시 오심을 따라 우리도 부활하는 그 때, 그 때에야 비로서 우리의 죄와 한계가 모두 벗어지고 명실상부하게 무죄한 존재로서 새 하늘과 새 땅에서 영생을 누리게 될 터이다. 죄 때문에 사망이 시작되었으니(롬 5: 12) 사망이 없어져야만 죄로부터 완전히 자유로워진 증거라고 할 수 있지 않겠는가? 사망이 없어진 결과가 바로 죽은 자들의 부활이다.

또 다른 문제 하나는, 구원받았다는 개개인의 확정된 사실을 한낱 인간이 어떻게 알았는가 하는 점이다. 하나님의 생명책을 훔쳐보기라도 했다는 말인가? 하나님은 그런 정보를 결코 알려주시지 않는다. 구원의 확정은 우리가 살아 있는 동안에는 아직 비밀에 싸여 있어야 한다. 그렇지 않으면 지금 자기들만 구원받았다는 어떤 사람들이 일으키는 것 같은 문제가 생기기 때문이다. 아직 죄성이 그대로 남아 있는 육신에 속해 있으므로 부작용이 나타나는 것을 피할 길이 없다.

그들은 자기들에게만 구원이 있고 자기들에게 속하면 그 비밀을 알수 있다고 주장한다. 그뿐 아니라 자기들에게 속하지 않은 사람들을 구원받지 못한 자라고 비웃으며 공격하려고 한다. 그렇다면, 스스로를 이단이라고 공개하는 것이나 마찬가지가 아닐까? 주님의 가르침과 주님께서 걸어가신 길 어디에서 그런 행태를 엿보았길래 그렇게 행동하는 것인가?

세상 모든 이단과 우상 숭배의 공통점이 하나 있는데, 그것은 바로 이기심의 충족이다. 옛날부터 풍요와 다산, 축복, 만사형통, 안전 보장, 고난과 시험의 면제, 높아짐과 차별성의 만족 등등이 그 목록 가운데 중심 자리를 차지하고 있다. 이런 목록들은 항상 사탄이 하나님의 자녀들을 유혹할 때 동원되는 항목들이다.

하지만 그것은 하나님께서 일하시는 방식이 아니다. 만약 하나님께서 그런 방식으로 일하신다면 왜 순교자들은 왜 순교해야 하며 고난 가운데서의 승리란 또 무슨 헛소리란 말인가? 그리고 무엇보다도, 주님조차도 십자가 고통을 생략하시지 않지 않았던가? 그토록 피하시기를 원하셨음에도 말이다.

　　(마태복음 26장 39절)
　　조금 나아가사 얼굴을 땅에 대시고 엎드려 기도하여 이르시되 내 아버지여 만일 할 만하시거든 이 잔을 내게서 지나가게 하옵소서 그러나 나의 원대로 마시옵고 아버지의 원대로 하옵소서 하시고

어쩔 수 없어서? 아니다!!

　　(마태복음 26장 39절)
　　너는 내가 내 아버지께 구하여 지금 열두 군단 더 되는

천사를 보내시게 할 수 없는 줄로 아느냐
  내가 만일 그렇게 하면 이런 일이 있으리라 한 성경이
어떻게 이루어지겠느냐 하시더라

기독교 신앙에 깊이 들어가면 들어갈수록 진리의 오묘한 부분들이 깨달아지는 경지가 보이기 시작하는데, 그 때 반드시 알아야 하고 또 자연스럽게 알게 되는 부분이 있다. 그것은 하나님의 존재와 사람의 존재를 균형 있게 분별해야 한다는 것이다. 하나님을 바로 알고 사람을 바로 아는 것이야말로, 기독교 신앙의 조화로운 이해와 통합 그리고 실현의 정당성을 얻기 위하여, 반드시 요구되는 필연적이고 필수적인 대원칙의 하나이다.

초월적인 하나님의 권세가, 필멸자에 불과한 인간의 오류와 한계를 초월적으로 보정해 주시지 않는다는 것은, 적어도 이 육신의 삶에서는 분명한 사실이라고 할 수 있다. 물론 때때로 개입하시고 간섭하시고 돕기도 하시고 모른 체하시기도 하는 하나님의 섭리를 부정하려는 것이 아니다. 그러나 인간 세상에 드러난 하나님의 섭리는 매우 제한적이기도 하거니와 또 지극히 인간적인 절차와 과정을 통하여 실현되어진다는 것은 분명한 사실이다. 그렇지 않다면 하나님께서 당신의 무한한 능력을 통하여 지금 당장 이 세상을 강권적으로 정리 또는 폐기하시지 않을 이유가 어디 있겠는가?

흔히 자기 주장을 정당화시키기 위해 동원하는 영적인 세계와의 교감과 경험(예컨데 직통 계시. 다 거짓이 아니며 일말의 진실이 있을 수도 있겠지만 대단히 제한된 범주에서만 유효하다.) 이 도리어 위험할 수 있는 것은 바로 그런 이유 때문이다. 그런 기본적인 대원리를 깨닫지 못하거나 또는 이해하지 못한 채 내세우는 어떤 신념과 주장도, 모두 무지해서이거나 고집이거나 거짓에 지나지 않는다. 그러므로 우리를 향한 하나님의 모든 이상적인 은혜와 복락과 대안들은 다 약속(언약)이라고 불리우는 것이다. 단, 절대로 취소되거나 변경되지 않는다는 보장을 더하여 주시는 것이다.

죽은 다음의 명예에 대하여

모든 인간은 무릇 자기 존재의 소멸을 싫어하고 회피하려 하게 마련이다. 왜냐하면 하나님께서 각 사람의 마음에 근본적으로 영원을 사모하는 마음을 심어 주셨기 때문이다.

(전도서 3장 11절上)
하나님이 모든 것을 지으시되 때를 따라 아름답게 하셨고 또 사람들에게는 영원을 사모하는 마음을 주셨느니라

그러므로 인간이 죽음을 무서워하는 가장 큰 이유는, (여러 가지 이유를 끌어 올 수 있겠지만) 무엇보다도 우리 자신이 본성적으로 자기 존재의 소멸을 아주 싫어한다는 사실이다. 그리고 두 번째 이유로 들 수 있는 것은, 죽음에 대하여 우리가 알고 있는 것이 별로 없다는 점이다. 내가 아는 것이라고는 지금까지 살아 온 삶의 현실에서부터 온 이 경험밖에 없는데, 이 현실이 무너지고 난 다음에 어떤 생이 올지 모른다는 것은 두려운 일이 아닐 수 없다.

이런 두려움은, 사람이라면 누구라도 극복하기 어려운 법이다. 따라서, 죽음에 대한 이런 본성적인 두려움을 이겨 낸다는 것은 결코 작은 일이라고 할 수 없지만, 우리의 부활 신앙은 그것을 가능하게 해 준다. 이 글의 주제에 따라서 말한다면, 구원받은 증거로는 (여러 가지가 있을 수 있겠지만) 일단 죽음을 무서워하지 않게 된다는 점을 들 수 있겠다.

참고로, 죽음을 마다하지 않는 다른 원인들도 생각해 볼 수 있으리라. 예를 들어 주인에 대한 지극한 충성심이나, 나라와 민족에 대한 말로 다 표현할 수 없는 애정이나, 지극히 심오하고 고상한 어떤 가치를 위해서, 그것도 아니면 자기 자신의 명예와 자존심을 지키기 위해서, 죽음을 무릅쓰고 앞으로 나아갈 수 있을지도 모른다. 또는 위기에 빠진 자녀를 위하여 자기도 모르는 사이에 위험 가운데 뛰어드는 것도 얼마든지 일어날 수 있는 일이라고 생각된다.

그렇지만 죽음을 무릅쓰고 앞으로 나아간다는 것과, 죽음을 무서워하지 않는다는 것은 별개의 문제이다. 어찌 보면 죽음을 무서워하면서도, 죽음을 무릅쓰고 앞으로 나아가는 것이 더 어렵고 더 고귀한 일일지도 모른다. (또한 그렇기 때문에 지극히 평범한 사람이 부활 신앙을 통해서 죽음을 무서워하지 않게 되는 것이 더욱 큰 은혜로 다가오게 된다.) 그래서 어느 사회든 그런 사람들을 '의인'이라고 부르면서, 기억하고 존경하며 이름을 기리는 것일 터이다. 하지만 비록 그렇다고 하더라도, 진정으로 그 자신을 위하여 무엇이 거기 남게 되는 것일까? 남은 것은 그저 이미 소멸한 이름의 명예만 있을 뿐, 그 자신을 위해서는 아무런 의미가 없다.

죽은 다음에 얻은 이름은 자기 이름이 아니다. 살아 있는 동안에는 내 이름이 곧 나 자신과 마찬가지이지만, 내가 죽은 다음의 내 이름은 내가 아니다. 내가 죽고 난 후, 죽지 않고 살아 있는 사람들(필경에는 그들도 머지 않아 모두 죽고 말 것이지만)의 칭송이, 이미 죽은 내게 무슨 의미가 있겠는가? 사후의 명성이 중요하다고 여기는 사람이 있다고 해도, 그것은 살아 있을 때의 나에게 속한 것이지 죽은 다음의 나와는 아무런 관계가 없다. 아직 살아 있는 가족들과 친구들과 동료들이 느끼는 긍지는 당연히 전혀 별개의 문제이다.

물론 죽음을 무릅쓰고 무언가를 추구하는 것이 몰가치하다는 말은 아니다. 오히려 기독교는 항상 희생과 헌신을 제시하며, 겸손과 용서와 화해의 덕목을 강조해 왔다. 오죽하면 "원수를 사랑하라"고 하겠는가? 물론 역사를 보면 그런 가르침을 위반한 경우도 많이 있었다. 하지만 순교가 기독교의 최고의 덕목 가운데 하나임은 잘 알려져 있는 사실이다.

진정한 그리스도인이라면, 주님 예수의 부활하심을 좇아 자신도 부활할 것을 믿음으로써 이제 죽음을 무서워하지 않게 되었으므로, 충분히 그럴 수 있다. 반면에 죽음을 무서워하는 가운데서도 죽음을 무릅쓰는 경우에는, 인간의 연약함에 비춰 볼 때, 오직 자기 신념과 자기 의지로 그렇게 할 수 있다는 사실 자체는 위대한 일이라고 할 수 있겠지만, 그런 행동의 주체인 나 자신에게는 아무런 궁극적인 지향점이 없다. 나는 이런 선택을 했고 그래서 이렇게 행동한다는 것으로 그의 믿음은 끝나 버리고, 동시에 그의 생애도 끝나 버린다. 그리고 그 이후에는 아무 것도 남는 것이 없게 된다. (비신자라면 영벌이 기다리고 있을 뿐!)

혹시 윤회를 신봉함으로써 그의 그런 믿음이 다음 생으로 연결될 것을 확신한다고 해도, 그 다음 생이 지금 이 생과 마찬가지로 여전히 육신의 온갖 제약을 받는 생이라면, 결국 기간을 연장한다는 정도의 의미밖에는 없다고 생각한다. 또는 그저 막연히 내세를 믿는 것이라면 꼭 알아야 할 점이 하나 있는데, 그것은, 육신을 벗고 영의 상태로 영원을 누리는 것은 '존재하는'(exist) 것이기는 하지만 '사는'(live) 것이라고 말할 수는 없다는 사실이다. 그 점에 대해서는 다음에 좀더 자세히 언급할 것이다.

부활과 영생의 약속

오늘 성경은 우리에게 부활과 영생을 약속하고 있다. 그걸 어떻게 믿느냐고? 어차피 말뿐인 약속이 아니냐고? 또는 어떤 영적인 능력이 수반된다 하더라도, 어차피 그런 정도의 영적 능력은 다른 종교에서도 발현되는 것이 아니냐고? 그래서 다시 원점으로 돌아오게 된다. 진정한 그리스도인이라면 이런 의문을 표시하지 않겠지만, 모든 가치 체계와 신념과 주장이 다 이 원점에서 시작되는 법이다. 여기서 제기하는 부활의 약속은 어떤 새로운 가르침이 아니라, 원래부터 우리에게 있었던 것을 다시 회복시키고자 할 뿐이다.

기독교는 자신의 명줄을 끊으려고 덤비는 핍박자들을 뒤집어서 오히려 추종자로 만드는 놀라운 능력을 보여 주었다. 또한 영적인 능력으로 말한다면, 성령의 능력은 다른 종교들 가운데 역사하는 조잡한 영적 능력들을 압도하고도 남음이 있을 정도이다. 핍박을 극복함으로부터 시작된 종교가 어디 있는가? 이슬람교는 오히려 주변을 핍박함으로부터 출발했고, 불교 역시 무슨 심각한 핍박을 받으면서 시작되었다는 이야기를 들어 본 적이 없다. 오직 기독교만이 존립을 위협받을 만큼의 핍박을 이기고 자신의 가치를 증명한 종교이다.

죽음과, 죽음을 바라보는 안목과, 죽음을 받아들이는 태도를 가르침의 근간으로 삼고 있는 기독교는, 비기독교적인 것들은 말할 필요도 없고 반기독교적인 것들까지, 능히 받아들이고 화합시켜서 자신의 일부로 변화시킬 수 있는 능력을 가지고 있음을 나는 믿는다. 주님의 부활을 믿고, 그 분과 연합하여 죽음을 무서워하지 않게 됨으로써, 그리스도인들은, 아직 부활이 이루어지지 않았음에도 불구하고 이미 인간으로서의 약점을 극복한 그런 존재들이 될 수 있다.

예수께서는 다른 종교들과는 달리, 인간의 근원적인 문제들을 (그저 육신의 삶을 유지하고 지켜 나가기 위한 문제가 아니라) 해결해 주시기 위해 이 땅에 오셨고, 죽음에 순응함으로써 죽음을 이기고 부활하셨다. 그리고, 그 분을 믿고 따르는 우리도 그 분처럼 영원한 초월자의 반열에 오르게 될 것을 약속해 주셨다. 그것을 믿고 오늘도 자신의 삶을 열심으로 감당해 나가는 우리들이 되어야 할 것이다.

무슨 천국이 이래?

하나님의 은혜는 하나님께 직접 갚는 것이라기보다는 이웃과 형제들에게 대신 갚는 것이다. 따라서 이웃과 형제들에게 갚지 않는 것은 하나님께 갚지 않는 것과 마찬가지이다.

천국은 어떤 곳인가요?

어떤 청년이 목사님에게 물었다. 천국은 어떤 곳인가요? 목사님이 대답했다. 하나님을 믿으며 예수의 길을 따라 사는 지금 우리 삶이 바로 천국이지요. 그랬더니 그 젊은이가 하는 말. 구원받은 성도들이 죽어서 가는 데가 아니라 지금 사는 곳이 천국이라구요? 아니, 무슨 천국이 이래요? 무슨 천국이 요것밖에 안 돼요? 무슨 천국이 이 따위예요? 무슨 천국이 세상 나라와 하나도 다를 것이 없잖아요!?

천국에 대한 이 청년의 반응은 별로 특별한 것은 아니다. 믿음으로 살아 가는 그리스도인의 삶 자체가 이미 천국이라고 말한다면, 대부분의 그리스도인에게서 이런 반응은 불가피하다고 생각된다. 이런 반응이 나오는 이유는, 예수를 믿는다는 것이 본질적으로 어떤 것인가에 대한 몰이해와 (이 부분은 전적으로 제대로 가르치지 않은 목사님들의 잘못이 크다) 개념의 혼동 그리고 예수 그리스도를 통하여 이루고자 하시는 하나님의 근본적인 섭리와 의지에 대하여 무관심하기 때문이다.

하기야 말로 가르친다고 해서 근본적으로 무엇이 달라지겠는가? 복음의 진리는 본질적으로 관념이 아니다. 사람들 사이에 전파되기 위하여 관념의 형식을 취하고 있기는 하지만 그것은 수단일 뿐 목적이 아니다. 예수의 도는 관념이 아니라 내적·외적 능력이다. 능력을 발휘하지 못하고 그저 작은 위로를 받는 것으로 만족한다면 그것은 껍데기만 있는 것이지 진리라고 할 수 없다. 다른 종교에서도, 심지어 무당과 점을 통해서도 그 정도 위안은 얻을 수 있다.

(고린도전서 4장 20절)
하나님의 나라는 말에 있지 아니하고 오직 능력에 있음이라

여기서 말하는 능력이, 죽은 사람을 살리고 병을 고치고 예언을 하고 방언과 통역을 하는 그런 능력이 아니라는 점을 기억해 두자. 결과적으로 그런 현상들이 나타날 수는 있겠지만, 그렇다고 해도 그것은 표면적인 부산물에 지나지 않는다. 주님께서 이루 말할 수 없이 많은 기적과 이사를 행하셨지만, 그런 이적과 기사 때문에 우리의 주님이 되신 것이 아니다. 그 분이 우리의 주님이 되신 것은, 오직 하나님의 뜻에 완전한 순종을 보이셨고, 전혀 그럴 만한 가치가 없는 우리(나)를 위하여 자기 생명을 대신 바치셨기 때문이다.

그러므로 기독교의 능력은, 무엇인가를 성취하는 능력으로 나타날 수도 있겠지만, 그보다는 무엇인가를 이겨 내는 능력(예를 들어 참고 기다리는 능력, 사랑하고 공감하는 능력, 타자를 위해 자신을 내어 주는 능력 등)에 가깝다고 할 수 있다. 하나님 안에서 진정한 부활의 능력이란, 지배하고 다스리고 주목을 끄는 능력이 아니라 희생하고 양보하고 기꺼이 손해를 볼 수 있는 능력이다. 사람들 앞에 우뚝 서는 것이 아니라 타인들 앞에서 스스로 작아지는 것이다. 왜냐하면 그것이, 인간의 본성을 거스르는 것이므로 더 어렵고 더 힘들기 때문이다. 주님의 뜻은 언제나 거기에 있는 것이 아니라 여기에 있는 것이다.

먼저 천국이라는 개념부터 간단히 정리할 필요가 있을 것 같다. 먼저, 이미 아시는 바와 같이 '천국'과 '하나님 나라'는 동일한 개념이다. 똑같은 의미를 나타내기 위하여 마태복음에서는 천국이라는 용어를, 다른 복음서에서는 하나님 나라라는 용어를 사용하였다. 영어로 표기해 보면 천국은 'Kingdom of Heaven', 하나님 나라는 'Kingdom of God'이다. 이렇게 표기한 이유는 마태복음은 유대인들을 대상으로, 다른 복음서들은 이방인들을 대상으로 쓰여졌기 때문이었다. 그래서 각기 그 대상에게 친숙한 용어를 선택한 결과라는 것이다. 유대인들에게는 '하늘(Heaven)'이 더 익숙하고, 헬라인에게는 '신(God)'이 더 친숙한 개념이었다고 한다.

천국에 대한 오해

그런데, 그렇다면 한 가지 의문이 드는 것을 부정할 길이 없다. 왜 한국어 성경은 'Kingdom of Heaven'을 '천국'으로 번역하면서 'Kingdom of God'은 '하나님 나라'로 번역하였을까? 'Kingdom of Heaven'을 '천국'으로 번역하려면 'Kingdom of God'도 '신국(神國)'으로 번역해야 하고, 'Kingdom of God'을 '하나님 나라'로 번역하려면 'Kingdom of Heaven' 역시 '하늘 나라'로 번역해야 마땅하지 않겠는가? '천국'-'신국' 하든지, '하늘나라'-'하나님 나라' 하든지 하지 않고, 왜 두 용어를 각기 다른 방식으로 번역하여 혼란을 자초하는지 모를 일이다. 뭔가 그래야만 할 이유가 있었겠지?

아무튼 천국과 하나님 나라는 똑같은 개념이다. 그리고 성경을 기준으로 정의한다면 천국(하나님 나라)은 어떤 결정적인 상태라기보다는 (인간적인 관점에서는) 하나의 과정으로 받아들이는 것이 자연스럽다고 본다. 즉, 주님의 초림과 함께 시작되어 주님의 재림으로 완성되는 나라가 바로 천국이다. 그래서 개혁주의 신학에서는 천국의 개념을 설명할 때 '이미'와 '아직' 사이에 있다고 말한다. 주님의 초림으로 '이미' 시작되었지만 주님이 재림하시지 않았으니 '아직' 완성되지는 않은 나라, 예수를 믿음으로 내 안에서 이미 시작되었으나, 내가 여전히 죽지 않고 살아 있으니 아직도 진행 중인 나라, 바로 그런 나라가 천국이다.

만약 그렇다면, 우리가 육신으로 살아 가는 지금 이 삶이, 예수를 믿는다는 그 한 가지 이유로 인하여 이미 천국이라면, 천국이어야 마땅하다면, 죽어서 가는 나라 천국은 또 무엇인가? 많은 그리스도인들이 천국 소망을 이야기하고, 강단에서도 많은 설교자들이 천국 소망을 전파하고 있다. 이 땅에서의 삶이 아무리 힘들고 괴롭다 해도 언젠가는 끝이 나고, 그 후에는 저 천국에서 영원한 안식을 누리게 된다는 것이다.

그런 장면을 우리는 장례식장에 문상을 가서 흔히 볼 수 있다. 장례 예배를 인도하는 목사님들이 하는 설교는 하나같이 그런 내용들이다. 찬송가 480장 '천국에서 만나 보자'의 가사가 그런 내용이다.

(1절)　　천국에서 만나 보자 그 날 아침 거기서
　　　　　순례자여 예비하라 늦어지지 않도록

(2절)　　너의 등불 밝혀 있나 기다린다 신랑이
　　　　　천국 문에 이를 때에 그가 반겨 맞으리

(3절)　　　기다리던 성도들과 그 문에서 만날 때
　　　　　　참 즐거운 우리 모임 그 얼마나 기쁘랴

(후렴)　　　만나 보자 만나 보자 저기 뵈는 저 천국 문에서
　　　　　　만나 보자 만나 보자 그 날 아침 그 문에서 만나자

　이런 내용들은, 사랑하는 사람을 잃은 가족과 친지들을 위로하고 애도하기 위한 것이라고 이해할 수 있다. 그러나 이런 메시지가, 우리(나)의 인생에서, 오직 주님 예수의 길을 통하여 실현시키시고자 하는 하나님의 뜻과 과연 얼마나 가까운지 또는 얼마나 먼지, 아무도 성찰하지 않는 것 같다. 사랑하는 사람을 잃은 가족과 친지들의 슬픔과 아픔이야 말해서 무엇하겠는가마는, 우리 기독교 신앙의 본질이 그 슬픔과 아픔에 매몰되어서야 되겠는가? 주님 예수를 믿고 따르는 우리의 신앙은 삶을 지나 죽음까지도 넘어서는 것이 아니었던가!

　뿐만 아니라 죽은 자들이 떠나간 곳을 영원한 나라로 묘사하면서, 거기(천국, 다시 말해 천당)에는 눈물이 없고 죽음이 없고 슬픔과 고통이 없다고 선포한다. 그러나 성경에서 그런 내용은, 죽어서 가는 나라에 대해서가 아니라, 주님 예수의 재림 및 죽은 사람들의 부활과 함께 하나님께서 새롭게 창조하실 새 하늘과 새 땅에 대하여 하신 말씀 가운데 나온다. 그렇다면 새 하늘과 새

땅에 대한 내용을, 죽어서 가는 나라 천국(천당)에 적용하게 된 이유는 무엇일까?

> (요한계시록 21장 3~4절)
> 내가 들으니 보좌에서 큰 음성이 나서 이르되 보라 하나님의 장막이 사람들과 함께 있으매 하나님이 그들과 함께 계시리니 그들은 하나님의 백성이 되고 하나님은 친히 그들과 함께 계셔서
> 모든 눈물을 그 눈에서 닦아 주시니 다시는 사망이 없고 애통하는 것이나 곡하는 것이나 아픈 것이 다시 있지 아니하리니 처음 것들이 다 지나갔음이러라

천국(천당)과 '새 하늘과 새 땅'은 분명히 같지 않다. 그런데 부활 신앙이 희미해지면서 그 빈 틈의 허전함을 천국(천당) 신앙이 잠식하고 있는 것 같다. 주님께서 분명히 말씀하신 부활을 분명하게 설명할 수 없으니, 천국(천당) 신앙과 혼합하여 그 허전함을 보상하려는 집단적 무의식의 방어 기제가 발현된 것이 아닌가 한다. 그러다가 마침내 그 근원마저 잊어버린 것이겠지.

아무튼 장례식장 등에서 천국(천당)에 대하여 선포할 때 섣불리 새 하늘과 새 땅에 대한 요한계시록의 말씀을 끌어 오는 것은 고쳐져야 할 것이다. 성경에 분명히 기록되어 있는 것을 임의로

바꾸려고 해서는 안 된다. 그 말씀들은, 천국(천당)보다는 부활에 대한 서술에 훨씬 더 가까운 말씀이다.

사랑하는 사람을 잃은 가족과 친지들의 슬픔과 아픔을 헤아리고 위로하는 것은 분명 선하고 아름다운 일이지만, 그런 선하고 아름다운 의도라고 해도, 삶과 죽음에 대한 기독교 신앙의 본질을 변경시키는 것이라면, 그것은 사람에 대한 아부 그 이상도 이하도 아니라고 본다. 물론 이러한 메시지들은, 확실한 근거를 가지고 있느냐와 상관없이, 어려움과 괴로움 가운데 살아 가는 사람들, 예를 들어 과거 미국의 흑인 노예나 50~60년대 우리 나라와 같은 상황에 놓여 있는 사람들에게 큰 위로를 되었을 것이 틀림없다.

그러나 지금 나의 삶이 아무리 힘들고 고통스럽다 해도, 이 짧은 인생은 이제 곧 끝날 터이니, 그 후에는 저 영원한 천국(천당)에서 영원한 복락을 누리게 될 것이다. 떠밀려서 내려진 결론이기는 하지만 그들에게는 어쩌면 유일한 위안이 될 수도 있었으리라! 하지만 그렇다고 해도 기독교의 진리는, 인생의 현실에 얼마나 도움이 되느냐보다 더 상위의 개념이므로, 이렇게 적당히 현실과의 타협을 통하여 애매하게 해석되어서는 안 된다.

따라서 죽어서 가는 나라 천국(천당)은, 완성을 향해 나아가는 나라 천국과 상충된다. 천국은 '주님의 재림 → 성도들의 부활 → 새 하늘과 새 땅'으로 완성되어야 할 터인데, 하나님의 자녀라면 그것을 사모하고 꿈꾸며 추구해야 할 터인데, 고작 죽어서 육체의 괴로움으로부터 자유로워지는 것만을 생각하고 있다면, 너무나 소극적이고 수동적인 신앙이라고 말하지 않을 수 없다. 이는 마치 서울에서 부산까지 기차를 타고 가다가 삼랑진 역에서 내리겠다는 것이나 마찬가지이다.

단순한 용어의 혼란일 뿐인가?

어쩌면 이와 같은 혼란은 그저 용어의 혼란에 지나지 않을지도 모른다. 이미 오래 전부터 우리가 전통적으로 가지고 있던 천당이라는 개념과 천국의 개념이 서로 뒤섞여 혼동을 일으키고 있다는 말이다. 그렇지만 이 작은 번역의 오류는, 단순한 실수가 아니라 우리 기독교의 진리와 정체성에 적지 않은 부정적 영향을 끼쳤음에 틀림없다. 하나님 나라와 천당을 혼동시킴으로써, 지극히 높고 아름다운 하나님의 진리를 그보다 훨씬 수준 낮은 인간적 소망으로 대체하도록 만드는 데 영향을 준 것이다.(이슬람교의 잔나와 같이) 영원에 대한 약속을 그저 육신적인 현실의 위로와 맞바꾸는 것은, 그러므로 참 어리석은 일이라고 분명히 말해야만 하겠다. 참고로, 가톨릭 공동 번역에서는 천국을 '하늘

나라'로 바르게 번역하고 있다.

　천국의 개념에 있어서, 우리 나라와 다른 나라(특히 서구) 사이에 얼마나 큰 차이가 있는지는 확실하지 않지만, 죽어서 가는 나라에 대한 관념은 동서고금 모든 종교에 일반적으로 나타나는 현상이라고 할 수 있다. 그런 관점에서 본다면, 위에서 말한 혼란이란 사실 혼란이라기보다는 어쩌면 매우 자연스러운 현상일 수도 있겠다. 죽어서 좋은 곳으로 가고 싶다는 보편적인 인간 욕구(어디까지나 부패하고 타락한 지금 이 육신적 세상을 기준으로)의 투사물일 수 있기 때문이다.

　하지만 비록 그렇다고 해도 천국에 대한 이런 개념의 오류는 바로잡아야만 하겠다. 기독교가 어디 다른 종교와 같은 차원의 종교이던가? 기독교는 종교가 아니라 세계 자체이며 보편적 진리이며 생명의 본질이다. 개혁주의 신학에서는 이 부분에 대하여 분명한 정의를 내리고 있다. 죽음과 부활 사이에는 일종의 중간 상태가 존재하는데, 신약 성경에서는 이 영역을 '낙원'이라고 표현하였다. 구약 성경에서는, 딱 맞아떨어지는 것처럼 보이지는 않지만, '음부' 또는 '스올'이 여기에 해당한다.

　　(누가복음 23장 42~43절)
　　이르되 예수여 당신의 나라에 임하실 때에 나를 기억하

소서 하니

　예수께서 이르시되 내가 진실로 네게 이르노니 오늘 네가 나와 함께 낙원에 있으리라 하시니라

(고린도후서 12장 4절)
　그가 낙원으로 이끌려 가서 말로 표현할 수 없는 말을 들었으니 사람이 가히 이르지 못할 말이로다

아무튼 죽어서 가는 나라는 천국(하나님 나라)일 수 없다. 어떤 이름으로 부르든 그 나라는, 마치 국경 대기소와 같이 잠시 머무르는 임시 거주지요, 우리의 진짜 목적지가 아니다. 약속한 땅이 아닌 곳에서 "여기가 좋사오니" 하며 대충 정착하겠다는 것은, 목적을 가지고 우리를 인도하시는 주님께 불순종하는 것이요 심지어 저항하는 것일 수도 있음을 알아야 한다.

그러나 '죽어서 가는 나라 천국'의 개념이 너무나 광범위하게 통용되고 있기 때문에, 무작정 부정만 하다가는 아예 논의 자체가 이루어지지 못할 가능성이 매우 크다. 자칫하다가는 용어 문제만 가지고 다투다가 정작 본론은 다뤄 보지도 못하고 대화가 끝나 버릴 염려가 있다. 따라서 여기서는 천국 개념의 혼란을 피하기 위하여 (앞 장에서부터 이미 그래 왔듯이) 죽어서 가는 나라는 '천국'(천당)으로 표기하고 완성되어 가는 나라는 그냥 '천국' 또는 '천국'(하나님 나라)으로 표기하도록 하겠다.

죽어서 가는 나라 천국(천당)

　죽어서 가는 나라, 이른바 저 아름다운 낙원을 사모하는 데는 물론 이유가 있을 것이다. 아마도 이 땅에서의 삶이 너무 힘들고 고단하기 때문이 아닐까? 이제는 너무 늙고 쇠약해져서 이 땅에서는 아무런 소망이 없다고 느끼기 때문이 아닐까? 불치의 중병이 들어 더이상 살 길이 없어졌기 때문이 아닐까? 또는 드높은 이상이 도무지 이 현실의 벽 앞에서는 아무 소용도 아무 가치도 없음을 깨달았기 때문일지도 모른다. 목숨을 걸었던 사랑도 조금 시간이 지나고 보면 이 세상에 무수히 많은 그저 그런 이야기 중 하나에 불과함을 알게 되었기 때문이리라.

　그렇다면 이 땅에서의 삶은 왜 그토록 힘든 것일까? 흔히들 인생을 가리켜 광야길이니 포로길이니 하는 데는 다 이유가 있을 것이다. 그 중에서도 첫번째는 아마도 생존의 문제이리라. 톡 까놓고 얘기해서, 먹고 사는 일이 어디 만만한 일이던가? 또 자기만 먹고 살면 되는 것이 아니라 식솔들까지 먹여 살려야 한다면 그것을 어찌 쉬운 일이라고 하겠는가? 먹는 문제만이 아니라 입는 것과 주거 환경과 누리는 생활 수준 또한 다른 사람에게 너무

뒤떨어지지 않을 만큼은 갖춰야 하니 참으로 어려운 문제가 아닐 수 없다.

> (창세기 3장 17~19절)
> 아담에게 이르시되 네가 네 아내의 말을 듣고 내가 네게 먹지 말라 한 나무의 열매를 먹었은즉 땅은 너로 말미암아 저주를 받고 너는 네 평생에 수고하여야 그 소산을 먹으리라
> 땅이 네게 가시덤불과 엉겅퀴를 낼 것이라 네가 먹을 것은 밭의 채소인즉
> 네가 흙으로 돌아갈 때까지 얼굴에 땀을 흘려야 먹을 것을 먹으리니 네가 그것에서 취함을 입었음이라 너는 흙이니 흙으로 돌아갈 것이니라 하시니라

먹고 사는 문제 외에도 이 육신의 삶이 허다한 문제를 가지고 있음은 새삼 말할 필요가 없을 것이다. 예를 들어 사랑은 좋은 것이지만 사랑이 너무 과도하면 문제가 발생한다. 당연히 사랑이 너무 부족해도 문제가 생긴다. 이 세상의 모든 사회적 문제, 인간 관계의 문제는 거의 대부분이 이 사랑의 과부족(過不足)으로 인하여 발생하는 것이다. 그런데 어느 누가 자신은 이 사랑의 적정선을 항상 잘 지키고 있다 말할 수 있을 것인가?

이 세상의 일들은 모두 육신의 정욕과 안목의 정욕과 이생의 자랑에 불과하다고 했다.(요일 2: 16) 그런데 그 모든 것이 다 채워지면 참으로 행복할 것 같지만, 그렇지도 않은가 보다. 채워진 그것으로부터, 과도하게 채워져서 그것으로부터, 모자라게 채워졌기 때문에 또 그것으로부터, 또 다른 많은 문제가 야기될 수밖에 없는 것이 인간사가 아니던가? 인간 존재는 태어날 때부터 사망의 씨앗을 가진 채 태어난다고 한다. 그 인간 존재가 생명을 보존하기 위해 필수적으로 섭취해야 하는 먹거리들은, 이미 자신 속에 그 자신을 지키기 위한 일종의 독성을 내포하고 있다. 그래서 식사를 안 하면 굶어서 빨리 죽고, 식사를 계속 하면 쌓인 독성 때문에 세포가 망가져서 늦게 죽는다는 차이가 있을 뿐이라는 것이다.

하나님의 말씀인 성경 자체가 여러 곳에서 인생을 부정적으로 묘사하고 있다.

> (전도서 1장 2~4절)
> 전도자가 이르되 헛되고 헛되며 헛되고 헛되니 모든 것이 헛되도다
> 해 아래에서 수고하는 모든 수고가 사람에게 무엇이 유익한가
> 한 세대는 가고 한 세대는 오되 땅은 영원히 있도다

(야고보서 4장 14절)
　내일 일을 너희가 알지 못하는도다 너희 생명이 무엇이냐 너희는 잠깐 보이다가 없어지는 안개니라

(욥기 21장 23~25절)
　어떤 사람은 죽도록 기운이 충실하여 안전하며 평안하고
　그의 그릇에는 젖이 가득하며 그의 골수는 윤택하고
　어떤 사람은 마음에 고통을 품고 죽으므로 행복을 맛보지 못하는도다

(전도서 3장 11절下)
　그러나 하나님이 하시는 일의 시종(始終)을 사람으로 측량할 수 없게 하셨도다

　이 육신의 삶을 살아 가는 일이 결코 만만치 않음을 성경이 증거하고 있는 것이다. 누구도 이를 피해 갈 수 없다는 것은 우리 모두가 알고 있는 사실이다. 왕도, 독재자도, 재벌도, 사제도 예외일 수 없다.

　현실이 그러한데, 이와 같이 이 세상에서 살아 가는 동안 피할

수 없는 모든 구속과 결핍과 괴로움과 두려움과 염려와 불편과 짓눌리고 결박당한 것들이 한꺼번에 다 사라지고, 그것들 가운데 어느 것 하나도 나에게 아무 영향을 미치지 못하는 곳, 완전한 해방과 자유함이 있는 곳, 그 곳이 바로 천국(천당)이라면, 누가 그 곳을 사모하지 않을 수 있겠는가? 지금의 삶에 충분히 만족하면서 스스로 행복하다 여기는 사람이 아니라면, 지금의 삶이 힘들고 괴로운 사람이라면, 더욱 더 사모할 수밖에 없으리라.

그런데 입신과 환상 또는 임사 체험, 심지어 유체 이탈이나 심령 과학 등을 보면 하나같이 천국(천당)을 물질 세계처럼 묘사하고 있는 것을 볼 수 있다. 그것은, 지금 우리가 사는 이 세계와 전혀 차원이 다른 세계를 이야기하면서, 이 세계의 물리적 법칙과 시공간의 경험 그리고 인과율을 기준으로 이해하고 진술하고 판단한다는 오류를 범하고 있다. 그런데 이 세계의 물리적 법칙과 시공간의 경험 그리고 인과율을 기준으로 저 세계를 이해한다는 것이 정말 가능한 일일까? 육신의 원리를 가지고 영의 세계를 판단한다는 것이 과연 성립될 수 있는 일인가?

물론 불가피한 측면이 있다는 점을 인정할 수밖에 없다. 우리가 가진 게 그게 다인데, 동원할 수 있는 다른 수단이 전혀 없는데, 어떻게 하라는 말인가? 영의 세계에 대한 일반적인 경험도, 정의 내리고 일반화할 수 있는 아무런 잣대도 없이, 어떻게든 함께 공유할 수 있는 부분을 이끌어 내 보겠다고 노력한 결과들을 무조건 무시할 수는 없는 법이다. 어떤 사람들은 이런 보고들은 무조건 거짓말이라고 폄하하고, 또 어떤 사람들은 무조건적인 지지와 인정을 보내기도 한다. 하지만 어떤 경우든 이 세계와 저 세계가 엄연히 다른 차원의 세계인이상, 조심스럽고 신중하게 접근하는 것이 마땅하다고 본다.

이런 보고들은 모두 다 거짓말이라고 말할 수는 없을지 몰라도, 진실을 파악하는 데는 아무 도움이 되지 않는다고 생각한다. 설령 그런 보고들이 사실이라고 하더라도, 일단 그것을 본 사람 자신이 온전한 영혼의 상태가 아니라 여전히 육신적 속성 아래에서 보았다는 한계는 넘어설 수 없다. 유체 이탈이 곧 영혼과 천국(천당)에 대한 명백한 증거일 수는 없다. 그런 정도의 경험이라면, 세상 모든 종교와 원시 신앙에까지 광범위하게 퍼져 있는 것이 우리의 현실이기 때문이다.

죽어서 가는 나라 천국(천당)은 나라와 민족, 종교와 지역에 따라 어떤 이름으로 부르든간에 거의 동일한 내용으로 구성되어 있다. 욕구의 완벽한 충족으로 인한 불만(고통)의 철저한 해소 또는 아예 욕구로부터의 자유함이 그것이다. 그런데 욕구의 충족이 목적이라면 지금 이 육신의 삶과 본질적으로 별로 다를 것이 없고(육신으로부터 벗어났는데 아직도 육신의 욕구에 붙잡혀 있다는 것이니 영원한 안식과는 거리가 멀고), 욕구로부터의 자유함이란 육신을 벗어났기 때문에 자연스럽게 이루어지는 수동적인 자유에 지나지 않는다. (대체로 원시 종교일수록 욕구 충족을 강조하는 경향이 있다.)

결국 인정할 수밖에 없는 것은, 우리가 천국(천당)에 대하여 알고 있는 것이 많지 않다는 사실 하나뿐이다. 그 곳이 그토록 완벽한 세상이라는 증거는 어디에도 없다. 애초에 다른 종교에서도 그 곳을 궁극적인 목적지처럼 언급하고 있다면, 그렇다면, 그 곳은 굳이 주님 예수를 통하지 않고서도 갈 수 있는 곳이라는 의미가 되는 것이 아니겠는가? 우리 기독교가, 애초부터 주님께서 친히 여러 차례 말씀하시고 사도들이 보증한 부활의 약속을 잊어버리고, 굳이 그 곳 천국(천당)의 점유권을 두고 겨우 다른 종교들과 경쟁을 할 필요가 어디 있겠는가?

완성시켜 가는 나라 천국(하나님 나라)

우리가 믿음 가운데 살아 가고 있는 이 세계는, 주님의 재림 및 '새 하늘과 새 땅'으로 완성될 천국(하나님 나라)에까지 이어지는, 아직 진행 중인 천국의 도입부로서, 이미 천국의 일부라고 정의할 수 있을 것이다. 비록 주님께서 아직 오지 않으셨고 이 물리적인 세상 또한 '새 하늘과 새 땅'으로 갱신되지 않았지만, 성경의 약속을 믿는다면 언약의 명분상 천국임이 분명하다. 사실이 그러한데……!

지금 우리의 기독교 공동체를 보면 명분상으로는 천국(하나님 나라)이어야 하는데 현실적으로는 세상 나라 그대로이다. 세상 나라와 조금도 다르지 않다. (물론 지금 이 육신으로서의 하나님 나라가 반드시 교회의 신앙 생활과 전적으로 일치하는 것은 아닐지도 모르지만) 일 주일에 한번 모여서 정해진 순서대로 예배를 드리는 것이 무슨 신앙적 공로라도 되는 줄 알지만, 그것은 기본이고 당연한 (일단) 형식적 절차일 뿐이다. 목사는 설교를 하고, 성도들은 십일조와 헌금을 하고, 성가대와 주방 봉사를 하고, 자치 조직들이 서로 친교를 나누며 협력하는 것은, 기본 중의 기본이다. 하지만 그 기본조차 제대로 유지하지 못해서 힘들어하는 개척 교회들이 얼마나 많은가?

그에 반해 수천 명 수만 명이 모이는 초대형 교회들의 덩치는 또 얼마나 큰지! 그런데도 몸집을 더 키워 보겠다고 이런 저런 명분을 내세우며 애를 쓰는 걸 보면 참 애처럽기까지 하다. 그렇게 힘들게 성장시킨 교회를, 담임 목사님이 은퇴하면서 다른 사람에게 넘겨 주려니 아까운 마음이 들기도 하겠구나, 하고 오히려 이해하는 마음이 생길 정도이다. 그렇지만 끝없이 성장을 추구해 나가는 이런 모습은, 교회가 아니라 이 후기 자본주의 사회의 다른 여러 비즈니스 조직체와 하나도 다르지 않은 것 같다.

교회 공동체 안에서도 빈부 격차가 심한 것은 물론, 경쟁과 갈등 상황이 수없이 전개되고, 어떤 중직자(重職者)들은 그것도 권력이랍시고 주어진 권한을 남용하여 다른 성도들에게 상처를 입히는 경우가 허다하다. 하지만 상처를 입은 당사자들 외에는 다들 아예 무관심하게 그러려니 한다. 더하여 이기심과 시기심, 욕망과 좌절, 겉치레와 위선, 과시와 무시, 큰 소리든지 뒷담화든지, 심지어 예배조차도 그저 형식과 도식과 인간적 감성으로 흘러 버리는 경우가 얼마나 많은지 모른다.

도대체 무슨 하나님 나라가 이따윈가? 죄인들이 모인 곳이어서 그렇다고? 말도 안 되는 소리!! 교회는 죄인들이 모인 곳이 아니라 용서받은 죄인들이 모인 곳이라고 해야 맞다. 현(現) 죄인들이 아니라 전(前) 죄인들이 모인 곳이 교회이다. 그렇다면 뭐가 달라도 좀 달라야 하지 않을까? 오히려 전에 죄인이었던 경험이, 지금 새롭게 된 기쁨과 연합하여, 그야말로 '새로운 피조물'다운 의가 드러나는 게 마땅하지 않겠는가?

더욱 심각한 문제는, 교회 안에서는 그래도 성도처럼 보이던 많은 그리스도인들이 교회 밖에서는 세상 사람과 다를 바가 하나도 없다는 점이다. 교회 밖에서도 그리스도인처럼 보이는 사람들은 케케묵은 가치를 고수하며 자기들만 옳다고 주장하는 답답한 사람으로 비치기 십상이고, 그렇지 않은 사람들은 그냥 일반 대중의 일부가 되어 잘 드러나지 않는다. 아니, 오히려 대중 속에 숨어 버리는 경우도 적지 않다. 그리스도인으로서 그리스도인답지 않음이 어떤 것인지 교회 밖의 일반 대중들도 이미 다 알고 있기 때문이다.

> 예를 들어 술·담배 문제만 해도 그렇다. 교회 안에서는 금지된 것이지만 교회 밖에서는 아무도 뭐라고 하지 않는다. 뭐, 그럴 수도 있지! 술·담배가 기독교 신앙에서 본질적으로 범죄가 아닌이상 (물론 지나친 경우에는 제재하는 게 옳겠지만) 개인적인 선택의 문제로 보는 것이 맞는 것 같다. 하지만 독특한 한국 교회의 역사와 맞물려 지금 이 시대에는 참 애매한 문제가 되어 버리고 말았다. 지금처럼 계속 금지 사항으로 지켜 나가자니 시대의 흐름과 맞지 않는 것 같고, 그렇다고 갑자기 허용하는 쪽으로 가자니 뭔가 명분이 부족한 것 같고, 그래서 애써 모른 체하며 그냥 놓아두다 보니, 시대의 흐름과 명분 사이의 간극은 점점 더 벌어져서 급기야 가랑이가 찢어질 지경에 이르게 되고 만 것이다. 이 문제에 대해서는 뭐 이런 저런 생각의 차이들이 있겠지만, 어떤 생각이 더 옳으냐와는 상관없이 더욱 중요

> 한 것은, 교회 안에서의 행동과 교회 밖에서의 행동이 다르다면 그것은 명백히 '분열' 현상(정신 분열적)을 드러내게 될 것이라는 점이다.
>
> 한국의 그리스도인들에게 술·담배가 금지되어 있다는 것은 온 세상이 다 알고 있다. 그러므로 이 분열상은 세상 사람들에게 '온전치 못한 그리스도인들'이라는 빌미를 제공해 줄 뿐이다. 또한 교회에 나오고 싶어도 술·담배 문제 때문에 편하게 나오지 못하는 사람들이 적지 않다는데 그것도 작은 문제가 아니다. 그런 사람들은 대부분 가톨릭으로 향한다고 한다. (반면 가톨릭에서는 고해 성사(告解聖事)가 새 신자 수용에 걸림돌이 된다고 한다.) 모든 그리스도인들을 완벽하게 금주·금연시킬 묘책이 있는 게 아니라면, 오히려 지혜로운 공개 논의를 거쳐 허용하는 방향으로 나아가는 것이 더 낫겠다는 생각이다. 영향력 있는 교계 지도자들이나 연합 기관이 나서야 할 문제가 아닌가 싶다.

중요한 것은 이런 분열을 가능하도록 만드는 구멍 뚫린 시스템 또는 낡은 원칙들이 아직도 많은 장면에서 우리를 지배하고 있다는 사실이다. 여기서는 단적으로 술·담배 문제를 거론했지만, 이런 사례는 흔히 찾아 볼 수 있다. 의사 결정 과정, 재정 집행 절차, 교육, 선교, 구제 활동 등 어느 영역에나 은혜라는 구호가 매우 비일관적인 방식으로 적용되는 것을 볼 수 있다. 제직회에 적극적으로 참석하지 않는 사람은 제직이라 할 수 없으며, 공동 의회에 적극적으로 참석하지 않는 사람은 회원 자격을 박탈하는 것이 온당한 처사라고 할 것이다.

자신의 뿌리가 기독교에 있다는 것을 인정하면서도 교회에 출석하지 않는 사람들도 많다. 그런 사람들을 교회 안으로 인도하는 데에도 이런 낡은 시스템들이 걸림돌이 되는 경우가 적지 않다. 물론 어떤 경우에도 양보할 수 없는 대원칙이 있는 것은 분명한 사실이다. 그 대원칙을 지키기 위해서라면 자기 목숨도 내놓을 수 있을 만큼 소중한 그런 대원칙 말이다. 사도 바울은 그 대원칙에 충실하기 위하여, 작은 원칙들의 지나친 구속에 묶이지 않았다.

(고린도전서 9장 20~23절)
유대인들에게 내가 유대인과 같이 된 것은 유대인들을 얻고자 함이요 율법 아래에 있는 자들에게는 내가 율법 아래에 있지 아니하나 율법 아래에 있는 자 같이 된 것은 율법 아래에 있는 자들을 얻고자 함이요
율법 없는 자에게는 내가 하나님께는 율법 없는 자가 아니요 도리어 그리스도의 율법 아래에 있는 자이나 율법 없는 자와 같이 된 것은 율법 없는 자들을 얻고자 함이라

> 약한 자들에게 내가 약한 자와 같이 된 것은 약한 자들을 얻고자 함이요 내가 여러 사람에게 여러 모습이 된 것은 아무쪼록 몇 사람이라도 구원하고자 함이니
> 내가 복음을 위하여 모든 것을 행함은 복음에 참여하고자 함이라

이 말씀은 어찌 보면 줏대 없이 이랬다 저랬다 하는 것처럼 보일지도 모른다. 사도 바울 역시 여러 차례 그런 비난을 받았을 것으로 짐작된다. 그래서 여기서 이런 자기 변호를 하고 있는 것이 아닐까? 아무튼 절대로 타협할 수 없는 진리의 경계선을 제시하는 동시에, 보통 사람들의 눈높이에 맞추어 유연하게 대응함으로써, 조화롭게 균형을 잡아야 할 것이다.

이는 그리스도인 개개인이 갖추어야 할 덕목으로만 볼 수는 없다. 교회의 공식적인 입장 또한 그래야 한다고 생각한다. 이론과 실제가 따로 노는 그런 껍데기뿐인 덕목이 아니라, 우리 그리스도인 모두가 깊이 공감하고 자신의 구체적인 삶 가운데 실현(실천이라기보다는)해야 할 품성으로 삼아야 한다. 그리스도인에 합당한 자기 정체성을, 이론과 관념이 아니라 삶의 실제에서 찾을 수 있어야 할 것이다.

다른 비유로 말한다면, 모든 그리스도인은 이중 국적자라고

할 수 있다. 한국 사람은 비록 미국에서 산다 해도 여전히 한국인이다. 이스라엘 사람은 어쩔 수 없이 바벨론에 끌려가 산다 해도 여전히 이스라엘 사람이다. 이스라엘에서 태어나 자란 사람이라면 절대로 자기 고향을 잊을 수 없는 것이 당연하다. 그러나 이스라엘을 본 적이 없는 유대인들은 어떨까? 이스라엘은 조상들의 고향일 뿐 정작 자신은 바벨론에서 대대로 살아 온, 혈통만 이스라엘에 속한 유대인들의 경우를 생각해 보라. 부모도 아니고 조부모도 아니고 벌써 수십 대 전에 쫓겨났던 이스라엘을 잊지 않고 마침내 돌아갔던 유대인들이 아니던가? 그래서, 유대인들이, 위대한 것이다.

한낱 이 세상 나라 사람도 그러한데, 우리는 이게 뭔가? 우리가 비록 이 땅에서 살지만 우리 자신은 저 하늘로 돌아가야 할 사람들이 아닌가? 뭐, 돌아가고 싶지 않다고? 여기가 좋다고? 아니면 말고!

국가의 3요소라는 것이 있는데, 국가가 성립하려면 반드시 갖추어야 할 최소한의 세 가지 요소를 말한다. 국민, 영토, 주권이 바로 그것이다. 이 세 가지 요소 가운데 어느 한 가지라도 빠지면 국가라고 할 수 없다. 그런데 이스라엘은 세 가지, 국민과 영토와 주권을 다 잃어버렸었다. 국민은 남아 있지 않았느냐고 생각할지 모르지만, 그렇지 않다. 유대인들은 강제적으로 천지사

방(天地四方)에 흩어져 버렸다. 뿔뿔이 흩어져서는 동일한 민족 정체성을 유지할 수 없을 것이니, 유대인이라는 국민은 이제 곧 없어져 버리는 것이 자연스러운 일처럼 보였다. 실제로 모압, 암몬, 에돔, 블레셋 사람들이 지금 어떻게 되었는가? 아말렉과 미디안과 아모리 사람들은 지금 어디에 있는가? 우리가 아랍인이라고 부르는 사람들은, 이제는 없어진 옛 중동 사람들의 집합체를 의미하는 말이다.

아무튼 유대인들은 국민, 영토, 주권을 다 잃고도 무려 2천 년을 견뎌 냈다. 그리고 2천 년이 지난 후에 기어코 자기 나라를 회복했다. 2천 년만에 나라를 회복하더니, 2천 년 전의 고대 히브리어를 복원하려 하고 있다. 지금 이스라엘에 가 보면 도로 표지판이 히브리어로 표기되어 있는데, 자음만 있고 모음이 없다. 고대 히브리어에는 자음이 없었기 때문이다. 그러니 외국인들은 히브리어 밑에 영어를 병기해 놓지 않으면 도로 표지판조차도 읽을 수가 없다.

역사상 2천 년만에 나라를 찾은 이스라엘과 같은 경우가 있었던가? 비슷한 사례로 쿠르드 족의 경우를 들 수 있을지 모르겠다. 하지만 그들은 그저 주권만을 잃어버렸을 뿐 국민과 영토를 유지하고 있으므로, 언젠가 국제 정세의 변화에 따라 주권을 회복한다면 잃어버린 나라를 다시 찾을 수 있을지도 모른다.

그런데 우리 나라, 일제 강점기의 조선을 생각해 보자. 쿠르드족의 경우와 마찬가지로 국민과 영토 그대로, 주권만을 빼앗겼을 뿐인데, 그것도 고작 36년 동안 빼앗겼을 뿐인데, 오늘날 우리 사회의 민족적, 사회적, 문화적 갈등의 대부분은 바로 그 시기의 혼란과 밀접한 관계를 가지고 있음이 분명하다. 물론 분단 역시 중요한 요인임에는 틀림없지만, 그것이 본질적인 요소는 아니다. 지금과 같이 이렇게 변화무쌍한 디지털 시대로 이어지지 않았다면, 아마도 혼란은 더 강화되고 더 복잡해지고 더 뒤죽박죽 엉망진창이 되었을지도 모를 일이다.

우리는 감히 유대인들과 비교할 수 없다. 그것은 36년과 2천년을 비교할 수 없는 것과 마찬가지이다. 더하여 이 세상의 민족과 국가가 아니라 이 땅과 저 하늘을 비교해 본다면, 이 풍요한 바벨론에 살면서 그 넉넉함과 편리함을 추구하는 동안 잊어버린, 우리가 돌아갈 영혼의 고향 하늘 나라 백성의 정체성은, 마치 이제는 빈 칸으로만 남은 본적란에 쓰여진 희미한 글씨처럼 사라지고 없는 듯하다. 오늘 이 시대 대한민국의 교회와 그리스도인들은 초대 교회의 야성을 다 잃어버린 것 같다.

흔히 가장 이상적인 교회 시대로 초대 교회를 거론하곤 한다. 만약 그 견해가 맞다면, 오늘날 우리의 천국(하나님 나라)은 2천년의 세월을 지나 오는 가운데 진보하기는커녕 오히려 퇴보했다는 뜻이 된다. 기독교의 교세는 비교할 수 없을 만큼 확장되어 그야말로 세상 끝에까지 이르렀지만, 주님 예수의 길을 따르는 신앙의 본질은 심각하게 훼손되었다는 말이다. 과연 초대 교회는 그토록 이상적인 교회였던가?

우리가 초대 교회를 이상적인 교회로 여기는 가장 중요한 이유 가운데 하나는 아마도 다음과 같은 말씀 때문이 아닌가 한다.

> *(사도행전 4장 32~35절)*
> 믿는 무리가 한마음과 한 뜻이 되어 모든 물건을 서로 통용하고 자기 재물을 조금이라도 자기 것이라 하는 이가 하나도 없더라
> 사도들이 큰 권능으로 주 예수의 부활을 증언하니 무리가 큰 은혜를 받아
> 그 중에 가난한 사람이 없으니 이는 밭과 집 있는 자는 팔아 그 판 것의 값을 가져다가
> 사도들의 발 앞에 두매 그들이 각 사람의 필요를 따라 나누어 줌이라

이 말씀에 따르면, 초대 교회에서는 일단 가진 자들이 자기 것을 내어 놓음으로써 빈부 격차가 크게 해소되었음을 알 수 있다. 그리고 이 말씀의 앞뒤 맥락을 살펴보면, 빈부 격차뿐 아니라 신

분 차별의 해소와 성령의 강력한 역사하심이 동반되었음을 알 수 있다. 어떻게 그런 일이 가능할 수 있었을까? 어째서 유독 초대 교회 시대에만 그런 현상이 나타나게 되었을까?

여러 가지 분석이 가능하겠지만, 아마도 가장 중요한 원인 하나는, 초대 교회 당시의 성도들이 주님의 재림을 임박하다고 여겼기 때문이 아닐까 한다.

초대 교회 성도들이, 주님의 재림이 임박했다고 여긴 듯한 흔적들은 신약 성경 여기 저기서 찾아 볼 수 있다.

(고린도전서 7장 25~26절)
처녀에 대하여는 내가 주께 받은 계명이 없으되 주의 자비하심을 받아서 충성스러운 자가 된 내가 의견을 말하노니
내 생각에는 이것이 좋으니 곧 임박한 환난으로 말미암아 사람이 그냥 지내는 것이 좋으니라

환난이 임박했다는 것은 곧 주님의 재림이 가까웠다는 뜻이다. 처녀가 혼인하지 말고 계속 싱글로 지내기를 권할 만큼 주님의 재림이 임박했다고 생각한 것이다. 그 시대의 문화에서 여자가 혼인하지 않고 계속 처녀로 살아 간다는 것은, 오늘날의 기준으로 판단하려 해서는 안 된다. 나라와 지역에 따른 편차가 매우 심하지만, 지금도 지역에 따라서는, 여자가 결혼하지 않고 혼자 살아 간다는 것이 얼마나 무거운 대가를 치러야 하는 일인지를 이해할 필요가 있다. 그 때 여성에게 있어서 결혼이란, 사회적으로 볼 때 필수적인 생존 전략에 다름 아니다. 그런데 그런 생존 전략을 포기하라고 할 만큼 상황이 급박하다는 인식을 드러내고 있는 것이다.

(고린도전서 15장 51~52절)
보라 내가 너희에게 비밀을 말하노니 우리가 다 잠 잘 것이 아니요 마지막 나팔에 순식간에 홀연히 다 변화되리니
나팔 소리가 나매 죽은 자들이 썩지 아니할 것으로 다시 살아나고 우리도 변화되리라

주님께서 재림하시고 성도들이 부활할 때에 사도 바울의 세대 중 아직도 살아 남은 사람들이 있을 것임을 암시하는 구절이다. 이 구절을 세대주의자들은 휴거의 근거로 제시하는 모양인데, 죽은 사람들이 부활할 때에 아직 살아 있던 사람들도 그에 맞는 육체로 변화된다는 것만 언급되어 있을 뿐, 공중 재림이니 7년 대환난이니 하는 주장들과는 아무 관계가 없어 보인다.

(베드로후서 3장 9절)
주의 약속은 어떤 이들이 더디다고 생각하는 것 같이 더딘 것이 아니라 오직 주께서는 너희를 대하여 오래 참으사 아무도 멸망하지 아니하고 다 회개하기에 이르기를 원하시느니라

사도 베드로 당시에 이미 주님의 재림이 왜 아직 이루어지지 않고 있느냐는 의혹들이 제기되고 있었던 것 같다. 그에 대하여, 한 사람이라도 더 구원하시려는 주님의 뜻이 있을 것이라고, 베드로는 대답하고 있다. 하지만 새로운 세대 가운데도 여전히 구원받는 자와 구원받지 못하는 자가 있다는 것을 생각해 보라. 세대는 계속 이어지고, 구세대가 물러가고 신세대가 대두되는 세대 교체가 반복되는데, 그저 오래 기다린다고 해서 다 구원받을 수 있겠는가? 물론 구원받는 사람들의 숫자는 늘어나겠지만 구원받지 못하는 사람들의 숫자 또한 늘어나게 될 것이다. 그렇다면 이 말씀은, 일단 베드로 생존 당시의 세대를 향하여 하는 말씀임이 분명하다. 물론 모든 성경 말씀은 모든 세대의 모든 그리스도인에게 주시는 말씀이기도 하다.

초대 교회 성도들에게 대환난과 주님의 재림과 죽은 자들의 부활과 '새 하늘과 새 땅'은 한 가지로 연결되어 있는 개념이었던 것 같다. 그리고 그 한 가지 개념으로 연결되어 있는 전무후무(前無後無)한 사건이 자기들의 세대에 이루어질 것으로 기대하였다. 그러니, 이제 곧 주님께서 오셔서 이 세상 나라를 완전히 새롭게 하실 터인데, 그까짓 재물 따위가 무엇이며 신분의 귀천이 또 무슨 의미가 있을까? 그야말로 모두가 이기심을 버리고, 주님께서 가르쳐 주신 믿음의 도리들을 다하는 데 전념할 수 있었던 것이 아닐까 생각된다.

다음으로는 강력한 성령의 역사하심을 또 하나의 원인으로 제시할 수 있을 것이다. 그 때와 같이 그렇게 강력한 성령의 역사가 지금도 가능하냐의 문제를 가지고 논란이 있지만, 여기서는 한 가지 사실에 주목하고 싶다. 그것은, 성령이 그토록 강력하게 역사했다면 악령 또한 그만큼 강하게 역사했을 것이라는 점이다. 더욱이 그 시대에는 아직 신약 성경이 완성되어 있지 않았었기 때문에, 완전히 신뢰하고 의지할 만한 어떤 확고한 기준이 없었을 것이다. 도처에서 강력한 영적 역사가 일어나는 가운데, 확고한 기준도 없이 이리 저리 휩쓸려 다닐 수밖에 없었던 상황에서, 성도들은 얼마나 혼란스러웠을 것이며, 사도들은 또 얼마나 정신 없이 분주했을 것인가?

뿐만 아니라 그 시대의 교회는 이 곳 저 곳에서 많은 핍박을 받고 있었다. 유대교로부터의 핍박은 주님 자신의 십자가 죽음이라는 결과를 가져 올 정도였고(물론 부활하심으로써 오히려 기독교를 태동시키는 제1원인이 되었다.) 로마 제국 내 여러 민족들이 섬기는 다신교와의 갈등도 심각한 수준이었으리라. 그리고 무엇보다도 로마 제국 당국으로부터의 주기적이고도(정기적이라고 할 수는 없겠지만) 조직적인 핍박들은, 이제 활발히 활동하기 시작한 지 얼마 되지 않은 교회에는 아주 큰 위협으로 작용했을 것이다.

그러나 핍박이라는 외부적인 도전이 큰 위협이 되는 것은 사실이지만, 동시에 내부적으로 더욱 결속하는 계기가 되기도 하는 법이다. 그러한 핍박 가운데서도 교회는 오히려 흔들리지 않고 하나로 뭉쳐서 기독교의 기독교다움을 보여 주었고, 그리스도인들은 끝내 그리스도인다움을 잃지 않았다. 그 결과 더욱 세력이 확장되어 나가다가 마침내 자신들을 핍박하던 로마 제국을 내부에서부터 전복시켜 버리고 말았다. 그것이 바로 우리 기독교의 실체이며 진정한 기독교 신앙의 능력이다.

그러면 초대 교회의 상황과 지금 우리의 상황은 뭔가 다른가? 아니, 나는 그렇지 않다고 생각한다. 외양은 달라 보이지만 본질적으로는 다르지 않다. 어떤 상황이든지 본질은 똑같다. 기독교의 기독교다움과 그리스도인들의 그리스도인다움, 그리고 교회들의 교회다움을 회복할 수 있다면, 지금의 우리도 그 때의 그들과 같은 힘을 발휘할 수 있다고 믿는다. 우리가 다 그 때 그 성도들 같다면 이 땅의 천국(하나님 나라)은 이미 천국답게 되었을 것이다.

여전히 완성을 향하여 진행하는 가운데 있는 우리의 천국은 지금 위기에 처해 있는 것이 분명하다. 이런 위기에 직면하게 된 가장 큰 이유는 역사의 흐름 때문도 아니고 시대 환경의 변화 때문도 아니며 오직 부활 신앙을 잃어버렸기 때문이다. 어떻게든 주님께서 다시 오실 때까지 지켜 내야 할 우리의 천국이 이렇게 점점 쪼그라든다면, 정말 그 분께서 천국의 완성을 위하여 오셨을 때 우리 그리스도인들은 무슨 낯으로 주님의 얼굴을 뵈어야 할까? 부활 신앙의 회복 외에는 답이 없다.

살아서 실현하고 누리는 나라

하나님 나라의 시민권을 가진 사람은 그 시민권이 발휘하는 영향력 아래에 있을 수밖에 없다. 위조 시민권이라면 모를까 정당한 시민권을 가진 사람이라면 당연히 누릴 수 있는 권리 말이다. 국내에 있다면 말할 것도 없겠지만 국외에 있다 하더라도 시민으로서의 권리는 유효한 법이다. 하지만 시민에게는 권리만 있는 것이 아니며 당연히 의무도 있게 마련이다. 진정한 시민이라면 권리만이 아니라 마땅히 의무도 다하여야 한다. 권리만 주장하며 의무를 다하지 않는다면 마지막에 시민권이 박탈될 수도 있음을 잊지 말아야 한다.

그러나 여기에서는 그런 본질적인 이야기를 하자는 것이 아니다. 여기서는 그런 인생의 본질적이고 기본적인 조건 위에서 이루어지는 인간 관계에 대하여 이야기하고 싶다. 인간 관계라고 말하지만 엄격히 말하면 하나님과의 관계를 타인들과의 관계에서 재현하는 것이라고 볼 수 있다. 인간 관계는 근본적으로 하나님과의 관계를 기반으로 하는 법이다. 다른 의견도 있을 수 있겠으나 주님은 분명히 그렇게 가르치셨다고 믿는다.

(마태복음 25장 44~46절)
그들도 대답하여 이르되 주여 우리가 어느 때에 주께서 주리신 것이나 목마르신 것이나 나그네 되신 것이나 헐벗으신 것이나 병드신 것이나 옥에 갇히신 것을 보고 공양하지 아니하더이까
이에 임금이 대답하여 이르시되 내가 진실로 너희에게 이르노니 이 지극히 작은 자 하나에게 하지 아니한 것이 곧 내게 하지 아니한 것이니라 하시리니
그들은 영벌에, 의인들은 영생에 들어가리라 하시니라

하나님의 은혜는 하나님께 직접 갚는 것이라기보다는 이웃과 형제들에게 대신 갚는 것이 믿음의 원리라고 할 수 있다. 따라서 이웃과 형제들에게 갚지 않는 것은 곧 하나님께 갚지 않는 것과 마찬가지이다. 더불어 살면서 동시에 경쟁하며 사는 게 인간 관계이기는 하지만, 기독교 믿음 안에서는 조금 다른 해석이 필요하다고 본다. 고정된 사회 시스템으로 인하여 어쩔 수 없는 부분이 있다는 것을 인정한다고 해도, 다른 사람과의 관계 어느 부분에선가는 (그것이 사람 자체이든 그 사람의 상황이든 아니면 그 사람의 기능 또는 역할이든) 주님의 뜻을 발견하려고 노력하지 않으면 안 된다.

그리스도인은 그리스도인의 본분에 충실한 방향으로 자기를 드러내어야 한다. 그냥 침묵하고 있어서는 안 되며, 그렇다고 교리만 지나치게 강조하는 방식이 되어서도 안 된다. 여기서 뭐라고 한 마디로 딱 부러지게 말하기는 어렵지만, 좀 돌려서 말한다면, 나중에라도 그리스도인임이 드러났을 때 "음, 역시~" 하는 반응이 나올 수 있도록 해야 할 것이다. "구체적으로 어떻게?"라고 묻는다면 이렇게 대답하고 싶다. 교회에서, 그 구체적인 실천 방안들을 생활의 여러 방면에 걸쳐서 연구하여 제시하고 교육하고 훈련시켜야 할 것이다. 쇼핑, 운전, 여행, 투자, 직장 생활, 여가 생활, 취미 생활, 갈등 상황, 위급 상황, 비신자 또는 타종교인들과 대화할 때 등 여러 분야마다 지침과 체크리스트를 마련하여 대처하도록 훈련시킬 필요가 있다.

천국인데, 하나님 나라인데, 왜 이런 치명적 결함들이 존재할까? 어쩔 수 없다고 말하지 말라. 이건 자연스러운 현상이라고 생각하지 말라. 주님께서 잡혀 가신 것이 어쩔 수 없는 일이던가? 주님께서 십자가에 못 박혀 돌아가신 일이 자연스러운 현상으로 여겨지는가? 주님은 피하실 수도 있었고 모른 체하실 수도 있었다. 그러나 그 분은 오직 하나님의 뜻 앞에서 연약한 육신의 자기 의지를 꺾으셨던 것이다. 우리의 믿음은 바로 그런 그 분을 따르는 것이 아닌가?

그러므로 우리가 사는 지금 이 곳 초보적인 하나님 나라는, (2천 년이나 지났으니 이젠 초보 딱지를 떼어야 마땅하겠지만) 세상 나라와 중복된 나라이기는 하지만, 세상 나라와는 달라야 한다. 아무리 삶이 고단하고 힘들다 해도 명분 없는 타협은 하지 말아야 한다. 수동적 자세가 아니라 적극적으로 대의명분(大義名分)의 현실적 근거들을 채워 나가야 한다. 그 명분은 주님을 통하여 주어졌지만, 그 명분을 현실로 만들어 나가는 것은 우리가 해야 할 일이다. 고귀한 신분의 사람은 몰락한다 해도 치사하게 살지 않는 법이다. 예수를 믿고 따른다는 그리스도인들이 왜 그렇게 이방인들과 똑같은 삶을 살려고 하는지 모르겠다.

다시 말하지만 우리가 지금 이런 상황에 처하게 된 것은, 주님께서 그렇게 예정하셨기 때문도 아니고, 시대의 흐름이 그러하므로 불가항력적인 것도 아니며, 결국은 다 우리 자신의 잘못으로 인해 그렇게 된 것이고, 따지고 보면 모두 나 자신의 이기심 때문에 그렇게 된 것이다. 천국의 명분에 합당한 마음과 태도로 살아 가는 일이, 기독교 신앙에 필연적으로 따라오는 일반적인 현상이 아니라 그저 몇몇 사람들의 특별한 심성(心性)에 기대야 하는 것이라면, 우리 자신이 너무 초라해지지 않겠는가?

우리는 어떻게 부활 신앙을 잃어버렸나?

부족한 것이 별로 없는 삶에서 영적 긴장을 유지하는 것은 쉽지 않은 일일지도 모른다.

생명의 위협, 질병의 고통과 불편, 배고픔과 결핍 가운데 있으면 저절로 절실해지고 절박해지는 것인지도 모르겠다.

그러나 오늘날 그리스도인들이 "그리스도인다움"을 잃어버린 가장 큰 이유는 부활 신앙을 잃어버렸기 때문이다.

우리는 무엇을 잃어버렸는가?

오늘날 우리 기독교가 처음 정신을 상당히 많이 잃어버렸다는 비판들이 여기 저기서 들려 온다. 교회가 교회답지 못하고 그리스도인이 그리스도인답지 않다는 비난이 거의 일반화되다시피 한 것 같다. 아직도 여전히 살아 움직이는 소수의 교회와 많지 않은 그리스도인들로 인하여 명맥이 유지되고 있는 것처럼 보이지만, 기독교가 이미 복음의 역동성을 상실한 것이 아닌지 매우 의심스럽다. 다른 나라의 교회는 어떤 상태인지 잘 모르겠지만,(대체로 비슷할 것 같기는 하다.) 적어도 우리 대한민국의 교회를 보면 분명히 그런 것 같다. 그 안에서 자랐고, 바로 옆에서 지켜보았으니, 모를 수가 없다고 생각한다.

우리 할아버지와 할머니의 교회, 어머니와 아버지의 교회, 모두가 다 가난했고 모든 것이 다 부족했던 시대, 내 나이 또래는 사역의 주체가 아니었기에 세부적인 내용을 다 알 수 없었지만, 교회는 신앙 생활의 중심이었고 목사님은 글자 그대로 영적 아버지였다. 예배는 간절했고, 기도는 뜨거웠으며, 찬양은 음정 박자 제멋대로이기는 해도 얼마나 눈물겨웠던가? (30여 년 전부터 교회에 악기들이 보급되면서 지금까지 익숙하게 불러 오던 음정 박자들을 리셋하기 시작했는데, 그 때 생소한 새 음정 박자에 적응하느라 애를 먹었던 기억이 난다.) 우리들 가운데 자동차를 가진 사람은 아무도 없었고, 아파트에 사는 사람도 없었고, 비행기를 타 본 사람도 없었다. 그래도 우리는 항상 서로 따듯했고, 결핍을 부끄러워할 줄 몰랐으며, 현실적 이익과 연결되지 않는 순수한 주님의 은혜를 사모했었다.

물론 그러다 보니, 지금의 기준으로 보면 생산성이 모자란다고 할까 효율성이 떨어진다고 할까, 아무튼 지식이나 정보나 체계가 허약해진 면도 없지 않아 있었다고 본다. 그래서 그런지 우리 세대를 보면 대부분, 체계적으로 쌓아올린 신앙이라기보다는 어깨 너머로 막 배운 신앙이라는 느낌이 들 때가 많다. 물론 체계적인 신앙이라는 것이 반드시 신학적 지식이 더 풍부한 것을 의미하지는 않을 것이다. 신학 박사가 일반 목회자보다 반드시 더 체계적인 신앙을 가지고 있다 말할 수 없고, 초등 학교도 못 나온 시골 할머니의 신앙이 꼭 많이 배운 장로님의 신앙보다 못하다 할 수도 없을 것이다.

다만, 섣부른 과잉 일반화의 위험에도 불구하고 아주 단순화시켜서 말한다면, 과거 세대의 신앙이 이성적인 면보다는 감성적인 면에 어느 정도 기울어져 있었던 것은 사실이라고 해야 할 것이다. 이성적인 면과 감성적인 면이 조화를 이룰 때 체계적인 신앙이 이루어질 수 있다고 본다면, 지나간 세대의 신앙이 조금

편파적인 부분을 가지고 있음을 인정하는 것은 그리 어렵지 않은 일이다. 어느 세대이든 완벽한 신앙의 내용이 무엇인지, 또 완벽한 신앙이란 것이 과연 성립할 수 있는지 여부는 별 문제로 치고 말이다.

그렇다면 이 세대의 신앙에 대해서는 어떻게 말할 수 있을까? 모두가 알고 있다시피 이런 질문은, 우리에게 아주 익숙한 것 같기는 한데(우리가 바로 이 세대에 속해 있으므로) 막상 설명하려면 뭔가 명확하지 않은 그런 주제 가운데 하나이다. 또한 워낙 범위가 넓고 쟁점도 많아서, 한두 마디로 정리할 수 없을 것이 자명하다. 그렇다고 그냥 무시해 버릴 수도 없는 노릇이긴 하지만.

일단 오늘날 우리가 잃어버린 것들에 대하여, 요한계시록에 나오는 아시아의 일곱 교회를 기준으로 말한다면, 잃어버린 것들이 적지 않다.
1. 처음 사랑(주님에 대한 그리고 형제들을 향한)을 잃어버리고 교조적인 형식주의에 빠져 버린 것
2. 고난을 두려워하여 일사각오를 외면하고 외부 압력과 타협하는 것
3. 발람의 유혹에 넘어가 혼합주의와 다원주의에 빠짐으로써 잘 먹고 잘 사는 게 인생의 목적처럼 되어 버린 것
4. 이세벨을 용납하여 우상과 이단의 문제에 대하여 관대해진

것
5. 행위의 온전함을 잃고 세속화에 빠져서 비그리스도인들과 다름 없이 된 것
6. 차지도 않고 뜨겁지도 않아서 영적으로 애매한 태도를 취하는 것 등등.

이미 2천 년 전에 이렇게 많은 점들을 지적당했다면, 오늘날에는 대체 얼마나 많은 것들을 우리가 잃어버리고 있다는 것인지 상상하기가 쉽지 않다. 하지만 아무리 많은 것들을 잃어버렸다고 해도, 그리스도인 개인 개인의 입장에서 절대로 잃어버리지 말아야 할 것 가운데 하나는, '영적 목마름'에 대한 것이 아닐까 한다. 개개인의 영적 목마름과, 기독교 시스템과 시대와 문화의 관계에 대해서는, 여기서 상세히 말하기 어렵다고 본다. 그러므로 (그에 답하는 것이 이 책의 핵심적인 주제라고 할 수는 없지만) 한 가지 사례를 통하여 간단하지만 본질적인 부분만을 짚고 넘어가려고 한다.

물론 세속화의 문제, 번영 추구의 풍조, 자본주의적 물질주의, 기복주의, 교회 세습, 신앙과 실존의 분열 등등 정말 많은 문제들이 있음을 알고 있다. 그리고 그 모든 문제들의 근원에는, 주님의 뜻보다 자기 이기심을 앞세우는 마음이 자리잡고 있음을 부정할 수 없다. 어쩌면 멀리 있는(?) 추상적인 주님의 뜻보다 가까

이 있는 확실한 이기심을 붙잡게 되는 것은, 인지상정(人之常情)일지도 모르겠다. 하지만 오늘날 기독교 복음이, 이기심과 인지상정을 넘어서게 만들었던 능력을 상당 부분 상실한 것은 분명한 사실로 보인다. 복음의 능력은 그 때나 지금이나 변함이 없을 터인데, 어쩌다가 이렇게 된 것일까?

여기서는 일단 선교 패턴의 변화라는 관점에서만 짧게나마 한 번 살펴보고자 한다. 비록 단편적이기는 해도 오늘날의 교회가 무엇을 잃어버렸는지 유추해 내는 데 다소나마 도움이 될 수 있을 것이다.

선교 패턴의 변화와 관련하여

불과 한 20여년 전만 해도 선교사들의 귀국 보고를 통해서 우리는 다음과 같은 내용을 심심치 않게 들을 수 있었다.

"서구의 선교사가 선교에 실패한 지역이라도 한국인 선교사가 들어가면 성공하는 경우가 많다. 그 이유는, 서구의 선교사들은 대부분 선교지에서의 사역과 가정 생활이 구분되어 있어서, 마치 직장에 출퇴근하는 것 같은 생활 방식을 유지하지만, 한국 선교사들은 거의 선교지의 현지인들과 생활을 함께 하기 때문이다."

아시아와 아프리카, 중남미 등 지역마다 모두 같은 모습을 보인 것은 아닐지도 모른다. 지역에 따라서는 적지 않은 편차가 있을 수도 있다. 그러나 지금은 한국인 선교사들도 서구의 선교사들과 마찬가지로, 현지인들의 생활과 분리되는 양태를 보이고 있다고 한다. 최소한 그런 경향이 점점 강해지는 추세인 것은 분명해 보인다. 그 결과 한국인 선교사들의 사역 역시 서구 선교사들의 전철을 밟고 있다는 증거들이 계속 나타나고 있고, 또 그런 증언들이 점점 늘어나고 있다.

이해하지 못할 일은 아니다. 또 잘못되었다고 말하기도 어렵다. 이미 선진국의 반열에 든 고국에서의 생활의 질을 어떻게 포기할 수 있겠는가? 거기서 태어나고 자라고 살아 왔는데, 그 삶이 그토록 익숙하고 친밀한데, 훨씬 더 열악하고 빈곤하고 불편한 새로운 삶에 적응하는 것이 쉬울 리가 있겠는가? 가족들을 선교지에 동반하는 경우라면 더욱 그럴 것이다. 자녀들의 교육을 생각한다면 더더욱 그럴 것이다. 편안하고 안락한 것을 추구하는 것이 인간의 본성일 것인데, 누가 뭐라고 비판할 수 있겠는가? 따라서 관점을 바꾸어 보면 이는 아주 자연스러운 현상이라고 할 수도 있다.

그러나 선교의 효과라는 측면에서 본다면 이는 매우 심각한 결격이라고 말하지 않을 수 없다. 선교라는 영역이 그저 현지인들을 도와주고 그들의 삶의 질을 향상시키는 것으로 끝나는 게 아니기 때문이다. 선교의 첫째 목적은 현지인들의 심령을 기독교 복음의 진리에로 이끌어 오는 것이라고 할 수 있다. 그 목적을 위하여, 그들을 섬기고 그들의 필요를 채워 주는 수고를 마다하지 않는 것이 아닌가? 다시 말해서 현지인들의 삶을 개선하는 것은 목적이 아니라 중간 과정에 불과하며, 그 과정을 거쳐 최종적으로는 그들의 심령을 기독교의 진리로 채워야 비로서 목적을 달성했다 말할 수 있게 되는 것이다.

선교의 목적이 아니라면 구태여 그렇게까지 헌신할 필요가 없을지도 모른다. 선교의 목적이 아니라면 그들을 돕는 것으로 충분하다 할 수 있을지도 모른다. 그것만으로도 그들은 충분히 고마워할 수 있고 뜨거운 호의를 보여 주기도 할 것이다. 하지만 그것으로 끝난다면 결국 선교의 목적은 충분히 성취되기 어려울 것으로 전망된다. 그게 끝이라면, 마치 밥을 다 해 놓고 뜸을 들이지 않아서 밥을 망쳐 버리는 것과 하나도 다를 바가 없다고 말할 수 있겠다.

그렇게 볼 때 선교사가 현지인들과 같이 생활하지 않는다는 것은 심각한 문제일 수 있다. 각 선교지의 사정과 수준에 따라 구체적인 양상은 모두 다르겠지만, 일반적으로 볼 때, 할 수 있는데 하지 않는 것과 할 수 없지만 해야만 하는 것 사이에는 메울 수 없는 간극이 존재하게 마련이다. 그리고 그 둘 사이에 여러 사람들의 생각과 의지가 개입된다면 그것은 분열적인 양상과 혼란을 야기하기에 충분하다고 생각된다.

 (물론 선교 사역이 항상 우리보다 생활 수준이 낮은 나라만을 대상으로 하는 것은 아닐 것이다. 오히려 우리보다 생활 수준이 높은 나라들을 대상으로 할 수도 있는 것이 선교 사역이라는 영역이다. 우리의 경제 발전 과정이 단기간에 급속한 변화를 겪었기 때문에, 여러 수준의 선교 현실을 경험할 수 있었던 것도 사실이다. 만약 이러한 여러 수준의 선교 현실과 변화된 우리의 현실을 양립시킬 수 있다면, 아마도 어떻게든 방법을 찾을 수 있지 않을까 예상해 본다.)

 처음부터 선교지의 문화와 수준에 대한 정보를 충분히 분석한 다음, 선교사 자신이 스스로 할 수 있는 부분과 할 수 없는 부분을 잘 구분하여, 자신에게 맞는 선교지를 선택하는 것도 한 방법이다.(이미 그렇게 하고 있을 것으로 믿는다.) 선교사 개인의 사정을 고려하지 않고 무조건 선교지 사정에 맞추려 하기보다는, 선교사가 자신의 사정을 충분히 고려하여 선교지를 선택하도록 하는 것이다. 우리보다 상대적으로 경제 수준이 떨어지는 동남

4. 우리는 어떻게 부활 신앙을 잃어버렸나?

아나 아프리카 출신의 선교사들로 하여금 그 간극을 메우도록 하는 것도, 더 넓은 관점에서는 잠정적인 보완의 수단으로 삼을 수 있을지 모르겠다.(생활 수준이 낮은 나라들을 대상으로 하는 선교 사역의 경우에)

그러나 이 문제는 단순한 생활 습관만의 문제가 아니다. 아마도 얼마나 절실하냐, 얼마나 절박하냐의 문제일지도 모른다. 선교를, 선교사 스스로 신앙 생활의 특별한 연장이라고 생각한다면 어떻게 하든 큰 문제는 아닐 것이다. 반면에 선교를 어떻게든 성공시켜야 하는 하나님으로부터의 지상 과제라고 한다면, 이야기는 좀 달라진다. 아마도 그것이 현대의 선교와 초대 교회 선교의 가장 큰 차이점이라고 생각한다.(당연히 그 때와 지금은 상황과 배경이 완전히 다르지만) 그래서 사도 바울이 혼자 몸으로 선교에 헌신했던 이유도 조금은 짐작할 수 있을 것 같다.(사도 바울에게 아내와 자녀가 있었는지 없었는지는 이 책의 관심사가 아니다.) 물론 몇몇 사도들은 아내와 함께 다녔다는 기록도 있기는 하다.

그러면 선교에 임하는 태도에서의 이런 차이는 어떤 원인으로부터 비롯되는 것일까? 많은 선교사들이 이 곳 저 곳에서 이런 모양 저런 모양으로 희생하고 헌신하는 가운데 하나님 나라는 비록 더디나마 앞으로 나아가고 있는 게 사실이지만, (그 분들의 수고와 노력을 폄하하려는 의도는 전혀 없다.) 선교에 임하는 선교사들의 마음가짐이 초대 교회 때와 같지 않은 것은 사실이라고 생각한다. 물론 그 때와 지금의 상황이 전혀 다른 것도 분명한 사실일 것이다.

 선교사 개개인의 차원에서 본다면, 가장 중요한 것은 무엇보다도 영적 긴장 또는 목마름이라고 할 수 있으리라. 사역의 결실은 두 번째이다. 그런데 부족한 것이 별로 없는 삶에서 영적 긴장을 유지하는 것은 그리 쉽지 않은 일일지 모른다. 뭐, 생명의 위협을 받는다든지, 질병의 고통과 불편에 시달린다든지, 배고픔과 결핍 가운데 있다든지, 그러면 저절로 절실해지고 절박해지는 것인지도 모르겠다. 하지만 사도 바울이라고 해서 항상 위태로운 상황에만 놓여 있었을 것이라고는 생각되지 않는다. 그럼에도 그는 항상 절실했고 항상 목이 말라 있지 않았던가?

 제3세계의 교회와 서구의 교회 사이에, 본질적으로 큰 차이가 있다고는 생각되지 않는다. 겉으로 드러난 모습이 다르게 보인다고 해도 그것은 비본질적인 차이에 지나지 않으며, 동일한 주님을 섬기고 따른다는 점에서 특히 그러하다. 그러나 흔히 말하기를, 성령의 불길이 미국에서 북아시아(특히 한국)로, 북아시아에서 동남아로, 그리고 중앙아시아와 아프리카로 옮겨 가고 있다고 하는데, 그 말이 맞는다면, 가장 중요한 이유는 결국 경제적인 요인이라고 봐야 하는 것일까?

물론 인간의 삶과 활동에서 경제적인 요인이 매우 중요한 것이기는 하다. 그러나 그것이 전부는 아니며 동시에 가장 중요한 요인도 아니라고 생각한다. 그렇다면 우리는 왜 영적 긴장을 유지하지 못하는 것일까? 경제 상황이 호전되고 삶의 질이 높아지면, 핍박이 사라지고(여전히 극심한 핍박 가운데 있는 나라와 지역도 분명히 있는 것이 현실이다.) 생활에 여유가 생기면, 무언가 지킬 만하다 여겨지는 기득권을 갖게 되면, 어째서 영적 목마름도 또한 느슨해지는 것일까? 그것이 인간의 본성이기 때문인가? 아마 그런 측면도 분명히 있으리라.

하지만 나는 그 원인이, (초대 교회와 비교해서) 주님의 재림에 대한 기대와도 분명히 아주 밀접한 상관 관계가 있다고 생각한다. 다시 말해서 우리가 부활 신앙을 잃어버리지 않았다면, 그토록 쉽사리 영적 긴장이 풀어지지는 않았을 것이라는 말이다. 왜냐하면 부활 신앙은, 비록 매우 장기적인(우리 육신의 인생 전체 기간에 해당하므로) 관점에서이기는 하지만, 우리 육신의 삶에 분명한 명분과 한계를 동시에 보여 주기 때문이다.

그렇다면 우리는 왜, 어떻게, 부활 신앙을 잃어버렸는가?

주님의 재림이 늦어지는 이유

부활 신앙을 잃어버린 가장 큰 원인 중 하나는, 주님께서 부활 승천하신 지 2천 년이 지나도록 다시 오시지 않는다는 바로 그 점이라고 할 수 있다. 그 기다림이, 핍박이 계속되는 동안에는 어떻게든 내부적인 결속의 필요성과 함께 힘을 발휘할 수 있었을 것이다. 하지만 핍박이 사라지고 안정화 시대로 접어들면서 모든 것이 서서히 바뀌게 되었다. 주님을 직접 대면했던 사람들이 죽고, 그들로부터 이야기를 전해 들었던 사람들도 죽고, 이제 기독교는 오히려 사회의 지배 세력이 되었다. 그러므로 사람들은 자기도 모르게 생존의 방어 기제를 발동시켜, 자기 삶을 유지하고 보존시키는 쪽으로 더 많은 에너지를 사용하게 되었을 것이다. 그렇게 많은 시간이 지나면서 우리가 알고 있는 오늘날의 기독교가 자리를 잡게 되었으리라.

그나 저나 주님께서는, 금방 오실 것처럼 말씀하시더니 왜 아직도 오시지 않는가?

(누가복음 9장 27절)
내가 참으로 너희에게 이르노니 여기 서 있는 사람 중에 죽기 전에 하나님의 나라를 볼 자들도 있느니라

(마가복음 9장 1절)
또 그들에게 이르시되 내가 진실로 너희에게 이르노니 여기 서 있는 사람 중에는 죽기 전에 하나님의 나라가 권능으로 임하는 것을 볼 자들도 있느니라 하시니라

(마태복음 16장 28절)
진실로 너희에게 이르노니 여기 서 있는 사람 중에 죽기 전에 인자가 그 왕권을 가지고 오는 것을 볼 자들도 있느니라

주님께서는 "여기 서 있는 사람 중에 죽기 전에"라고 분명히 약속하셨다. 그런데 아직까지 오시지 않는 이유가 무엇일까? 오시지 않는 것인가 오시지 못하는 것인가? "하나님의 나라"가 임하는 것이나 "인자가 그 왕권을 가지고 오는 것"이, 주님께서 죽었다가 부활하셔서 사망의 권세를 깨뜨림으로써 사탄의 손발을 묶고, 모든 성도들의 부활과 '새 하늘과 새 땅'의 보증이 되신 것만을 의미하는 것인가? 그러니까 이 말씀은, 주님의 재림을 약속하신 말씀이 아니라는 의미로 해석해야 하는 것인가?

여러 성경 주석들을 참고해 보면 대부분 그렇게 설명하고 있다. 오순절 성령 강림이나 로마군에 의한 성전 파괴 등을 언급하

면서 확신 없는 태도를 보여 주고 있을 따름이다. 또는 현실의 변화가 아니라 통치의 개념을 상징적으로표현한 것(부분적으로는 설득력이 충분하다고 생각한다.)으로 보기도 한다. 하지만 만약 그런 주장들이 옳다면, 심각한 오류가 발생할 수 있다. 왜냐하면 제자들은 그렇게 받아들이지 않은 것이 확실해 보이기 때문이다. (제자들이, 주님의 재림이 임박했다고 믿은 이유가, 반드시 이 말씀 때문만은 아니었겠지만) 사도 바울도, 사도 베드로도 그렇게 받아들이지 않은 것이 분명하다. 그렇다면, 주님은 그런 뜻으로 말씀하신 것이 아니지만 제자들이 말씀의 의미를 오해한 것이 되는데, 제자들이 어떻게 받아들일지 모르고 주님께서 실수로 그런 말씀을 하셨다고는, 솔직히 말해서, 믿을 수 없다.

일단 "여기 서 있는"이 '그 시점의 그 공간'만을 의미하는 것은 아니라고 본다. 성경 말씀은 항상 그 말씀을 듣는 모든 세대의 모든 사람에게 동일한 효력을 발휘한다. "여기 서 있는 사람 중에 죽기 전에"가 그 시대의 관용적인 강조 표현일 수도 있다. 또는 그 시대의 문화권에서 수용할 수 있는 수준 안에서의 독창적인 표현일 수도 있다. "죽기 전에"라는 말은, 직설적으로만 이해한다면, 사도 요한의 죽음과 함께 비로서 완성될 수 있다.(그 자리에 서 있던 사람 중에 사도 요한이 가장 오래 살았다고 한다면) 그리고 사도 요한은 죽었다. 그러나 "하나님에게는 모든 사람이 살았"(눅 20: 38b)다고 했으므로, 하나님의 나라는 그들(우리들)

가운데 지금도 여전히 진행형이라고도 할 수도 있다.

또한 "하나님의 나라"와 "하나님의 나라가 권능으로 임하는 것"과, "인자가 그 왕권을 가지고 오는 것"은 모두 동일한 사건을 말하는 것으로서, 지금까지와는 다른, 예수 이름으로의 통치가 시작되어 성장해 나가는 것을 뜻하는 동시에, 그 통치의 절정이라고 할 수 있는 주님의 재림까지를 의미하는 것이라고 생각한다. 그렇게 본다면 "여기 서 있는 사람 중에 죽기 전에" 하나님의 나라가 시작되고 일정 부분까지 진행되는 것을 본 사람은 사도 요한 외에도 여럿 있었다. 주님의 재림까지를 직접 볼 수 없었으니까, 그들은 죽기 전에 "하나님의 나라"와 "하나님의 나라가 권능으로 임하는 것"과 "인자가 그 왕권을 가지고 오는 것"을 보지 못했다고 해야 하는 것일까?

그러므로 마태복음 16장 28절과 마가복음 9장 1절과 누가복음 9장 27절의 말씀은 복합적이고 다중적인 의미로 해석되어야 하며, 여러 사건들과 그 진행 과정과 주님의 재림까지를 의미하는 말씀이라고 결론 내릴 수 있을 것이다. 그리고 그 대상은 그때 그 자리에 있었던 사람들뿐 아니라 세대를 넘어서 모든 그리스도인에게까지 확장될 수 있다고 생각한다. 사실 죽기 전에 주님의 재림을 볼 수 있는 세대는 오직 한 세대에 지나지 않는다. (주님의 재림은 모든 죽은 자들과, 살아 있는 우리들 자신의 부활과 영생을 의미한다.) 어느 세대가 그 세대일지는 모르겠으나, 우리는 내가 바로 그 세대일 수도 있다는 믿음으로 우리의 삶과 믿음의 사명을 감당해 나가야 할 것이다. 그것이 바로 부활 신앙의 요체라고 볼 수 있다.

> *(누가복음 21장 32~35절)*
> 내가 진실로 너희에게 말하노니 이 세대가 지나가기 전에 모든 일이 다 이루어지리라
> 천지는 없어지겠으나 내 말은 없어지지 아니하리라
> 너희는 스스로 조심하라 그렇지 않으면 방탕함과 술취함과 생활의 염려로 마음이 둔하여지고 뜻밖에 그 날이 덫과 같이 너희에게 임하리라
> 이 날은 온 지구상에 거하는 모든 사람에게 임하리라

이 말씀에서는 의미가 좀 더 구체적이고 명확해진다. "이 세대가 지나가기 전에" 이루어질 이 "모든 일"은 "온 지구상에 거하는 모든 사람에게 임하"는 사건이다. 우리가 지금까지 알고 있는 세상이 뒤집어지고 새로운 세상이 도래한다는 것이다. 바로 그 때에, "마음이 둔하여"진 사람들에게 구체적으로 어떤 일이 일어나는지는 분명하지 않지만, 아주 어렵고 괴로운 일인 것만은 분명해 보인다.

이 말씀은 일단 주님의 주위에 있는 사람들에게 하시는 말씀이지만, 여러 번 말했듯이 오늘날 우리에게 주시는 메시지이기도 하다. 당시의 사람들에게는, 아직 주님의 죽음도 부활도 일어나지 않은 일이었으므로, 주님의 경고는 막연히 장래에 일어날 어떤 큰 사건에 대한 경고로 받아들여졌을 것이다. 하지만 잠시 후 주님께서 십자가에서 죽으셨다가 부활하시고 난 다음에는, 제자들에게 굉장히 큰 울림으로 다가왔을 것임에 틀림없다.

그렇다면 지금 우리들의 경우는 어떨까? 그 때나 지금이나, 이런 경고에도 불구하고 마음이 둔하여지는 이유는 무엇일까? 물론 근본적으로는 경고를 심각하게 받아들이지 않기 때문이겠지만, 그와는 별도로 여기서는 마음이 둔하여질 수 있는 원인으로 "방탕함"과 "술취함"과 "생활의 염려" 등 세 가지가 언급되고 있다. 특이한 것은, "방탕함"과 "술취함"이야 일반적으로 죄악으로 취급되는 것이니까 그렇다고 쳐도, "생활의 염려"가 세 가지 원인 중 하나로 언급되고 있다는 점이다. 하기야 생활의 염려가 없는 사람이 어디 있겠는가? 그렇게 보면 방탕함과 술취함에 매몰되는 것도 생활의 염려를 잊어버리기 위한 방편일 수 있겠구나 싶기는 하다.

생활의 염려에 대하여 좀더 이야기해 볼 필요가 있을 것 같다. 생활의 염려는, 거꾸로 뒤집어 놓으면, 생활의 염려 없음이 된다.

곧 생활의 여유, 생활의 만족, 생활에 필요한 요소들의 충분한 공급, 넘치는 소유와 부와 사치 등을 의미할 수 있다. 따라서 생활의 염려에 눌리는 것과 생활의 만족에 휘둘리는 것은, 동전의 양면과 같은 것으로서, 둘 다 그리스도인의 마음을 둔하게 만들 수 있는 요소라고 할 수 있다. 오죽하면 구약에서도 이미 이렇게 말씀하고 있지 않은가?

(잠언 30장 8b~9절)
나를 가난하게도 마옵시고 부하게도 마옵시고 오직 필요한 양식으로 나를 먹이시옵소서
혹 내가 배불러서 하나님을 모른다 여호와가 누구냐 할까 하오며 혹 내가 가난하여 도둑질하고 내 하나님의 이름을 욕되게 할까 두려워함이니이다

생활의 염려 외에도 오늘날 우리들의 마음이 둔하여지는 가장 큰 이유는, 아마도 죽음은 곧 닥칠 사건이지만 부활은 먼 미래의 일이라고 생각하기 때문일 것이다. 부활이 일어나려면 주님께서 재림하셔야 하는데, 2천 년이 다 되도록 주님은 아직도 오시지 않았다. 애초부터 온 세계와 온 우주가 다 뒤집어지고 지금까지 죽었던 모든 자들이 한꺼번에 전부 되살아나서 영원히 죽음이 없는 세상을 구가한다는 것 자체가 터무니없는 공상일지도 모른다. 하지만 주님의 재림과 죽은 자들의 부활을 믿지 않는 기독교

라면 그것을 예수 그리스도의 기독교라고 부르기 힘들지 않을까 생각된다.

여기서 잠깐! 각 사람의 신앙 수준을 측정하는 잣대 가운데 하나로서 주님의 재림을 대하는 태도를 보는 방법이 있다. 물론 과잉 일반화의 위험을 고려해야 한다. 사람마다 성격과 품성과 환경이 같지 않으므로 일률적으로 적용시킬 수는 없는 방법이다. 그저 하나의 참고 사항으로 받아들이면 된다. 그 방법이란, 이렇게 묻는 것이다.

"만약 내일 주님께서 재림하신다면, 당신은 반가움이 앞서는가 두려움이 앞서는가?"

이 질문에 대한 대답은 어쩌면 그가 믿고 있는 종말론에 따라서 달라질 수도 있겠다. 이른바 전천년설이냐, 무천년설이냐, 후천년설이냐에 따라서 다른 태도를 취할 수 있다는 말이다. 전천년설 중에서도 세대주의적 전천년설을 신봉한다면 더욱 그럴 수 있겠다. 만약 주님의 재림과 관련하여, 믿는 자들은 재림에 수반되는 대환난을 피할 수 있다고 믿는다면, 아마도 두려움의 크기가 더 현저하게 줄어들지도 모른다. 하지만 어떻게 믿든 이 경우는 오직 한 세대, 즉 마지막 세대에만 해당하는 아주 특별한 경우에 대한 이야기이다. 문제는 지금 우리 세대가 마지막 세대인지 아닌지 알 수 없다는 점이다.

어쨌든 기독교 신앙의 근본은 종말 신앙이요 부활 신앙인데, 정작 자신의 구원자인 주님 예수를 만나는 것을 두려워한다면, 뭔가 문제가 있음에 틀림없다. 물론 그 문제가 반드시 믿음 없음을 의미하는 것은 아니라고 본다. 세상의 종말과 주님의 재림과 몸의 부활에 대하여 잘 알지 못한다면, 믿음이 있어도 두려움에 빠질 수 있다고 생각한다. 천국(천당) 소망이 있으므로 죽음 앞에서 태연할 수 있는 사람이, 그보다 훨씬 더 좋은 부활 신앙을 몰라서 주님의 재림을 두려워할 수 있다는 말이다.

그래서 우리는 일단, 마태복음 16장과 마가복음 9장, 누가복음 9, 21장에서 주님께서 하신 말씀은, 주님 당시의 그 세대뿐 아니라 앞으로 올 모든 세대에게 하신 말씀인 동시에, 기독교 공동체 전체 곧 온 인류에게 하신 말씀이기도 하지만 또한 그리스도인 한 사람 한 사람에게 하신 말씀으로 받아들여야 한다. 성경 말씀은 그러므로 어느 세대의 그 누구라도 피해 갈 수 없는 하나님의 진리로 다가오게 된다. 마치 내가 그 현장에 있었던 같은 마음으로 받아들여야 한다.

주님께서 온 인류를 위해 죽으셨다고 하면, 우리는 정말 위대하신 업적이라고 칭송을 아끼지 않으면서, 그야말로 우리의 주님이시라고 고백하게 된다. 그러나 주님의 희생과 은혜를 많은 수의 '우리'가 나누어 감당함으로써, 감성적인 감격보다는 이성적인 가치 판단이 앞서게 된다. (물론 이성적인 가치 판단이 중요하지 않다는 말은 아니다.) 하지만 주님께서 '나'를 위하여 '나' 대신 십자가에 못 박혀 피를 흘리셨다고 하면, 그 때 '나'는 비로서 더 큰 감격에 온 몸을 떨 수 있게 되는 법이다.

자, 내가 아무리 잘 믿는다고 해도, 믿지 않는 내 사랑하는 사람을 구원할 수 있을까? 나의 아내든 나의 아이들이든 나의 어머니든 나의 아버지든 그의 구원을 내가 대신할 수 있는가? 구원은 철저히 개인 구원이다. 그리고 주님의 구속의 역사 또한 그러하다. 때때로 구원 또는 심판의 대상이 어떤 공동체나 집단, 어떤 나라나 민족, 어떤 세대나 시대인 것처럼 보일지라도, 결국 주님의 최종적인 관심 대상은 한 사람 한 사람, 곧 '나'일 것임에 틀림없다.

그러므로 마지막 심판대에서, "나는 이러이러한 일들을 감당했습니다", "나는 이렇게 큰 업적을 남겼습니다", "나는 이토록 심한 고난을 견뎌 냈습니다"라는 변론은 아무런 효력을 발휘하지 못할 것이라고 나는 생각한다. 아마도 주님은 대답하실 것이다. "네가 어떤 일들을 감당했는지, 어떤 업적을 남겼는지, 어떤 고난을 견뎌 냈는지에 대해서는 관심 없다. 내가 묻고 싶은 것은 다른 것이다. 그래서, 그런 일들을 통해서, 그런 업적을 남김으로써, 그런 고난들을 견뎌 내면서, 너는 어떤 사람이 되었느냐? 그래서 너는 지금 어떤 사람으로 내 앞에 서 있느냐? 너는 누구냐?"

누가복음과 마태복음에서 주님께서 하신 말씀을, 믿는 자 각 사람에게 하신 말씀이라고 본다면, 나는 이렇게 반문하고 싶다.

오늘날 대부분의 그리스도인들은, 죽음이 곧 자신에게 닥칠 당면한 문제라는 데 동의하고 있는 것 같다. 젊은이들은 아직 갈 길이 멀기 때문에 잘 모를 수도 있겠지만, 나이를 먹어 갈수록 죽음은 남의 문제가 아니라 점점 자신의 문제로 자리잡게 된다. 조부모의 죽음, 부모의 죽음, 주변 사람들의 죽음을 보면서, 사람들은 죽음이 점점 가까이 오는 것을 무겁게 느끼게 마련이다. 특히 살 날이 얼마 남지 않은 노인들에게 죽음이란 심각하고 진지한 문제일 수밖에 없다.

그러다 보니 이제, 부활은 죽음 다음에 오는 나중의 문제이지만, 죽음은 곧바로 직면해야 하는 과제가 되었다. 눈 앞의 문제를 먼저 해결하고 부활에 대해서는 나중에 대처하는 것이 당연히 순리에 맞는 일이다. 이런 과정을 되풀이하다 보니 부활에 대한 생각은 점점 더 뒤로 밀려 이제는 완전히 후순위가 되고 말았다. 자본주의 시대가 되면서 경제적 풍요함과 편리함, 의학의 발전으로 인한 수명의 연장 등은 이런 현상을 더욱 가속화시켰다. 주님은 여전히 오실 기미가 보이지 않는데…….

많은 사람들이, 기독교는 지난 2천 년 동안 주님의 재림을 기다려 왔다고 말한다. 하지만 모든 세대 모든 사람들 가운데, 그 때로부터 지금까지, 2천 년 동안이나 주님의 재림을 기다렸다는 사람이, 구체적으로 어디 사는 누구인가? 사람의 수명이 고작 100년이니, 2천 년을 기다린 사람은 아무도 있을 수 없다. 어느 누구든 고작 100년을 기다릴 수 있을 뿐이다. 아니, 정확히 말한다면, 그의 심령 속에 예수께서 주님의 자리에 앉으신 그 때로부터 죽을 때까지이다. 실제로는 100년이 채 못 되는 기간일 따름이다.

죽은 영혼들이 천국(천당)에서 2천 년 동안 기다려 오지 않았느냐고 말하고 싶을지도 모른다. 하지만 거기서 그들은 그토록 보고 싶었던 주님과 함께 있는 게 아니었던가? 앞으로 이루어질 부활을 기대하면서 말이다. 만약 그렇다면, 죽은 영혼들이 천국(천당)에서 2천 년 동안 부활을 기다리고 있다면, 얼마나 지루할까 하는 생각이 든다. 지루하면 천국(천당)이 아닌데, 기다려야 한다면 천국(천당)이 아닌데, 2천 년을 기다렸다니, 뭔가 다른 해석이 필요할 것 같다. 그리고 기다린 것이 아니라면, 2천 년 동안 기다렸다는 주장은 더이상 설 자리를 잃게 될 것이다.

잠 자다 깨는 듯이 부활할 것이다

사랑하는 자들아 주께는 하루가 천 년 같고 천 년이 하루 같다는 이 한 가지를 잊지 말라(베드로후서 3장 8절)

주의 목전에는 천 년이 지나간 어제 같으며 밤의 한 순간 같을 뿐임이니이다(시편 90편 4절)

하루가 천 년 같고 천 년이 하루 같다?

천국(천당)에 대한 오해 가운데서도 가장 잘못된 것은 바로 시간에 대한 이해이다. 공간에 대해서 이해하는 것은 어렵지 않아 보인다. 어차피 영이란 육신을 잃어버린 존재이므로, 영의 세계를 생각할 때 비물질적인 세계라고 이해하기가 어렵지 않기 때문이다. 그러나 시간에 대해서는 그렇지 않은 것 같다. 무슨 근거로 영의 세계와 우리가 사는 이 세계가 똑같은 시간의 흐름을 가지고 있을 것이라고 생각하는가?

흔히들 말하기를, 천국(천당)에 가면 흰 옷을 입고 하나님 앞에서 쉬임 없이 찬송하며 춤을 춘다고 한다. 거기에는 아파트 비슷한 거처들이 있는데, 살아 있는 동안 얼마나 충성했느냐에 따라 거처에 차등이 있다고 한다. 또한 하나님의 주위에는 반차에 따라서 접근이 제한될 수 있는데, 베드로 같은 이라도 다섯 번째 서열밖에 안 된다고 한다. 그 이유는 그가 주님을 세 번 부인했기 때문이라는 것이다.

이런 보고들은 기독교 공동체에 많은 오해를 가져 옴으로써 손해를 끼칠 뿐 아니라 맞지도 않는 이야기이다. 우선 이런 이야기들은 요한계시록에 묘사된 정경들을 그대로 또는 약간 변형시켜서 가져온 것에 불과한 것 같다. 모처럼 육신을 벗고 자유로워졌는데, 아파트는 무엇이며 서열의 차등은 또 무엇인가? 흰 옷을 입고 찬양과 춤추기를 쉬지 않는 것도 하루 이틀이지 2천 년을 어떻게 계속 그러고 있겠는가?

또한 천국(천당)에 먼저 가신 부모님이 자손들을 내려다보면서 기뻐하신다는 따위의 말들이, 목사님이나 장로님의 기도 중에 흘러나오는 경우도 드물지 않은 것이 현실이다. 그런 경우를 볼 때는 정말 딱하다는 생각이 절로 든다. 자손들을 내려다보며 기뻐한다는 말은, 자손들을 내려다보며 슬퍼할 수도 있다는 말이다. 여전히 기쁨과 슬픔 사이를 오고 가야 한다면 어찌 그것을 천국(천당)이라고 할 수 있을까?

우리는 천국(천당)을 어떻게 바라보고 있는가? 우리는 하나님 나라(천국)를 어떻게 생각하고 있는가? 우리는 부활을 어떻게 이해하고 있는가? 주님께서 직접 가르쳐 주시고 주님께서 친히 첫 번째 증인이 되어 주신 것을 이렇게 잊어버리고, 온갖 이교적인 요소들과 뒤섞어 버린다면, 이것이 우상 숭배와 근본적으로 다를 것이 무엇인가?

다른 한편 천국(천당)이 어떤 곳일지 상상해 보면, 우리가 사는 이 세계에서 모든 괴로움의 근본적인 뿌리는 육신이라는 생각을 부인할 수가 없다. 육신이 없다면 당연히 그 모든 괴로움도 사라지게 될 것이다.(물론 육신에서 비롯되는 모든 기쁨도 함께 사라지겠지만) 무엇보다도 천국(천당)은 괴로움이 없는 차원의 세계일 것이다. 지루한 것도, 비교되는 것도, 외로운 것도, 모두 괴로움의 일종이라고 할 수 있다. 육신의 정욕과 안목의 정욕과 이생의 자랑이란, 다 충족된다면 즐거움을 주겠지만, 결핍되거나 또는 과잉 공급된다면 괴로움을 불러 일으키는 그런 속성을 가지고 있다. 천국(천당)이란 적어도 그런 육신적인 한계에서는 벗어나 있는 세계임에 틀림없다.

천국(천당) 또는 영의 세계의 시간 관념이 이 땅 우리 사는 세계의 시간과 어떻게 다른지 확실히 알 수는 없다. 그러나 어느 정도의 추론은 가능하다고 본다. 현대 물리학의 시간과 공간에 대한 연구들도 참고할 만한 가치가 충분하다. 또한 적어도 천국(천당)이 이 육신의 세계가 아니라 영의 세계임을 인정한다면, 우리는 다시 다음과 같은 것들을 인정할 수 있다.

먼저, 영은 육체가 없다. 이 간단한 문장은 사실은 결코 간단하다고 말할 수 없는 복합적인 의미를 포함하고 있다. 생노병사(生老病死)를 포함하여 인생의 모든 고통은, 육신적인 고통만이 아니라 정신적인 고통까지도, 전부 육체로부터 비롯된 것이다. 거의 대부분의 인간 욕구 또한 육체로부터 비롯되는 것으로 보아야 한다. 인생의 모든 즐거움 역시 뒤집어 놓으면 고통이 되므로, 즐거움이란 결국 고통의 또 다른 이름이라고 할 수 있다. 그렇기 때문에 천국(천당)의 자유로움이란, 그저 육신이 없음으로 누릴 수 있는 수동적 자유를 의미할 따름이다.

그리고 영원이란, 시간의 흐름이 멈춘 상태를 말하는 것이 아니라 아예 시간이 존재하지 않는다는 것을 의미한다. 시간의 흐름이 단순히 정지해 있는 것이라면, 언제든지 다시 흐를 수 있는 가능성이 있기 때문이다.

> 현대 물리학에서는 시간을 공간의 일부로 보고 있다. 그것을 증명하려면 아인쉬타인의 상대성 원리 등을 거론해야 하는데, 그만한 전문 지식을 갖추고 있는 것도 아니고 또 이 지면에 어울리는 것도 아니기 때문에 생략할 수밖에 없겠지만, 다만 한 가지 분명히 말할 수 있는 것은, 공간이 없으면 시간도 없다는 사실이다. 영의 세계에는 공간이 없으므로 시간도 없는 세계로 보는 것이 맞다.

그렇게 볼 때 천국(천당)은, 조금 비유적으로 말한다면, 어제와 내일이 없고 오늘만 있는, 오직 지금만 있는 세상이라고 할 수 있을 것 같다. 흰 옷을 입고 하나님 앞에서 날마다 춤을 추는 것은 기쁘고 즐거운 일이겠지만, 그것을 2천 년 동안 계속한다고 생각해 보라. 2천 년 동안 날마다 똑같은 춤을 추어도 전혀 지루하지 않은 세계, 그런 세계가 천국(천당)이라면, 그 곳은 분명히 오늘만 있는 세상일 것이다. 그런 점을 사도 베드로는 이렇게 언급하고 있다.

(베드로후서 3장 8절)
사랑하는 자들아 주께는 하루가 천 년 같고 천 년이 하루 같다는 이 한 가지를 잊지 말라

(앞에서도 언급한 바 있듯이, 베드로후서 3장 전체를 읽어 보면, 그 때, 주님께서 부활 승천하신 지 30여 년쯤 지났을 때 이미 주님의 재림을 의심·부정하는 사람들이 여럿 있었던 것 같다. 30년이 지나도록 왜 안 오시느냐고! "하루가 천 년 같고 천 년이 하루 같"다는 베드로의 말씀은 일단 그들에 대한 변증으로 제시된 것이다.)

또한 시편에도 동일한 말씀이 있다.

(시편 90편 4절)
주의 목전에는 천 년이 지나간 어제 같으며 밤의 한 순간 같을 뿐임이니이다

198 하루가 천 년 같고 천 년이 하루 같다?

그런데, 이렇게 반문해 보고 싶다. 주께는 하루가 천 년 같고 천 년이 하루 같겠지만, 우리 사람에게는 어떨까? 우리에게도 하루가 천 년 같고 천 년이 하루 같을까? 대답은, '그렇다'이다. 왜냐하면 죽은 자들은 이 육신의 세계를 떠나 주님께서 계신 세계로 옮겨 갔기 때문이다. 그러므로 그 곳에서는 틀림 없이, 2천 년 전에 죽은 사람이나 어제 죽은 사람이나 동일할 것이라고 생각한다. 다만, 그런 원리를, 아직 이 육신의 세계에 속해 있는 우리들이 혼동했을 따름이다. 그 곳에는 시간이라는 개념이 없을 것이라고 나는 생각한다.

또한 시간이 없다면 당연히 인과율도 성립될 수 없을 것으로 짐작된다. 어떤 일에는 반드시 그 원인이 있게 마련이고, 어떤 원인은 반드시 일정한 결과를 낳게 마련이다. 좋은 원인이 좋은 결과를 불러 오고 나쁜 원인이 나쁜 결과를 생성한다, 그것이 인과율인데, 당연히 인과율에는 시간이 필수적인 요소가 된다. 그런데 시간이 존재하지 않기 때문에 인과율이 성립될 수 없다. 따라서 천국(천당)에서는 인과율의 구속에서 벗어나 자유로울 수 있는 것이다. 인과율이 없으면 일의 선후(先後)도 없을까? 일의 선후는 있는데 시간의 흐름은 없다? 그건 솔직히 지금으로서는 뭐라고 대답해야 할지 잘 모르겠다. ^^ 그러나 부활한 우리가 살아 갈 새 하늘과 새 땅은 분명히 그럴 것이다.

죽은 사람, 잠 자는 사람

한 가지 의문이 떠오른다. 주님께서 3일만에 부활하신 이유는 무엇일까?(실제로는 채 이틀이 되지 않지만) 왜 이틀이 아니고, 왜 닷새가 아니고, 왜 하필이면 사흘만에 부활하셨을까? 의심하기 시작하면 끝이 없다고는 하지만, 의심이 발상의 전환으로 끝을 맺는 경우도 많은 것 같다. 아마도, 우리도, 주님처럼 죽은 지 3일 정도 뒤에는 부활하게 되는 것이 아닐까? 마치 3일쯤 긴 잠을 잔 것 같은 느낌으로 부활하는 것이 아닐까? 2천 년 전에 죽은 사람도, 100년 전에 죽은 사람도, 어제 죽은 사람도, 모두 3일쯤 긴 잠을 잔 것 같은 느낌으로 부활하는 것이 아닐까?

2천 년이냐, 100년이냐, 어제냐 하는 차이는 부활에서 하나도 중요하지 않다. 성경에서는 항상 죽은 자들을 잔다고 표현해 왔다. 잔다는 표현은 언제든지 잠에서 깰 수 있다는 것을 전제로 한다. 잠에서 깨어나 보면 얼마 동안이나 잤는지는 별로 중요하지 않다. 두 시간을 잤든지, 열 시간을 잤든지, 3년을 잤든지, 100년을 잤든지, 천 년을 잤든지, 잠에서 깨어나 보면 큰 차이가 없을 것이다.

마지막으로, 만약 천국(천당)이 그런 곳이라면, 그 곳에 있는 영들의 상태에 대해서는, 사는(live) 것이라기보다는 존재(exist)하는 것이라고 말할 수 있겠다. 지금 이 육신의 안목으로 본다면 좀 지루하고 답답한 세계일지도 모르겠다. 그러나 그 세계는 살아 있는 우리를 위한 곳이 아니라 죽은 영혼들을 위한 곳이므로, 하나님께서 그 영혼들에게 가장 적합하도록 설계하셨으리라고 믿는다. 답답하지도 않고, 지루하지도 않고, 육신의 모든 욕망과 제약에서 자유롭고, 묶이거나 눌리거나 거리낌이 전혀 없는 세계, 어떤 다른 존재에도 의지할 필요 없이 자기 스스로 충분한 세계, 천국(천당)은 그런 곳일 것이다.

죽음 - 천국(천당) - 부활(주님의 재림)

그러므로 죽음과 천국(천당)과 부활(주님의 재림)은 하나로 묶여 있음을 알 수 있다. 자기 삶을 마치고 죽으면 천국(천당)에 오래(?) 머물다가, 주님 재림하시면, 믿는 자이거나 믿지 않는 자이거나 죽었던 모든 사람이 일시에 부활하고, 지금 살아 있는 자들은 부활한 사람들과 똑같은 상태로 홀연히 변화하게 될 것이다.(이미 대환난이 끝난 다음에 있을 일이다.) 여기서 가장 중요한 문제는, 죽은 다음부터 주님 재림하실 때까지의 기간에는, 지금 이 세상의 시간에 더는 구속을 받지 않는다는 사실이다.

이제 부활은, 죽은 사람들에게는 더이상 먼 미래의 일이 아니다. 살아 있는 사람들에게 주님의 재림은 아직 먼 미래의 일일 수도 있겠지만, 이미 죽은 사람들에게는 3일쯤 뒤에 일어날 일일 것이다. 그리고 우리는 머지 않은 장래에, 모두, 죽은 자들 가운데 하나가 될 것이다.(마지막 세대는 죽지 않은 상태에서 주님의 재림을 직접 맞게 되겠지만) 이러한 시간의 이중 잣대야말로 부활 신앙을 회복하는 데 있어서 현실적이고도 핵심적인 키(key)라고 할 수 있다.

결국, 주님의 재림을 기다리는 것은 내가 살아 있는 동안 할 수 있는 일이며, 그리고 부활은 나의 죽음과 거의 동시에 이루어질 일임을 알 수 있다. 이제 천국(천당) 소망은 명백히 부활 신앙으로 대체되어야만 한다. 그리고 살아 있는 동안 우리는, 살아 있는 세상에서의 진정한 천국(하나님 나라)을 이루어 나가는 온 힘을 기울여야 할 것이다. 마치 초대 교회 성도들이 그랬듯이!!

예수를 믿으면 구원을 얻는다(막 16: 16; 행 2: 21)는 기독교 복음의 대원리의 구체적인 실상은 바로 부활과 영생이다.

(마가복음 16장 16절)
믿고 세례를 받는 사람은 구원을 얻을 것이요 믿지 않는 사람은 정죄를 받으리라

(사도행전 2장 21절)
누구든지 주의 이름을 부르는 자는 구원을 받으리라 하였느니라

여기서 믿는다는 것은 여러 의미를 함축하고 있다. 구원을 받을 수 있는 믿음이란, 부활 신앙을 통하여 육신의 속박(특히 이기심)과 지금 이 세계의 한계를 제한적으로나마 넘어섬으로써, 비로서 구체화되고 현실화될 수 있다. 주님의 사랑을 온전히 실천한다는 것은 자신의 이기심을 넘어서지 않고서는 불가능한 일이다. 그리고 자신의 이기심을 넘어설 수 있는 이유는 부활과 영생이라는 보상이 너무나 매력적이기 때문이다. 또한 이 세계의 한계를 제한적으로나마 넘어선다는 것은 성령의 도우심이 없이는 이루어질 수 없는 일이다. 부활 사상은 그리스도인을 그리스도인답게, 기독교를 기독교답게 해 주는 역동을 충분히 발휘할 수 있을 것이다.

부활과 동시에
'새 하늘과 새 땅'이 이루어진다

세계적 종말이든 개인적 종말이든, 모든 그리스도인들은 종말에 대한 신비감과 함께 두려움을 조금씩 갖고 있게 마련이다.

어차피 종말의 일들을 구체적으로 규명하는 것은, 논리적으로는 불가능하다. 따라서 논리적 설득으로는 사람들의 마음을 얻을 수 없기 때문에, 대부분의 이단들은 마지막 환난과 그 과정에서 겪어야 할 고통을 지나치게 강조함으로써 종말에 대한 두려움을 자극하려고 시도한다.

부활하고 보니……

이제 그리스도인이라면 마땅히 부활을 믿고 소망하며 잠시 동안 이 육신의 삶을 살아 갈 때에, 영속적 존재로서의 더욱 큰 그림을 그리면서, 하나님의 뜻을 따르고 주님 예수의 길로 행하게 될 것이라고 믿는다. 하지만 우리의 부활과 영생이 여전히 잠재적이요 아직 실현되지 않았다는 것은 분명한 사실이다. 그리고 그러한 사실에서 파생되는 문제는 결코 작은 문제라고 할 수 없다. 왜냐하면 약속된 것과 실현된 것 사이에는, 좁힐 수 없는 아주 큰 차이가 있을 수밖에 없기 때문이다. 거기 더하여 서로 다른 수많은 주장과 학설들이, 주님의 재림과 부활의 과정 그리고 그 이후에 일어날 일들을 더욱 이해하기 어렵도록 만들고 있는 것이 우리의 현실이다.

종말의 때에 일어날 일들을 기록한 요한계시록의 내용들에 대한 해석은 제각기 달라서 뭐라고 통일성 있게 말하기가 아예 불가능해 보인다. 서로 다른 정도가 아니라 심지어 상반되기까지 하다. 특히 주님의 재림과 부활 그리고 마지막 심판과 '새 하늘과 새 땅'에 대한 해석은 전혀 다른 기록으로 보아야 할 정도이다. 이른바 전천년설,(다시 세대주의적 전천년설과 역사적 전천년설로 나누어진다.) 후천년설, 무천년설이라고 일컬어지는 주장들이 바로 그것이다.

그런 이름이 붙은 이유는 바로 '천년 왕국'(계 20: 4~6)에 대한 해석이 서로 상이하기 때문이다. 주님의 재림이 천년 왕국 전에 일어난다면 전천년설, 천년 왕국 후에 주님께서 재림하신다면 후천년설, 그리고 천년 왕국은 상징적 표현으로서 이 땅이 아니라 하늘에서 이루어진다고 믿으면 무천년설이 된다. 그렇지 않아도 각각 주장하는 내용들이 단순하지 않은데, 서로간의 차이점까지 비교하면서 이해해야 하니 너무 혼잡스러워져서, 우리 시대에 요한계시록은 몇몇 극소수의 사람들을 제외하고는 아무도 읽지 않는 경전이 되어 버리고 말았다. 따라서 대부분의 그리스도인들은 직접 읽은 것이 아니라 들은 것들만으로 자신의 종말 신앙을 구성하고 있다.

기독교계의 공식적인 입장은, 어느 견해를 선택하더라도 잘못이 아닌 것으로 보고 있다.(하지만 모든 견해가 다 맞다고 말하지는 않는다.) 그러니 혼란은 더 가중될 수밖에 없다. 서로 다른 주장에서, 한쪽이 맞으면 다른 쪽이 틀린 것이지, 둘 다 맞다고 할 수는 없지만 둘 다 틀린 것도 아니라고 한다면, 도대체 어떻게 하라는 말일까? (그만큼 요한계시록의 해석에 확신이 없다는 의미이며, 동시에 요한계시록 자체가 그토록 난해하다는 뜻이다.) 이러다가 마침내 모든 주장이 다 틀렸다는 결과가 나오는 게 아닌지 모르겠다. (참고로 장로교 개혁주의 신학에서는 대부분 무천년설을 지지하는 입장을 취하고 있다.)

그러나 어느 주장이 맞든지 여기서 반드시 주의해야 할 것은, 대부분의 이단이 다 여기서 파생한다는 점이다. 그것이 가능할 수 있는 이유는, 주님의 재림과 죽은 자들의 부활, 기존 세계의 종말과 새로운 세계의 도래에 대한 신비감과 두려움이 매우 크기 때문일 것이다. 그런 점을 이용하여, 자기가 재림 예수 또는 그 분의 위임자라는 허술한 논리를 주장하면서, 온갖 이단도 못되는 사이비들이 판을 치며 제 잇속을 챙기고 있다. 그런데도 계속 넘어가는 사람들이 그치지 않는 것을 보면 그냥 단순한 사기는 아닌 듯도 싶다.

세계적 종말이든 개인적 종말이든, 모든 그리스도인들은 종말에 대한 신비감과 함께 두려움을 조금씩 갖고 있게 마련이다. 어차피 종말의 일들을 구체적으로 규명하는 것은, 논리적으로는 불가능하다. 따라서 논리적 설득으로는 사람들의 마음을 얻을 수 없기 때문에, 대부분의 이단들은 마지막 환난과 그 과정에서 겪어야 할 고통을 지나치게 강조함으로써 종말에 대한 두려움을 자극하려고 시도한다. 그리고는 곧 그 고통의 과정을 피할 수 있는 길을 제시해 준다. 그 때 아주 낮은 수준의 심리적 터치와 영적 현상이라도 동반된다면(때로는 연출하는 경우도 많다.) 곧바로 마음이 넘어가게 되는 것이다. 그렇게 이단과 사이비에 빠지게 된다. 그리고 한번 빠지면 다시 빠져나오기가 매우 어렵게 되어 있다.

세대주의적 전천년설

　대중적으로 가장 널리 알려진 것은 세대주의적 전천년설이다. 세대주의적 전천년설에 따르면 주님의 재림은 두 번에 나누어서 이루어진다. 첫번째 재림은 공중 재림이고 두 번째에야 지상 재림이 이루어진다고 한다. 첫번째 재림 때에 죽은 성도들이 부활하고 또 이른바 휴거가 일어나서 살아 있는 성도들도 부활의 몸으로 다시 새로워진다는 것이다.

　그 때 지상에서는 대환난이 일어나고, 휴거되지는 못했지만 대환난을 통하여 구원받을 만한 믿음을 입증한 사람에게는 다시 구원의 기회가 주어진다. 이 두 번째 구원의 기회는 특히 지금까지 예수 그리스도를 메시아로 인정하지 않았던 유대인들에게 중점적으로 주어진다.(당연히 유대인 아닌 사람들에게도 해당된다.) 다시 말해서, 그 때가 되어서야 비로서 유대인들은, 자신들의 선민의 역사가 예수 그리스도를 통하여 완결된다는 사실을 받아들이게 되며, 그로써 구속의 역사가 완성에 이르게 된다는 것이다.

주님께서 이 땅에 재림하시기 전에 먼저 공중에 내려오시는 이유는 아마도 휴거 때문일 것이다. 휴거란, 주님께서 재림하시는 바로 그 시점에서 죽지 않고 살아 있는 성도들이, 살아 있는 상태 그대로 죽음을 경험하지 않고, 부활하는 성도들과 똑같은 육신으로 변화되는 것을 말한다.

(데살로니가전서 4장 16~17절)
주께서 호령과 천사장의 소리와 하나님의 나팔 소리로 친히 하늘로부터 강림하시리니 그리스도 안에서 죽은 자들이 먼저 일어나고
그 후에 우리 살아 남은 자들도 그들과 함께 구름 속으로 끌어 올려 공중에서 주를 영접하게 하시리니 그리하여 우리가 항상 주와 함께 있으리라

(고린도전서 15장 51~52절)
보라 내가 너희에게 비밀을 말하노니 우리가 다 잠 잘 것이 아니요 마지막 나팔에 순식간에 홀연히 다 변화되리니
나팔 소리가 나매 죽은 자들이 썩지 아니할 것으로 다시 살아나고 우리도 변화되리라

그러나 이 본문은 휴거에 대한 근거는 될 수 있을지 모르지만, 공중 재림과 지상 재림의 두 단계 재림에 대해서는 아무 것도 말해 주지 못하고 있다. 아무런 논리적 근거 없이(다니엘서 등에서 이끌어 내는 부분이 있지만) 두 단계 재림과 휴거를 이끌어 낸 목적은 분명히, 살아 있는 성도들에게, 대환난의 고난을 피해 갈 수 있는 길을 제시하기 위한 방편으로 보인다.

(휴거를 믿는다고 해서 반드시 이단이나 사이비로 판단할 수는 없겠지만) 대환난과 휴거는 분명히 하나의 짝을 이루고 있다. 대환난을 강조함으로써 성도들의 두려움을 극대화시킨 다음 곧바로 휴거를 통하여 그 두려움을 상쇄시켜 주는 구성은, 뭔가 다른 의도가 있다는 느낌을 주기에 충분하다. 이는 주님의 재림을 바라는 동시에 두려워하는 많은 그리스도인들에게 귀를 솔깃하게 해 주는 매력적인 주장으로 보일 수밖에 없다. 그래서 휴거는 주님의 재림과 부활의 영광보다는 자신이 감당해야 할 고난을 면하는 데 집중하도록 한다. 따라서 본질적으로 기복주의의 한 변형이라고 볼 수도 있을 것 같다.

근본적으로 휴거에 대한 환상은, 지금 이 시대를 살아 가는 모든 그리스도인들에게 아무런 유익이 없으며, 심지어 해롭기까지 하다고 본다. 만약 살아 있는 성도들이 그렇게 고난을 피할 수 있다면, 그리스도인이 순교의 고난을 회피하지 않고 감당해야 하는 이유가 무엇인가? 휴거의 때는 특별한 때이고 극심한 환난의 시기가 아니냐고 변명하지 말라. 사도 바울은 어디에서도, 임박한 고난을 면할 수 있는 어떤 가능성에 대하여, 아주 작은 암시라도 언급한 적이 없다. 또한 그토록 극심한 고난이라면, 두 번째 구원의 기회를 잡은 남겨진 성도들이 어떻게 다시 구원의 시험을 통과할 수 있다는 말인지 모를 일이다.

(마가복음 13장 19~20절)
이는 그 날들이 환난의 날이 되겠음이라 하나님께서 창조하신 시초부터 지금까지 이런 환난이 없었고 후에도 없으리라
만일 주께서 그 날들을 감하지 아니하셨더라면 모든 육체가 구원을 얻지 못할 것이거늘 자기가 택하신 자들을 위하여 그 날들을 감하셨느니라

마지막 때의 환난이, "하나님께서 창조하신 시초부터 지금까지" "없었고 후에도 없"는 환난이라고 해도, 이 말씀을 휴거의 근거로 제시할 수 있겠는가? 만약 "그 날들을 감하셨"다는 구절을, 휴거를 통하여 환난을 면제받는 것으로 해석한다면, 남겨진 성도들은 아무도 "구원을 얻지 못할 것이"다. 따라서 휴거 자체를 인정할 수는 있겠지만(죽은 자들이 먼저 일어난 후에 살아 있던 성도들이 죽음을 거치지 않고 바로 부활의 몸으로 변화하는 것이 휴거라면), 휴거가 환난의 면제와, 두 번의 재림(공중 재림과 지상 재림)과, 휴거받지 못한 성도들의 두 번째 구원의 기회를, 뒷받침해 줄 수는 없다고 생각한다.

초대 교회 성도들을 생각해 보라. 그들은 자기 생애 중에 이 모든 일이 이루지길 바랬고 또 그렇게 되리라고 예상했다. 만약 사실이 그렇지 않다면, 성경 어디엔가는 그에 상응하는 표현이, 아주 짧은 구절에라도 언급되었을 것이다. 모든 일, 즉 부활과 환난의 과정이, 주님 재림 이후에도 여전히 계속 진행될 것이라고 믿었다면, 어떻게 그토록 용감하게 일신의 안녕과 죽음의 위협까지도 이겨 내고 앞으로 나아갈 수 있었을까?

이 주장에 따르면, 일단 휴거된 사람들은 환난을 당하지 않는다. 비록 지상에 휴거되지 못한 가족과 친구와 이웃들이 남아 있다고 해도, 나 자신의 안전은 보장된다는 것이다. 하지만 누가 휴거되고 누가 남게 될지가 명확하지 않기 때문에, 그 안전 보장을 위하여 또 다른 어떤 범주를 제시하게 된다면(예를 들어 14만 4천과 같이) 그 때부터는 이단에 가까워진 것으로 보아도 무방하리라 여겨진다.

그것은 우선 형평의 원칙에 맞지 않는다. 지금까지 자기 인생을 살다 간 모든 성도들 각 사람마다 자기 몫의 고난과, 시대와 환경으로부터의 환난과, 육신의 한계에서 오는 모든 괴로움을 감당하면서 하나님의 구원의 범주에 도달했는데, 마지막 세대만은 그것을 면제해 준다는 건 참 이상한 주장이 아닐 수 없다. 죽은 성도들 가운데, 7년 대환난에 못지 않은 환난 앞에서 말할 수 없는 고통과 두려움에도 불구하고, 주 예수의 이름을 부인하지 않은 사람이 왜 없겠는가? 그 때 그들은 살아 있는 성도들이었고, 지금은 우리가 그렇다.

그러므로 구원을 위한 두 번의 기회는 있을 수 없다. 각자가 오직 자신의 전체 생애를 통하여 구원의 자격을 얻어야 한다. 첫 번째 구원의 기회를 놓친 휴거되지 못한 성도들이, 다시 대환난을 통과하면서 믿음을 입증함으로써 두 번째 구원의 기회를 얻을 수 있다는 것은 있을 수 없는 일이다. 성경에는 주님의 재림이 두 번에 나뉘어서 진행될 것이라는 어떤 암시도 찾을 수 없다. 그러므로 어떤 필요성(일반적으로 이스라엘의 구원)을 충족시키기 위하여 자의적인 해석을 삽입하려는 시도가 용납되어서는 안 될 것이다.

아무튼 세대주의 전천년설에 따르면 휴거 이후에 대환난이 진행된다. 주님의 지상 재림은 명확하게 언급되지 않지만, 일곱 인 심판―일곱 대접 심판―일곱 나팔 심판의 끝은 아마겟돈 전쟁―음녀와 바벨론 심판으로 이어진다. 그런데 문제는 그 다음이다.

(요한계시록 20장 1~6절)

또 내가 보매 천사가 무저갱의 열쇠와 큰 쇠사슬을 그의 손에 가지고 하늘로부터 내려와서

용을 잡으니 곧 옛 뱀이요 마귀요 사탄이라 잡아서 천 년 동안 결박하여

무저갱에 던져 넣어 잠그고 그 위에 인봉하여 천 년이 차도록 다시는 만국을 미혹하지 못하게 하였는데 그 후에는 반드시 잠깐 놓이리라

또 내가 보좌들을 보니 거기에 앉은 자들이 있어 심판하는 권세를 받았더라 또 내가 보니 예수를 증언함과 하나님의 말씀 때문에 목 베임을 당한 자들의 영혼들과 또 짐승과 그의 우상에게 경배하지 아니하고 그들의 이마와 손에 그의 표를 받지 아니한 자들이 살아서 그리스도와 더불어 천 년 동안 왕 노릇 하니

(그 나머지 죽은 자들은 그 천 년이 차기까지 살지 못하더라) 이는 첫째 부활이라

이 첫째 부활에 참여하는 자들은 복이 있고 거룩하도다 둘째 사망이 그들을 다스리는 권세가 없고 도리어 그들이 하나님과 그리스도의 제사장이 되어 천 년 동안 그리스도와 더불어 왕 노릇 하리라

6. 부활과 동시에 '새 하늘과 새 땅'이 이루어진다

이 본문에 따르면 천 년 동안 사탄이 결박당하고, 천년 왕국이 이루어진다. 말을 바꾸면, 사탄의 결박이 풀리면 천년 왕국도 끝나게 된다. 그리고 천년 왕국이 끝나면 다시 전세계적인 전쟁이 일어난다. 그 때 하나님의 마지막 심판(이른바 백보좌 심판)이 임하여 사탄이(사망과 음부도) 불과 유황 못에 던져지고, 비로서 '새 하늘과 새 땅'이 이루어진다는 것이다. 따라서 천년 왕국의 전후에 두 번의 심판(휴거 때의 심판과 백보좌 심판)과 두 번의 전쟁(아마겟돈 전쟁과 사탄이 일으키는 마지막 전쟁)을 상정하게 된다.

문제가 되는 것은 사탄의 결박과 천년 왕국이다. 이 본문이 요한계시록에서 자리잡고 있는 위치에 대한 해석이 중요한데, 전체 22장 가운데 20번째 장에 기록되어 있는 이 내용을, 직렬식으로 해석할 것이냐 아니면 병렬식으로 읽어야 할 것이냐 하는 것이 쟁점이 된다. 직렬식으로 해석한다면 글자 그대로 이해하면 되겠지만, 병렬식으로 읽는다면 다른 해석도 충분히 가능하다. 문제는 요한계시록이 직렬식 서술과 병렬식 서술을 함께 사용하는 것처럼 보인다는 사실이다.

요한계시록에서는 "이 일 후에", "또 내가 보니"와 같은 표현이 자주 사용되고 있는데, 이런 표현들은 직렬식으로 읽는 것이 자연스럽게 느껴진다. 한편 17장(1절)에 등장해서 음녀에 대한 심판을 보여 주었던, 일곱 대접을 가진 일곱 천사 중 하나가, 이미 천년 왕국이 끝나고 최후의 심판에 이어 '새 하늘과 새 땅'이 이루어진 21장(9절)에 다시 등장해서 새 예루살렘 성을 보여 주는데, 이런 서술의 연속성을 보면 병렬식으로 읽는 것이 더 자연스럽게 느껴진다. 그 외에도 유사한 표현들이 계속 반복되는 것을 보면 무조건 순서대로 읽어야 한다고 고집할 수는 없을 듯하다. 예를 들어 일곱 인 심판―일곱 나팔 심판―일곱 대접 심판은, 심판의 순서를 나열한 것이 아니라 동일한 심판을 각기 다른 시각으로 설명한 것일 수도 있는 것이다.

흔히, 천년 왕국이 이 땅에서 현실적으로 이루어질 거라고 주장하는 사람들은 그 근거 중 하나로 구약의 이사야서 65장 본문을 제시하곤 한다.

(이사야 65장 17~25절)
보라 내가 '새 하늘과 새 땅'을 창조하나니 이전 것은 기억되거나 마음에 생각나지 아니할 것이라
너희는 내가 창조하는 것으로 말미암아 영원히 기뻐하며 즐거워할지니라 보라 내가 예루살렘을 즐거운 성으로 창조하며 그 백성을 기쁨으로 삼고
내가 예루살렘을 즐거워하며 나의 백성을 기뻐하리니 우는 소리와 부르짖는 소리가 그 가운데에서 다시는 들리

지 아니할 것이며

거기는 날 수가 많지 못하여 죽는 어린이와 수한이 차지 못한 노인이 다시는 없을 것이라 곧 백 세에 죽는 자를 젊은이라 하겠고 백 세가 못되어 죽는 자는 저주 받은 자이리라

그들이 가옥을 건축하고 그 안에 살겠고 포도나무를 심고 열매를 먹을 것이며

그들이 건축한 데에 타인이 살지 아니할 것이며 그들이 심은 것을 타인이 먹지 아니하리니 이는 내 백성의 수한이 나무의 수한과 같겠고 내가 택한 자가 그 손으로 일한 것을 길이 누릴 것이며

그들의 수고가 헛되지 않겠고 그들이 생산한 것이 재난을 당하지 아니하리니 그들은 여호와의 복된 자의 자손이요 그들의 후손도 그들과 같을 것임이라

그들이 부르기 전에 내가 응답하겠고 그들이 말을 마치기 전에 내가 들을 것이며

이리와 어린 양이 함께 먹을 것이며 사자가 소처럼 짚을 먹을 것이며 뱀은 흙을 양식으로 삼을 것이니 나의 성산에서는 해함도 없겠고 상함도 없으리라 여호와께서 말씀하시니라

과연 기대할 만하고 사모할 만한 내용이 아닐 수 없다. 모두가

건강하게 장수하는 가운데 결핍이 없고 재난이 없고 헛된 수고가 없으며 서로 빼앗고 빼앗기는 일이 없으리라고 단정적으로 말한다. 뿐만 아니라 자연계 역시 서로 해치고 잡아먹는 일이 없어져서 그야말로 이상적이고 아름다운 세상이 된다. 그러므로 이 본문은 명백히 천년 왕국에 대한 예언으로 해석되어야 한다는 것이다.

그런데 17절을 보면 이 본문은 천년 왕국이 아니라 '새 하늘과 새 땅'에 대한 내용임을 분명히 밝히고 있다. 자, 그러면 어떻게 된 것일까? 이 본문은 '새 하늘과 새 땅'에 대한 내용인가 아니면 천년 왕국에 대한 내용인가? 우리는 이 본문의 내용을 어떻게 해석해야 하는가? 최대한 객관적인 기준으로 판단해 본다면, 먼저 여기서 말하는 '새 하늘과 새 땅'이 과연 요한계시록 21장의 '새 하늘과 새 땅'과 똑같은 의미인지를 밝혀야 하는데, 그것은 아직 확실하지 않다고 생각된다.

요한계시록 21장의 '새 하늘과 새 땅'이라는 표현이 이사야서의 이 본문에서 기원했을 것이라는 짐작은 충분히 합리적인 것으로 보이지만, 요한계시록의 '새 하늘과 새 땅'이 이사야서의 '새 하늘과 새 땅'과 동일한 내용인지는 잘 모르겠다. 왜냐하면 이사야서 65장 17절 이하의 구체적 내용들이, 지금 우리가 사는 세상과 근본적으로 다르다는 느낌을 주기에는 조금 부족해 보이기 때문이다. 천년 왕국에 대한 설명으로 읽을 때는 정말 가슴 설레게 하는 내용이었지만, '새 하늘과 새 땅'에 대한 서술로 읽으니 기대에 미치지 못한다는 말이다.

아주 오랫 동안 살기는 하지만 여전히 죽음이 있고, 풍요롭기는 하지만 여전히 일해야 하고, 헛되지는 않을지 몰라도 여전히 수고해야 한다는 느낌이 든다. 아마도 에덴 동산이 이렇지 않았을까 싶다. 따라서 문자적으로만 본다면, 이사야서 65장 17절의 '새 하늘과 새 땅'과 20~25절의 내용들은, 서로 부합하지 않으며 상호 모순된다고 보여진다. 하지만 '새 하늘과 새 땅'을, 그 시대 유대인들의 눈높이에 맞추어 은유적으로 표현한 것으로 본다면, 이해하지 못할 바는 아니다. 무엇보다도 '새 하늘과 새 땅'이라고 분명하게 명시되어 있다.

결론적으로 이사야서의 이 본문에 대한 해석은 확정적이지 않으며, 따라서 천년 왕국이든 '새 하늘과 새 땅'이든 확실한 근거로 사용되기에는 부족하다고 생각한다. 하나의 비유적 표현으로 보는 것이 합리적일 것 같다.(무엇에 대한 비유냐 하는 것은 여전히 논란이 계속되겠지만)

천년 왕국이 신학적으로 어떤 의미를 가지고 있느냐를 밝히는 것은 이 책의 서술 목적이 아니다. 그럴 수 있을 만큼 충분한 자료를 확보하고 있는 것도 아니다. 다만 여기서 분명히 말할 수 있는 것은, 세대주의 전천년설을 보면 어딘가 작위적이고 부자연스러운 느낌이 든다는 점이다. 요한계시록을 본문으로 다른 성경의 일부를 참조하여, 이토록 복잡하고도 정교한 스토리를 정확하게 도출해 낼 수 있다는 것이 놀라울 정도이다. 하지만 요한계시록뿐 아니라 성경 어디를 보아도 이렇게 세부적인 계획을 읽어 낼 만한 근거를 찾을 길이 없다. (상상력의 산물인가 아니면 특별한 계시의 결과인가?)

아마도 다른 어떤 필요성(이스라엘의 구원과 함께, '새 하늘과 새 땅'은 이스라엘을 중심으로 이루어져야 한다는 구약적 사고의 확정 편향이라는 필요성) 때문에 억지 주장을 펴는 것이 아닌지 의심스럽다. 그래서 주님의 재림을 두 번으로 나누고, 부활을 두 번 또는 세 번으로 나누고, 심판을 둘로 나누고, 마지막 전쟁을 둘로 나누어서, 지극히 인간적인 각본과 연출로써 인간적인 소원의 본질을 드러내려는 것이 아닌가 한다.

천년 왕국이 천상의 일인가 아니면 지상에서의 일인가를 결정하는 것은 쉽지 않다.(이는 사실 세대주의 전천년설에만 해당하는 논란은 아니다.) 여러 주장이 있고, 각 주장마다 나름대로의 근거와 전통을 가지고 있기 때문에, 하나로 합의하기가 어려울 수밖에 없다. 그렇지만 수수께끼를 풀어 나가는 듯한 지금까지의 관점을 바꾸어서, '주님의 재림―죽은 자와 산 자들의 부활―마지막 심판―'새 하늘과 새 땅"의 과정을 하나의 전체로서 조망해 본다면, 죽은 자들의 부활과 마지막 심판 사이에 '사탄의 결박과 천년 왕국의 성립―사탄의 풀려남과 마지막 전쟁'이 삽입된다는 것은 심히 이상한 일이 아닐 수 없다.

사탄이 결박당하는 것은 이해할 수 있다. 그런데 천 년 후에 다시 놓여남으로써 또 싸움이 벌어진다는 것은 이해할 수 없는 일이다. 주님의 재림과 함께 죽은 자들과 산 자들이 모두 부활했는데, 이미 재림하신 주님의 다스림에 무슨 헛점이라도 있다는 것인가? 재림하신 주님의 통치가 아직도 완전하지 않다는 말인가? 완전히 준비가 되어 있지 않은 상태로 주님께서 재림하셨다는 말인가? '주님의 재림―죽은 자들의 부활―마지막 심판―'새 하늘과 새 땅"의 과정은, 나뉘어질 수 없는 오직 한 과정으로 이해하는 것이 마땅하다. ('사탄의 결박과 천년 왕국의 성립―사탄의 풀려남과 마지막 전쟁'에 대한 세부적인 해석은 신학자들에게 맡긴다.)

세대주의적 전천년설은 주님의 재림을, 완결이 아니라 하나의 요식 행위처럼 폄하시킬 우려가 있다. 주님의 재림은 여러 과정 중의 하나가 아니다. 주님의 재림은 하나님의 구속 역사의 완결이며 '이미와 아직' 사이에 있던 하나님 나라의 완성이다. 그래서 죽은 자와 산 자가 최종적으로 모두 한번에 부활한 것이 아닌가? 완전한 세상과 완전한 삶은, 부활하고 난 다음에도 한참을 기다려야 한다고 말한다면, 뭔가 맥이 풀리면서 어리둥절해지는 것 같은 기분이 든다. 뭔가 좀 속은 것 같은……. 마치 놀림을 당한 것 같은…….

주님께서 재림하시고 죽었던 자들이 모두 일시에 다시 살아난다는 것은, 그 자체로 이미 온 세상의 물리적 법칙과 우주 질서가 바뀌었다는 것을 의미한다. 다시 말해서 벌써 '새 하늘과 새 땅'이 임한 것이다. '새 하늘과 새 땅'을 위하여 다른 중간 과정이 더 필요하지 않다.

지금 세상에서는 죽은 자가 다시 살아나는 것을 기적이라고 하지만, 그 때 세상에서는 만약 사람이 죽으면 그것을 가리켜 기적이라고 말할 것이다. 죽었던 모든 사람들이 일시에 다 살아난다는 것은, 부활 세상에서는 그것이 자연스러운 현상이기 때문이다. 당연히 하나님께서는 세상의 물리적 법칙과 우주 질서를 바꾸지 않고도 죽었던 모든 사람들을 강권적으로 다시 살리실 수 있지만, 그렇게 하시지 않는다. 하나님의 자녀인 우리(나)를 위해 그리 하신다.

덧붙여서, 현실로서의 천년 왕국을 인정할 수 없는 근거로, 천

년 왕국과 불가분의 관계에 있는 사탄의 결박에 대해서 살펴보도록 하자.

사탄의 결박

개혁주의 신학은 일반적으로 주님의 초림부터 재림까지의 기간 동안 하늘에서 천년 왕국이 이루어진다고 본다. (하늘에 이루어진 천년 왕국은 당연히 이 땅의 현실에도 지대한 영향을 미친다.) 그리고 그 기간 동안 사탄은 무저갱에 갇혀 있게 된다. 나름대로의 방식으로 그것을 논증해 보고자 한다.

천년 왕국이 이루어졌기 때문에 사탄이 무저갱에 갇힌 것인지, 사탄이 무저갱에 갇혔기 때문에 천년 왕국이 성립될 수 있었던 것인지는 몰라도, 어쨌든 사탄의 활동과 영향력의 과다(過多)는 주님의 존재 및 활동과 밀접한 관련이 있는 것이 분명해 보인다. 나로서는 주님의 초림에서부터 재림 직전까지 사탄이 결박당했다는 사실을 신학적으로 증명할 방법이 마땅치 않지만, 그러나 만약 그런 주장이 사실이라면, 그에 부합하는 어떤 사례들, 즉 주님의 초림 이전과 이후에 사탄의 역사에서 어떤 변화와 차별점을 찾을 수 있으리라고 생각한다.

주님의 부활 이후 짧은 기간 동안 기독교는 자신들을 핍박하던 로마 제국을 거꾸로 정복하여 지배하게 되었고, 그야말로 세상 끝에까지 전파되었다. 역사적 결과만을 놓고 본다면 천년 왕국이라고 불러도 무리가 없을 것 같고, 사탄이 결박당했기 때문에 가능한 일이었다고 볼 수도 있겠다. (물론 많은 오류와 잘못이 있었음을 인정할 수밖에 없겠으나, 더욱 주목해야 할 것은, 그러한 오류와 잘못이 지금도 반복되고 있지는 않은가에 대한 의구심이다.)

사탄이 결박당해 있는 동안(?) 기독교는 온 세상에 전파되었다. 그러다가 주님께서 재림하시기 직전에 사탄이 잠시 놓여나게 되는데, 그 때 대환난과 대박해와 대배교와 대추수가 이루어진다는 것이다. 사탄이 무저갱에 결박되어 있다는 말은 아마도 비유적인 표현으로 보는 게 맞을 것이다. 다른 말로 표현하자면 주님의 권세, 성령의 권세에 억눌려서 제대로 자기 힘을 다 발휘하지 못하고 있다 하여도 될 것 같다. 사탄은 주님의 이름 앞에서는 꼼짝도 하지 못하며, 그 외 다른 이름을 가지고는 제어할 수 없다.

(사도행전 19장 11~16절)
하나님이 바울의 손으로 놀라운 능력을 행하게 하시니
심지어 사람들이 바울의 몸에서 손수건이나 앞치마를

가져다가 병든 사람에게 얹으면 그 병이 떠나고 악귀도 나가더라

이에 돌아다니며 마술하는 어떤 유대인들이 시험삼아 악귀 들린 자들에게 주 예수의 이름을 불러 말하되 내가 바울이 전파하는 예수를 의지하여 너희에게 명하노라 하더라

유대의 한 제사장 스게와의 일곱 아들도 이 일을 행하더니

악귀가 대답하여 이르되 내가 예수도 알고 바울도 알거니와 너희는 누구냐 하며

악귀 들린 사람이 그들에게 뛰어올라 눌러 이기니 그들이 상하여 벗은 몸으로 그 집에서 도망하는지라

주님께서 활동하시던 때부터, 예수의 이름으로 성령의 권능으로 사탄의 권세를 억제할 수 있게 된 것은 분명한 사실이다. 이제 성도라면 누구든지 "나사렛 예수의 이름으로 명하노니"라고 선포할 수 있게 되었다. "나사렛 예수의 이름"이 과연 힘을 발휘하느냐에 대하여 의구심을 느낀다면 굳이 이 글을 읽을 필요가 없을 것이다. 과연 지금도 사도행전 시대와 같은 성령의 역사가 일어나고 있느냐 없느냐 하는 논란에 개입하고 싶은 생각은 아주 없지만, 다만 성령의 역사가 그쳤다는 아무 근거도 성경에서 찾아 볼 수 없는이상, 속단하는 것은 섣부른 판단이라고 생각한

다. 예를 들어 빈도가 줄었다든지 강도가 약해졌다든지, 그렇게 말한다면 수긍이 갈 수 있겠지만, 아예 그쳤다고 주장한다면 그건 독선(獨善)일 뿐이다.

> *(요한복음 14장 12절)*
> *내가 진실로 진실로 너희에게 이르노니 나를 믿는 자는 내가 하는 일을 그도 할 것이요 또한 그보다 큰 일도 하리니 이는 내가 아버지께로 감이라*

이 말씀도 이젠 성령의 역사가 그쳤으니 효력이 없다고 한다면, 할 말이 없다. 그토록 많은 사람들이 성령의 역사를 경험했다고 증언하고 있는데 말이다. 적지 않은 부분에서 과장과 포장과 심지어 왜곡이 있을 수도 있겠지만, 모조리 다 거짓이라고 말한다면 그것은 직접 경험해 보지 못한 자의 오만에 지나지 않는다. 아무튼,

주님 이전과 이후 사탄의 역사에 어떤 변화가 있었느냐를 살펴볼 필요성은 충분하다 할 것이다. 주 예수의 이름으로 사탄의 권세를 제어하지 못했던 시기에, 사탄은 어느 정도까지 활동했었을까? 그 때는 사탄이 무저갱에 갇혀 있지 않았던 시기이다. 지금까지의 전제가 맞다면, 주님의 재림 직전 쯤에 사탄은 또한 주님의 초림 이전과 비슷한 정도로 활동할 것이다. 그래서 이른

바 7년 대환난 동안에는 주님 오시기 이전 시대처럼 사탄이 강력한 위세를 부릴 것이다. 더욱이 자신의 멸망을 알기 때문에 더욱!

예수님 오시기 이전 시대에는 사탄의 권세가 대단했던 것 같다. 사탄의 역사와 그에 맞선 하나님의 역사하심은 구약에 여러 차례 기록되어 있다. 주님께서 오시기 전, 사탄이 결박당하기 전에 강하게 역사했을 때는, 여호와 하나님께서 때때로 친히 현현하시고 개입하시고 역사하셨다. 노아의 홍수, 소돔과 고모라에 대한 심판, 출애굽 때의 열 가지 재앙, 아말렉과의 전투 때에 해가 지지 않도록 하신 것, 엘리야의 승천, 히스기야의 기도에 해시계가 10도 뒤로 물러가도록 하신 것, 앗수르 군대 15만 명을 일시에 진멸하신 것 등등!! 하나님께서 그냥 역사하신 것이 아니라, 사탄의 강력한 역사에 맞서서 역사하신 것으로 이해할 수 있다고 생각한다.

대표적인 사건으로, 바알 선지자 및 아세라 선지자들과 싸우는 엘리야의 경우를 들 수 있다. 주님의 오심과 시간적으로 너무 멀리 떨어진 사건이 아니냐고 할 수도 있겠지만, 기록되지 않은 사건이 기록된 사건보다 훨씬 많았을 것을 감안하면, 하나의 사례로 제시하지 못할 일은 아니라고 본다.

이 사건에서 한 가지 중요한 의문은, 850명의 바알 선지자들과 아세라 선지자들이 왜 엘리야의 도전을 받아들였느냐 하는 것이다. 이미 전세는 완전히 기울어 자신들의 승리가 거의 확정적이었을 텐데, 굳이 엘리야의 제안을 받아들일 이유가 없었을 것이기 때문이다. 그들은 왜 굳이 패배가 확실시되는 자의 도전을 수용했을까? 자신들의 압도적인 숫자의 우세를 믿었던 것인가, 아니면 아합과 이세벨의 강력한 지지에 의지했던 것인가?

내 생각에, 바알 선지자 450명과 아세라 선지자 400명이 엘리야의 도전을 받아들인 이유는, 압도적인 숫자의 우세와 아합 및 이세벨의 강력한 지지에 고무되기도 했겠지만, 무엇보다도 반드시 이길 자신이 있었기 때문이라고 본다. 그 외 다른 이유는 찾지 못하겠다. 가만히 내버려 두어도 저절로 몰락할 것이 분명해 보이는 엘리야 단 한 사람을 놓고 이 무슨 격에 맞지 않는 이벤트란 말인가? 요만큼이라도 잘못되면 비극적인 역전패를 당할 수도 있는 모험에 왜 뛰어드느냐 말이다.

바알과 아세라 선지자들은 자신들의 승리를 눈꼽 만큼도 의심하지 않았다. 그들이 그토록 승리를 자신했던 이유는, 압도적인 숫자의 우세와 아합 왕의 강력한 지지 외에도, 평소 그들이 보아 오면서 경험했던 자신들의 신 바알의 역사와 능력에 대한 믿음 때문이었을 것이다. 그들 역시 자신들만의 영적 체험, 즉 바알 경험을 통하여 나름대로 확신의 체계를 구축하고 있었을 것으로 추정된다. 이런 확신은 이론이나 설득으로는 얻어질 수 없는 종류의 것이다. 그들이 여러 차례 목격했던 바알 신의 능력이라면, 하늘에서 불을 내려 제물을 불태우는 것 정도는 쉽사리 해치울 것이 분명하다고 여겼을 것이다. 물론 엘리야 역시 자신의 승리를 확고히 믿고 있었다.

갈멜산에서의 대회전(大會戰)은 승리를 확신하는 양 진영 사이에서 이루어졌다. 한쪽은 엘리야 단 한 사람, 다른 쪽은 850명의 바알과 아세라 선지자들! 결과만을 놓고 본다면, 왜 바알 신은 평소와 다르게 침묵했던 것일까? 왜 그는 자신의 추종자들의 신뢰를 배반할 수밖에 없었던 것일까? 결론부터 미리 말한다면, 그것은 아마도 그 자신 역시 피조물에 불과하므로, 홀로라면 하늘에서 불을 내려 제물을 불태우는 정도는 얼마든지 행할 수 있었겠지만, 하나님의 임재 앞에서는 감히 아무 것도 행할 수 없었을 것이다. 나는 그랬으리라고 짐작한다. 하나님의 역사 뒤에서, 사탄의 역사의 가능성을 충분히 엿볼 수 있는 대목이다.

주님께서 이 땅에 오심을 전후하여, (하나님이든 사탄이든) 하늘에서 불이 내려와 제물을 불태웠다는 이야기를 들어 본 적이 없는 것 같다. 하지만 알렉산더 대왕 이후로, 안개가 낀 것처럼 불투명하게 보이던 역사가 비교적 명확하게 보여지는 듯한 느낌이 드는데, 그 이전까지의 시대에 어떤 일들이 있었는지는 상세하게 알 수가 없다. 다만 사탄이 하늘에서 불을 내려오게 하는 일도 충분히 있을 수 있었다고 나는 생각한다.

그런데 주님께서 재림하시기 전 마지막 때에는 다시 그런 일이 있을 것이라고 요한계시록은 기록하고 있다.

> (요한계시록 13장 13~14절)
> 큰 이적을 행하되 심지어 사람들 앞에서 불이 하늘로부터 땅에 내려오게 하고
> 짐승 앞에서 받은 바 이적을 행함으로 땅에 거하는 자들을 미혹하며 땅에 거하는 자들에게 이르기를 칼에 상하였다가 살아난 짐승을 위하여 우상을 만들라 하더라

여기서 사도 요한은 "심지어"라는 단어를 사용했다. 이 단어는 헬라어에서나 한국어에서나 '놀랍다', '믿기 어렵다', '예상을 뛰어넘는다'는 의미를 내포하고 있다. 다시 말해서 사도 요한 역시 이런 일을 경험하지도 들어 보지도 못했음을 암시한다. 주님의 사역과 부활 이후 결박되어 있던 사탄이 일시적으로 풀려나지 않았다면 불가능한 일이 아닐까 유추해 본다.

아무튼 지금은 아직 사탄이 결박되어 있는 시기이다. 그리고 이 주장이 맞다면, 사탄이 결박되어 있는 동안이 아니면 우리가

할 수 없는 일이 있을 것이다. 사탄의 결박이 풀리고 나면 하기 어려운 그런 일 말이다. 살아 있는 자로서 주님의 재림을 맞기를 기대한다면, (그 전에 죽어서 대환난을 거치지 않고 그냥 부활하기를 바라는 사람들도 있을 수 있겠지만) 주님께서 언제 오시든 준비하는 심정으로 오늘을 살아 내는 것이 그리스도인의 본분이 아닌가 한다.

이렇게 '주님의 재림—죽은 자 및 산 자들의 부활—마지막 심판—'새 하늘과 새 땅"은, 어떤 다른 어떤 요소나 사건의 개입 또는 과정의 삽입 없이 한 가지로 연결되는 것이 자연스럽다. 이를 앞 장에서 말했던 죽음—천국(천당)—부활과 다시 연결해 보면, 결국 '한 사람의 죽음—천국(천당)—주님의 재림—죽은 자 및 산 자들의 부활—마지막 심판—'새 하늘과 새 땅"은, 하나로 연결되어 있는 한 과정이요 거의 동시에 일어나는 일련의 사건이라고 결론 내릴 수 있게 된다.

그러므로 부활은 먼 장래의 일이 아니라 '나'의 죽음과 동시에 일어나는 일이며, '새 하늘과 새 땅' 역시 그러하다. 그렇게 볼 때, '내'가 죽으면 바로 새로운 세상에서 새로운 존재로 부활하여 영생을 누리는 것, 그것이 하나님께서 각각의 '나'를 위하여 예비해 놓으신 구원의 완성이요 기나긴 구속 역사의 끝마침이 되는 것이다. 그런 은혜를 '나'에게 허락하신 하나님이, '나'의 육신의 삶에 개입하시고 간섭하시고 섭리하시지 않는다는 것은 상상할 수 없는 일이다.

'새 하늘과 새 땅'

그러면 '새 하늘과 새 땅'은 구체적으로 어떤 세상일까?

먼저, 지금 세상은 첫 사람 아담의 범죄함으로 인하여 타락하고 부패한 세상이 되었다고 했다. 타락하고 부패했다는 것은 무엇을 말함인가? 나는 이렇게 이해한다. 타락했다는 것은 곧 이기심이 최고로 발현되었다는 뜻이다. 사탄이 하와를 유혹한 말의 초점 자체가, 하나님처럼 높아지고 싶은 마음 곧 이기심에 맞추어져 있다. 그런데 이기심이란 자신의 결핍을 채우려는 욕구를 의미한다. 그렇게 보면 지금은 이 세상 자체가 온통 결핍으로 가득 차 있다. 나의 결핍만 절실하고 타자의 결핍은 전혀 공감이 되지 않는 그런 결핍 말이다.

인간의 몸을 구성하는 세포는 영원하지 않으므로, 끊임 없이 분열을 거듭하여 수를 늘려 감으로써 자신을 유지·보존하지 않으면 안 된다. 따라서 소멸하는 세포보다 생성되는 세포가 많으면 성장하는 것이고 생성되는 세포보다 소멸하는 세포가 많으면 노쇠하는 것이다. 그런데 영양분의 공급과 균형에 따라 세포의 소멸과 생성의 주기를, 완전히는 아니지만 부분적이나마 조정할 수 있게 되었으므로, 이 시대에 영양분을 충분히 섭취하는 것은 건강하게 오랫 동안 생존하는 데 필수적인 요소가 된다.

사람의 몸은 생존을 위한 영양분을 스스로 생성해 내지 못한다. 따라서 자기 생명을 유지해 나가기 위해서는 반드시 외부로부터의 유입을 필요로 하게 마련이다. 외부에서 유입된 양식을 섭취하여 위와 장을 지나는 동안 소화를 시키면, 영양분은 혈관을 통하여 온 몸으로 공급되고, 남은 찌꺼기는 배설을 통하여 밖으로 배출된다. 그런 과정을 우리는 죽을 때까지 반복하는 것이다. 그리고 그 과정을 일정 기간이 지나도록 중단하면 우리 몸은 죽음을 맞게 된다.

이는 사람의 기본적인 생존 방식인데, 이 생존 방식은 인간의 삶이 집단화되면서 차츰 꼭 필요하지 않은 부분들에까지 확장되게 되었다. 자신의 결핍을 외부로부터의 유입을 통해 채울 수밖에 없는 존재인 인간이, 이제는 자신의 결핍을 자연이 아니라 다른 사람의 소유를 빼앗아 옴으로써 채우려 하게 되었다. 이른바 약육강식의 원리가 지배하는 세상이 도래한 것이다. 자원을 빼앗긴 존재 역시 외부로부터의 유입에 의존하여 살아 갈 수밖에 없는 존재인이상 이제 더 많은 자원을 차지하기 위한 갈등과 다

툼은 하나의 일반 원리로서 자리잡게 되었다.

　사실 이러한 일반 원리는 인간에게 국한된 것이 아니라 우주 전체의 원리라고 할 수 있다. 강한 짐승이 약한 짐승을 잡아먹는 것이야 익히 아는 바와 같지만, 알고 보면 식물들도 예외가 아니다. 큰 나무가 작은 나무의 몫까지 수분과 영영분을 흡수해 버림으로써, 큰 나무 밑에서는 작은 나무가 자라지 못하고 고사(枯死)하게 된다. 관찰의 범위를 아주 넓혀서 잘 살펴보면 별들도 서로를 잡아먹는다.(아주 오랜 시간에 걸쳐 이루어지는 것이기는 하지만) 큰 별이 점점 더 커져서 가까운 곳에 있는 작은 별까지 삼켜 버리는 것이다.

　인간 세상이 그렇게 된 것은 이미 오래 되었지만, 문명화되었다는 지금도 역시 마찬가지이다. 매년 영양 실조로 죽는 사람이 2천~3천 만 명에 이른다고 하는데, 식량 생산이 그토록 부족한가? 그렇지 않다고 한다. 굶어 죽는 사람들이 많은 것은 식량이 부족해서라기보다는 일부 국가들이 식량을 과점하여 분배가 제대로 이루어지지 않기 때문이라는 것이다.(식량뿐 아니라 모든 자원이 다 같은 상황이다.) 이른바 먼저 발전을 이룬 국가들이 자본과 자원을 독점함으로써 후진국들은 저개발과 상습적인 결핍에서 영원히 빠져나오지 못하게 된다. 식량 부족은 그 결과로서의 한 현상일 뿐이다.

물론 이렇게 된 데는 그렇게 될 수밖에 없는 환경과 질서의 법칙이 자리잡고 있다. 아담과 하와의 타락 이후 이 세상은 저주를 받아, 이기심에 기초해서 살아 갈 수밖에 없는 그런 세상이 되었다. 만약 그런 세상이 된 것이 하나님의 뜻이냐고 묻는다면, 나는 이렇게 대답하고 싶다. 하나님의 뜻은, 하나님을 사랑하고 사람을 사랑하라는 하나님의 명령이라고. 사랑이 무엇인가? 사랑이란 그런 어쩔 수 없는 이기심에, 저항하는 것을 의미한다. 그것이 이러한 세상을 만드신 하나님의 뜻이다. 이기심에 기초하지 않고서는 생존할 수 없는 세상에서, 이기심에 저항하면서 살라는 것이다. 물론 영원히 그렇게 살라는 게 아니다. 잠시 후면 주님의 재림과 함께 '새 하늘과 새 땅'이 이루어질 테니까.

'새 하늘과 새 땅'에서는 죽음이 없다고 하였다. 죽음이란 기본적으로 완전한 결핍을 의미한다. 보충 불가능한 결핍의 상태가 죽음이다. 죽음이 없다고 했으니 결핍이 없는 세상, 그것이 바로 '새 하늘과 새 땅'이다. 부패하고 타락하여 결핍으로 가득했던 세상이 새로워지면 이기심도 사라질 것이다. 그러면 다툼과 갈등이 없어지고, 경쟁이 없어지고, '더 많이 더 높이 더 크게'라는 기준이 없어지고, 미움이 없어지고, 사랑(전에는 노력해야만 얻을 수 있는 사랑이었지만 이제는 아무런 제한이 없는 사랑)만 있는 세상이 온다는 것이다.

도대체 죽음이 없다는 것은 무엇이고 영원히 산다는 것은 또 어떤 의미일까? 죽음이 없으니 당연히 질병과 노쇠가 없을 것이다. 또한 사고가 없고, 배고픔이나 결핍이 없고, 낡아짐과 소모됨이 없을 터이다. 그런 세상을 상상할 수 있겠는가? 지금까지 살아 온 우리 삶의 경험으로는 도무지 이해할 수 없는 그런 세상은 과연 어떤 세상일 것인가?

한 가지 분명히 알 수 있는 것은, 지금 우리가 살고 있는 이 세상과는 전혀 다른 세상이라는 것이다. 이 세상의 물리 법칙과 우주 질서와는 전혀 다른 물리 법칙과 우주 질서가 지배하는 세상이다. 이 세상에서는 모든 존재가 계속 낡아지고 소모되어서 결국은 소멸해 버리는 것이 자연스러운 일이었다. 그러나 '새 하늘과 새 땅'에서는 모든 존재가 계속 낡아지고 소모되어서 결국은 사라져 버리는 것이 (혹시라도 그런 일이 있을 수 있다면) 매우 부자연스러운 일이며, 오히려 모든 존재가 영원히 낡아지거나 소모되지 않고 계속 존재하는 것이 자연스러운 일이 될 것이다.

부활도 마찬가지라고 생각된다. 주님께서 부활하시고 승천하신 것이나, 에녹과 엘리야가 죽음을 맛보지 않고 하늘로 올려진 것은, 이 세상 질서 가운데 일어난 일이었다. 하나님의 권능이 이 세상의 물리 법칙과 우주 질서를 거슬러서 역사하신 결과라고 본다. 하지만 지금까지 죽었던 모든 사람들이, 아마도 천억대의 사람들이, 일시에 부활하는 경우라면 어떻게 될까? 물론 우리 하나님께서는 그런 경우에도 역시 일반적인 물리 법칙과 우주 질서를 거슬러서 초월적인 권능을 행사하실 수 있다고 믿는다. 그러나 굳이 그렇게 하실 필요가 있을까? 이미 '새 하늘과 새 땅'을 말씀하셨는데 굳이 그럴 필요가 있겠는가?

주님께서 재림하시고 천억대의 모든 사람들이 일시에 부활했다는 것은 벌써 '새 하늘과 새 땅'이 도래했다는 증거라고 판단된다. 이미 '새 하늘과 새 땅'이 이루어졌는데, 무슨 그보다 더 낮은 수준의 천년 왕국이며, 사탄의 재발호며, 또 다른 전쟁이란 말인가? 그러므로 주님의 재림과, 모든 죽은 사람의 부활과(산 사람의 부활체로의 변화를 포함하여), 마지막 흰 보좌 심판과, '새 하늘과 새 땅'은, 하나로 묶여져야 할 일이지 따로 나뉘어질 일이 아니다.

이른바 7년 대환난이 포함된 심판은 이 시대(인류 역사상 지금까지 있었던 모든 시대를 포함하여)와 인류 역사에 대한 심판이라고 할 수 있다. 반면에 마지막 흰 보좌의 심판은 시대를 막론하고 존재했던 모든 사람들 각각에 대한 심판이다. 또한 각 사람에 대한 심판일 뿐 아니라 부패하고 타락한 인간 본성에 대한 심판이며, 타락한 천사들에 대한 심판이며, 기존의 인과율과 시공간에 대한 심판이며, 그것들을 가능하게 했던 물리적 법칙과 우주 질서에 대한 심판이며, 모든 존재함에 대한 심판이다. 그 심판이 완성됨과 동시에 '새 하늘과 새 땅'이 시작되는 것이다.

'새 하늘과 새 땅'을 에덴 동산과 비교하는 사람들이 많은 것 같은데, 에덴 동산보다 훨씬 더 수준이 높은 완전한 세상일 것으로 추측해 볼 수 있다. 먼저, 에덴 동산에서는 영생이 없었다. 다시 말해 죽음이 있었다.

(창세기 3장 22~24절)
여호와 하나님이 이르시되 보라 이 사람이 선악을 아는 일에 우리 중 하나 같이 되었으니 그가 그의 손을 들어 생명 나무 열매도 따먹고 영생할까 하노라 하시고
여호와 하나님이 에덴 동산에서 그를 내보내어 그의 근원이 된 땅을 갈게 하시니라
이같이 하나님이 그 사람을 쫓아내시고 에덴 동산 동쪽에 그룹들과 두루 도는 불 칼을 두어 생명 나무의 길을 지키게 하시니라

하나님께서는, 선악과를 따 먹고 "선악을 아는 일에" 하나님같이 되어 버린 아담과 하와가, "생명나무 열매를 따 먹고 영생"하지 못하도록, "그룹들과 두루 도는 불 칼을 두어" 생명나무를 지키게 하셨다. 선악과를 따 먹고 난 뒤에야 생명나무를 지키게 하

신 이유가 무엇인지는 잘 알 수 없다. (선악을 분별할 줄 아는 것과 영생을 추구하는 것 사이에는 일정한 심리적 인과 관계가 있을 것 같기는 하다.)

이미 타락한 죄인으로서 영생을 누리는 것이 합당하지 않을 것은 분명해 보이지만, 타락하기 전에는 따 먹어도 된다는 뜻인지 아니면 타락하기 전에는 따 먹으려고 하지 않았을 것이라는 의미인지 분명하지 않다. 이는 단순한 자격의 문제가 아니라, 하나님께서 세우신 창조 세계의 질서와 관련된 문제일 것으로 생각된다. 아무튼 에덴 동산에는 처음부터 죽음이 있었고 영생이 없었다. 그러나 '새 하늘과 새 땅'에서는 죽음이 없고, 모든 사람이 영생을 누린다.

(요한계시록 22장 1~2절)
또 그가 수정 같이 맑은 생명수의 강을 내게 보이니 하나님과 및 어린 양의 보좌로부터 나와서
길 가운데로 흐르더라 강 좌우에 생명나무가 있어 열두 가지 열매를 맺되 달마다 그 열매를 맺고 그 나무 잎사귀들은 만국을 치료하기 위하여 있더라

이 본문에서는 생명나무의 열매가 금지되어 있지 않다는 사실을 분명히 알아 볼 수 있다. 오히려 영생을 위한 재료의 하나로서 "그 나무 잎사귀들"이 소개되고 있다. (치료의 필요성이 있다는 의미인지는 확실하지 않다.)

또한 에덴 동산에서는 잉태와 출산이 있었다.

(창세기 1장 27~28절)
하나님이 자기 형상 곧 하나님의 형상대로 사람을 창조하시되 남자와 여자를 창조하시고
하나님이 그들에게 복을 주시며 하나님이 그들에게 이르시되 생육하고 번성하여 땅에 충만하라, 땅을 정복하라, 바다의 물고기와 하늘의 새와 땅에 움직이는 모든 생물을 다스리라 하시니라

그러나 '새 하늘과 새 땅'에서는 잉태와 출산이 없다. 아마도 성 관계가 없어질지도 모른다. 출산을 전제로 하지 않는 성 관계가, 완성된 하나님 나라에 과연 필요할지 의문이다. 만약 그렇게 되는 것이라면, 그보다 비교할 수 없을 만큼 더 좋은 것이 주어질 것이라고 믿는다. 혹시, 아예 남녀 성별이 없어지려나? 하지만 부활의 몸은 지금 우리의 몸과 연속성이 있을 터인데, 만약 성별이 없어진다면 정체성에 문제가 생길 수 있기 때문에, 성별은 유지될 것으로 추측된다.

(누가복음 20장 34~36절)
예수께서 이르시되 이 세상의 자녀들은 장가도 가고 시집도 가되
저 세상과 및 죽은 자 가운데서 부활함을 얻기에 합당히 여김을 받은 자들은 장가 가고 시집 가는 일이 없으며
그들은 다시 죽을 수도 없나니 이는 천사와 동등이요 부활의 자녀로서 하나님의 자녀임이라

부활의 몸에 대해서는, 주님의 부활하신 몸을 참조하면 짐작할 수 있는 것들이 제법 있을 듯하다.

(요한1서 3장 2~3절)
사랑하는 자들아 우리가 지금은 하나님의 자녀라 장래에 어떻게 될지는 아직 나타나지 아니하였으나 그가 나타나시면 우리가 그와 같을 줄을 아는 것은 그의 참모습 그대로 볼 것이기 때문이니
주를 향하여 이 소망을 가진 자마다 그의 깨끗하심과 같이 자기를 깨끗하게 하느니라

(빌립보서 3장 20~21절)
그러나 우리의 시민권은 하늘에 있는지라 거기로부터

> *구원하는 자 곧 주 예수 그리스도를 기다리노니*
> *그는 만물을 자기에게 복종하게 하실 수 있는 자의 역사로 우리의 낮은 몸을 자기 영광의 몸의 형체와 같이 변하게 하시리라*

주님의 재림 때에는 우리도 그와 똑같은 몸을 갖게 된다. 주님은 문이 닫혔는데도 집 안으로 들어오셔서 음식을 잡수셨다고 했다. 즉, 벽을 그냥 통과하셨다는 것이니 공간의 제약을 받지 않는다는 의미로 읽을 수 있다. 승천하신 것도 그와 상관이 있을지 모르겠다. 순간 이동이 가능할지도 모른다. 그리고 공간의 제약을 받지 않는다는 것은 시간의 제약도 받지 않는다고 보는 게 맞기는 할 것 같은데……!! 그러니까 영생이겠지!?

음식을 드셨다고 했는데, 그러면 여전히 생명을 유지하기 위해 음식에 의존해야 하는 것인가? 그럴 리가 없으니, 음식은 안 먹을 수도 있고 먹을 수도 있는 것이 아닌가 한다. 다만, 생명을 유지하기 위해 음식을 먹는 것이 아니므로, 소화시킬 필요는 없을 것이다. 소화란, 섭취한 음식물로부터 영양분을 추출해 내기 위한 과정이라고 할 수 있는데, 그렇다면 배설도 없어질까? 소화 과정이 필요 없어졌으니까 자연히 배설도 없어지지 않을까 싶다(?) 그렇다면 소화 기관과 내장들도 다 필요가 없어지는데……! 예상하기 어려운 문제가 아닐 수 없다.

또한 새로운 육체는 결핍과 부족과 불만이 없을 뿐 아니라, 내면적으로 분노와 공격성이 없어지고, 게으름과 성급함이라는 단어가 없어질 것이고, 연약과 무능이라는 관념이 사라질 것이며, 무엇을 해도 피곤하지 않고, 낡아지지 않고, 늙지 않고, 질병이 없는 그런 육체일 것이다. 잠을 잘 필요도 없고 거울을 볼 필요도 없으며 그 자체로 완성된 완전한 육체를 하나님은 우리(나)에게 선물로 주시는 것이다.

'새 하늘과 새 땅'은 아무 것도 낡아지거나 소멸되지 않는 세상이므로, 이를 닦거나 머리를 감거나 목욕을 할 필요도 없으리라고 본다. 눈꼽이 끼지 않고 귀지가 생기지 않고 머리카락이 빠지지 않고 손발톱이 자라지 않고(?) 각질이 두꺼워지지 않고 피지가 떨어지지 않고 피부가 손상되거나 노화되지 않고 땀이 나지 않을 것이다. 장신구나 명품 백도 소용 없고, 육신의 정욕과 안목의 정욕과 이생의 자랑과 관련된 모든 외부 요소들이 의미를 상실하게 된다.

컴퓨터와 오디오, 자동차와 배와 비행기, 쇼핑몰과 병원과 공장, 미용실과 레스토랑, 여행사 등등등등이 필요 없어지거나 사라져 버리는 그런 세상이 되는 것인가? 그러면 집은 있나? 옷은 입고 사나? 직업은 어떻게 되나? 직업이 없어지고 자기 실현을 위한 취미만 남게 되는 건가? 뭐 이것 저것 따져 봐도 몇몇을 제외하고는 도무지 답이 나오지 않는다. 아무튼 먹고 살기 위한 모든 활동이 존속할 이유가 없어진다는 것이다.

그렇다면 동물들은 있을까? 이사야서를 보면 있을 것 같기는 한데, 있다면 그것들도 영생을 하는 것일까? 만약 있다면, 있는데 동물들만 죽는다, 사람은 영원히 죽지 않고? 그것도 참 부자연스럽다.

(로마서 8장 19~22절)
피조물이 고대하는 바는 하나님의 아들들이 나타나는 것이니
피조물이 허무한 데 굴복하는 것은 자기 뜻이 아니요 오직 굴복하게 하시는 이로 말미암음이라
그 바라는 것은 피조물도 썩어짐의 종 노릇 한 데서 해방되어 하나님의 자녀들의 영광의 자유에 이르는 것이니라
피조물이 다 이제까지 함께 탄식하며 함께 고통을 겪고 있는 것을 우리가 아느니라

이 본문을 보면 왠지 동물들도 (있다면) 죽지 않을 것 같다. 또한 '새 하늘과 새 땅'이 이루어질 때 사망도 음부와 함께 불못에 던져졌었다. 하지만 그렇다 해도 동물들은 영이 없으므로, 어디까지나 사람의 행복을 위한 보조적인 도구로서 존재하게 될 것이다. 다만, 육식은 없어지는 게 아닐까? 육식은 동물의 '사망'을 전제로 하는 것이니까!

아무튼 어떤 외부적인 요소들과 관련해서 더 만족스럽거나 더 불만스럽거나 하는 구분이 없을 것이며, 스스로 자족할 수 있고, 돈을 벌지 않아도 되고, 하기 싫은 일을 하지 않아도 되며, 아무도 침범하지 않고 아무에게서도 침범받지 않을 수 있으며, 어떤 모자람도 두려움도 아픔도 염려도 없이 항상 기뻐하며 즐거워할 수 있는 그런 세상이 '새 하늘과 새 땅'이라는 말이다. 천사에게 육체가 주어진 상태라고 보면 되지 않을까?

거기는 밤낮이 없고 어둠이 없고 해와 달이 없다고 했다. 당연히 더위와 추위가 없고 전기와 및 다른 동력들을 필요로 하지 않는 환경일 것으로 예상된다. 뿐만 아니라 그것이 사람이든 물건(물질)이든 또는 어떤 정신적·심리적인 요소이든, 다른 외부적인 유입과 보완을 일체 필요로 하지 않는, 그야말로 완전한 세상이 우리(나)에게 주어진다고 한다. 기대되는 일이 아닐 수 없다.

또 한 가지, 천국(천당)에는 공간이 없으므로 시간도 없다고 했지만, '새 하늘과 새 땅'에는 공간이 있으므로 시간도 있어야 할 것이다. 다만 '새 하늘과 새 땅'의 공간은 우리가 아는 공간과 전혀 다른 공간이기 때문에 시간도 전혀 다르게 이해해야 하는 것일지도 모른다. 아니면 아예 시간이 공간의 일부가 아닐 수도 있겠다. 그러므로 인과율 역시 완전히 새로운 인과율이 적용될 것 같다. 인과율이 없을 수는 없지만 지금의 세상에서 지금의 몸으로 감당하는 인과율과는 분명히 다를 것이다. 영적인 인과율이라고나 할까(?)

재림─부활─마지막 심판─'새 하늘과 새 땅'

종말의 때에 대한 어떤 그럴 듯한 이야기라도 다음 기준에 부합되지 않으면 거짓일 가능성이 높다.

1. 부활은 '새 하늘과 새 땅'을 전제로 한다. 지금의 물리적 환경에서는 모든 자들의 부활이란 매우 부자연스럽다. 지금의 물리적 환경을 그대로 두고서도 주님은 부활하셨다가 승천하셨고, 에녹과 엘리야 역시 죽음을 맛보지 않고 승천하였다. 그러나 그것은 예외적인 사실로서 하나님의 권능이 인과율을 초월하여 발휘된 사건이다. 그러나 1000억 명이 넘는 모든 사람이 한꺼번에 부활하는 것은 예외적인 사건이 아니라, 우주 질서의 근본적인 변화를 기반으로 하는 일반적인 사건이라고 보는 것이 타당하다. 다시 말해서 새로운 우주 질서 아래서는 어떤 존재도 죽을 수

가 없는 것이다. 그것이 바로 '새 하늘과 새 땅'이다.

2. '새 하늘과 새 땅'이 아직 실현되지 않은 지금의 우주 질서 아래서는 어떤 존재도 시공간의 한계, 육체의 한계, 인과율의 한계를 벗어날 수 없다. 그러므로 자기는 다 안다, 나(너)는 분명히 구원받았다, 나(너)는 분명히 14만 4천 가운데 (못)들었다는 말은 진실일 수 없다. 만약 그런 자가 있다면 그는, 비록 병을 낫게 하고 죽은 자를 살리고 하늘에서 불을 내려오게 한다 해도, 사탄 또는 사탄의 수하라고 보는 것이 맞다. 그런 이적을 행사하면 할수록 오히려 더 사탄에 가깝다.

3. 제시하는 주제가 이기심을 충족시키는 내용이라면 그것은 거짓이다. 주님의 재림은 아담 이후 타락하고 부패한 이 세상을 심판하시고 원래 하나님께서 의도한 세상으로 돌려놓으시기 위해서이다. 그리고 타락하고 부패한 세상의 가장 확실한 증거는 이기심이다. 그런데 그 이기심을 채워 주겠다고 한다면 그것은 거짓일 수밖에 없다. 너를 구원시켜 주겠다, 네가 사랑하는 누군가를 14만 4천에 들게 해 주겠다, 심판의 때에 환난을 피하게 해 주겠다 하는 것들이 그런 거짓에 해당한다.

4. 주님의 재림과, 모든 죽은 사람과 산 사람의 부활과, 마지막 흰 보좌 심판과, '새 하늘과 새 땅'을, 하나로 연결하지 못하고 따

로 나누어서, 긴 시간을 통하여 점진적으로 이루어지는 것처럼 이야기하는 것은, 그러므로 거짓이라고 말할 수 없을지는 몰라도 객관적인 판단이라고 보기도 어렵다. 어떤 선입견에 이끌린 결과가 아닌가 한다.

우리는 요한계시록의 내용들이 앞으로 일어날 일이라고만 생각하는 경향이 있지만, 어쩌면 시대마다 인생마다 반복되어 온 일일 수도 있지 않을까? 이른바 마지막 때의 대환난은, 미래의 어떤 시점에서 일어날 특정한 사건인가, 아니면 어느 시대에서든 주님의 길을 좇으며 그 분의 뜻을 따라 살아가는 인생길과 관련하여 일어날 수 있는 일반적인 사건인가? 특정한 사건인 동시에 일반적인 사건으로 보아야 하는 게 아닐까?

아무튼 오늘도 나는 부활과 영생을 꿈꾸며 주님 오시기를 기다린다. 삶이 힘들면 힘들수록 더욱 간절히 부활을 사모한다. 오, 주여! 어서 오시옵소서!!

"나라를 내게 맡기신 것 같이 나도 너희에게 맡겨"

내 아버지께서 나라를 내게 맡기신 것 같이 나도 너희에게 맡겨 너희로 내 나라에 있어 내 상에서 먹고 마시며 또는 보좌에 앉아 이스라엘 열두 지파를 다스리게 하려 하노라(눅 22: 29~30)

천국(하나님 나라)을 천국답게

얼마 전에 나는 주님을 만나 뵙고(?) 이런 질문을 드렸다.

"주여! 주님께서 맡기고 가신 우리의 천국(하나님 나라)이 왜 이 모양이 되었습니까?"

그랬더니 주님께서는 이렇게 대답하셨다.

"그래서, 내가 예수의 도를 가르치고, 나 자신의 몸을 희생함으로써 모범을 보여 주지 않았느냐?"

"왜 내가 가르쳐 준 대로, 보여 준 대로 살지 않느냐?"

"어찌하여 자기의 죄인 됨을 인지상정으로만 여기고, 나의 피로 용서해 준 것을 잊어버리고, 내 생명을 대신 바쳐 피흘림으로써 가까스로 너희에게 구원받을 기회를 주었더니, 너희는 그 희생의 사랑을 한낱 값 싼 동정심으로 바꾸어, 그저 불쌍한 사람을 보고 눈물을 흘리는 것으로 충분하다 하느냐?"

(누가복음 22장 28~30절)
너희는 나의 모든 시험 중에 항상 나와 함께 한 자들인즉
내 아버지께서 나라를 내게 맡기신 것 같이 나도 너희에게 맡겨
너희로 내 나라에 있어 내 상에서 먹고 마시며 또는 보좌에 앉아 이스라엘 열두 지파를 다스리게 하려 하노라

여기, 이렇게, 분명하게 기록되어 있다. 우리가 주님께 이 나라를 맡은 것은, 주님께서 하나님으로부터 이 나라를 맡았던 것과 동격이다. 주님의 시험 중에 주님과 함께 하지 않은 사람은 주님의 제자가 아니니 따질 필요가 없다. 또 열두 지파를 다스리고 싶지 않은 사람도 주님의 사람이 아니니 다른 설명을 덧붙일 필요가 없을 것이다. 다만 그리스도인이라 이름하는 사람이라면 누구든지 반드시 하나님 나라를 주님으로부터 맡은 사람임을 부인할 수 없다.

주님께서 승천하시면서 우리에게, 다시 오실 때까지, 이 천국을 이 하나님 나라를 계승하고 보존하고 발전시켜 나가라는 명령을 내리셨는데, 지금 이 모습을 보면 주님 재림하실 때 과연 뭐라고 말씀하실지 모르겠다. "이 악하고 게으른 종아" 하실 때 뭐라고 대답할 것인지 묻고 싶다. 나는 할 만큼 했다고 대답하면 과연 주님께서 인정해 주실 거라고 믿어도 되는 것일까? '할 만큼 했다'는 주장을 '빌라도의 고백'이라 부르고 싶다. 세상에서 가장 재수 없는(?) 사내 빌라도 말이다. 오늘날에도 일요일이면 지구상의 거의 모든 곳, 수백만 곳에서 암송되어지는 본디오 빌라도가 바로 그이다. 과연 그는 할 만큼 했다. 그랬는데도 이렇다.

(히브리서 12장 4절)
너희가 죄와 싸우되 아직 피흘리기까지는 대항하지 아니하고

주님 앞에서 '할 만큼 했다'는 고백은 성립되지 않는다. 어떤 경우이든, 살아 있는 한, 더 할 수 있는 여지가 항상 남아 있는 법이기 때문이다. 오늘날 이 세상의 천국이 이런 모양이 된 것은 물론 인간의 본성인 이기심 때문이다. 그런데 주님의 가르침은 인간 본연의 이기심을 부인하지 않는다. 주님의 가르침은 항상 그 이기심에도 불구하고, 그 이기심에 거슬러서, 그 이기심을 넘어서서, 타인을 (원수까지도) 사랑하고 그 사랑을 위해 자기를 내어 주고 희생하고 헌신하고 양보하라 가르친다. 피흘리기까지 그리 하라고 가르친다. 피흘리는 것은 잠시일 뿐이라고 가르친다. (그 잠시가 정말 괴로운 시간일 수도 있겠지만)

사람의 이기심과 그 이기심의 배경을 충분히 이해한다면, 예수를 믿지만 예수의 길로 행하지 못하는 더 큰 이유는, 사실 우리가 부활 신앙을 잃어버렸기 때문이라고 말할 수 있다. 우리(나)가 예수를 따르는 목적이 고작 죽어서 천국(천당) 가는 것이라 믿고, 이 육신의 삶에서 예수의 도를 제대로 실천하려 하지 않았기 때문이다. 아마도 우리는 연대 책임(連帶責任) 뒤에 숨어서 각자 자신의 책임감이 희석되는 것을 모른 체하고 있었던 것 같다. 그러므로 부활의 영광에 비한다면 이 땅에서의 부요한 삶이라는 것은, 괴로운 삶과 마찬가지로 잠시 잠간의 허상일 뿐, 그다지 가치가 없다는 사실을 인정할 수 있어야 한다.

천국을 천국답게 이루어 낸다는 것을, 무슨 거창하고 대단한 모양을 갖추어야 되는 것으로 생각하지 말라. 교회 생활만이 그 대상이라고 여기지 말라. 그저 인생의 모든 국면에서 자신의 이기심을 최소화하고 오직 주님의 가르침을 기억하라. 주님께서 나를 구원해 주신 것은 사실이지만, 그것이 주님의 제1목적이라고 생각하지 말라. 주님이 그리는 더 큰 그림을 이해하고 받아들이며 그에 주도적으로 참여하도록 노력하라. 언제 어디서든 자신이 그리스도인이라는 증거가 적어도 부끄럽지 않은 모양으로 드러나게 하라.

만약 우리가 부활을 생각하지 않는다면, 나의 삶에서 부활이 매우 임박해 있다는 사실을 믿지 않는다면, 지금의 이 삶을 잘, 아주 잘 살지 말아야 할 이유는 어디에도 없다. 그야말로 아무 것도 염려하지 말고 그저 잘~ 살면 된다. 잘 살다가, 천국(천당) 가면 그 곳에서 푹~ 쉬다가, 언제일지 모르지만, 길고 긴 2천 년 동안, 안 오셨는지 못 오셨는지 모르지만, 아주 먼 훗날 주님께서 오시면 그 때 부활하면 되지, 뭐 안 오셔도 크게 아쉽지는 않을 것 같기도 하고, 천국(천당)에는 혹시 거기 계시지 않을까? 그렇게 지금의 이 삶을 아주 잘 살려다 보니, 믿음의 원리가 아니라 이 세상의 원리에 충실할 수밖에 없게 되어 버렸다. 그리하여 믿지 않는 사람들과 하나도 다를 바 없는 삶을, 당연스레 살게 된 것으로 보인다.

그러나 우리가 천국(천당)이라고 말하는 곳은 우리의 목적지가 아니다. 그곳은 경유지에 지나지 않는다. 진짜 목적지는 부활의 삶이다. 천국(하나님 나라)은 죽어서 가는 나라가 아니라 살아서 실현하고 또 누리는 나라요, 우리는 그것을 위해 온 힘을 쏟아 예수의 삶을 따라 가야 한다. 지금의 삶은 예선에 불과하다. 진짜 삶, 본선은 부활의 삶이다. 따라서 예선을 소홀히 여기다가 통과하지 못하면 본선에는 진출할 수 없게 되는 게 당연하다. 믿는 자의 구원을 의심하지 말라. 그러나 자신의 구원을 지나치게 확신하지도 말라.

하나님께서는 우리에게 두 개의 생명을 허락하셨다. 따라서 우리는 두 번의 삶을 살게 되는데, 첫번째 생명은 유한하지만 두 번째 생명은 영원하다. 첫번째 삶은 결핍과 고통과 슬픔과 두려움과 질병과 죽음으로부터 자유로울 수 없다. 그러한 사실을 우리는 지금까지의 삶의 경험을 통하여 이미 잘 알고 있다. 그러나 두 번째 삶은 그렇지 않다. 그것은 결핍과 고통과 슬픔과 두려움이 없는 완전한 삶이다. 하나님께서는 그런 삶을 우리에게 허락하셨다.

구원을 위한 믿음

첫번째 삶은 어떤 식으로든 두 번째 삶에 영향을 미치게 된다. 잘 알려져 있는, '예수를 믿으면 구원을 받고 믿지 않으면 구원을 받지 못한다'는 지극히 단순하면서도 한편 강력한 이 구호 역시, 하나의 옵션을 충족시켜야 효력을 발생시킨다. 두 말할 필요도 없이 그 옵션은 믿음이다.

여기서 믿음이 무엇인가에 대하여, 앞에서도 짧게 언급하기는 했지만, 다시 한번 간단하게 언급해 보고 싶다. 일반적으로 신앙생활의 현실에서 우리의 믿음은 성경의 어떤 부분들이 믿어지느냐 안믿어지느냐에 집중하는 경향이 있는 것 같다. 그러나 기독교에서 말하는 믿음은 단순히 믿어진다 안 믿어진다의 문제를 아득히 넘어서는 것이라고 생각한다. 동정녀 탄생이 믿어지느냐 안 믿어지느냐, 오병이어의 기적이 믿어지느냐 안 믿어지느냐, 물 위를 걸었다는 기사가 믿어지느냐 안 믿어지느냐, 천국(천당)이 믿어지느냐 안 믿어지느냐, 부활이 믿어지느냐 안 믿어지느냐 하는 문제가 아니라는 말이다.

어린 아이들은 대부분 단순하고 쉽게 믿는다고들 말한다. 마땅히 그럴 것이라고 생각한다. 하지만 믿어지느냐 안 믿어지느냐의 믿음은 '정신 작용으로서의 믿음'이라고 정의할 수 있다. 어렸을 적에는 안 믿어져서 죄책감과 함께 지옥에 갈지도 모른다는 두려움에 사로잡힐 때가 많았다. 더 어렸을 적에는 믿고 안 믿고의 이전 단계로서, 뭐가 뭔지 잘 몰랐고, 잘 몰라도 아무런 의구심이나 위화감이 들지 않았었다. 그게 어른들의 눈에는 믿는 것으로 비쳐지는지도 모르겠다.

흔히 말하기를 어린 아이는 부모의 말을, 선생님의 말을, 목사님의 말을 무조건 믿는다고들 하는데, 내 경험으로는 그게 아닌 것 같다. 아이들은 믿는다기보다는 그저 아무 의심도 하지 않을 따름이다. 그게 그거 아니냐고 말하는 사람도 있을 수 있겠다. 그러나 분명히, 의심하지 않는 것과 믿는 것은 같지 않다.

내가 보기에 그리스도인의 믿음은 그래서는 안 될 것 같다. 물론 최종적으로는 정신 작용으로서의 믿음도 가질 수 있어야 하겠지만, 그렇기 때문에 잠정적으로는 정신 작용으로서의 믿음을 유보해 둘 수도 있다고 생각한다. 성품과 기질에 따라서 믿어질 수도 있고 안 믿어질 수도 있다. 지식 수준에 따라서도 누군가에게는 믿어지는 일이 누군가에게는 안 믿어질 수 있다. 같은 사람에게, 이 부분은 믿어지지만 저 부분은 믿어지지 않을 수도 있다. 그것을 무조건 믿음이 부족하기 때문에 안 믿어지는 것이라고 판단할 수는 없다고 본다.

(여기서부터는 나의 책 "기독교 인문학으로 기독교 다시 읽기"에서 일부 가져 와 조금 수정한 다음 재인용하기로 한다)

왜냐하면 믿음이란 본질적으로 누구(무엇)에 대한 믿음인가 하는 것이 중요하기 때문이다. 믿음의 내용이 중요한 것이 아니라 그 믿음의 대상이 누구(무엇)냐 하는 것이 문제라는 말이다. 믿음의 내용 자체는 선한 것일 수도 있고 악한 것일 수도 있지만, 그 믿음의 성립/불성립은 믿음의 대상이 어떻게 행동(반응)하느냐에 달려 있다.

믿음의 대상이 물리적 법칙 같은 것이라면, 좀처럼 깨어지지 않을 가능성이 높다고 할 수 있다. 적어도 새로운 법칙이 증명될 때까지는 효력이 지속될 것이기 때문이다. 만약 믿음의 대상이 어떤 객관적인 사실이나 그 사실에 대한 신념이라면, 그런 것들은 비교적 견고하기는 하지만, 때때로 주관적인 성격이나 취향에 따라 바뀔 수 있다는 것을 우리는 이미 알고 있다.

그러나 만약 믿음의 대상이 사람이라면 이야기의 차원이 달라진다. 사람에 대한 믿음처럼 깨어지기 쉬운 것이 또 있을까? 오죽하면 "열 길 물 속은 알아도 한 길 사람 속은 알 수 없다"는 말이 있겠는가? 그에 덧붙여, 자기 자신의 속도 모르겠거든 하물며 남의 속이야 말해서 무엇하랴! 그러니 어느 누가, 타인의 신뢰할 만한 믿음의 대상이 되어 줄 겨를이 있겠는가? 인류 역사상 오직 한 분, 예수 그리스도만이 그 일을 감당해 주셨(신)다고 나는 믿는다.

일반적으로 믿음은 그 기대치가 충족되지 않으면 성립할 수 없는 법이다. 그 말은 기대치가 충족되면 반드시 믿음이 성립된다는 의미이기도 하다. 믿음은 주체의 능력과는 아무 상관이 없다. 믿음은 오직 대상의 능력에 따라 좌우되는 것이며, 예수 그리스도는 믿음의 유일한 완전 대상이라고 할 수 있다. 그 분은 결단코 우리를 실망시키지 않으며, 배반하지 않으신다. 그러므로 선인이든지 악인이든지 누구든지 예수 그리스도를 믿을 수 있고, 구원받을 수 있다는 말이다.

그리스도인의 믿음이란 결국 예수 그리스도를 통하여 주시는, 나와 이 세상을 향한 하나님의 사랑에 대한 믿음이다. 그런데 하나님의 사랑에 대한 믿음은, 누구든지 하나님을 한번 경험해 보면 반드시 깨달을 수 있고, 언제나 반드시 믿음의 기대치가 충족될 수밖에 없는 것이라고 말할 수 있다. 왜냐하면 오직 하나님만이 전지전능하시고 완전하시기 때문이다. 그렇게 본다면, 예수를 믿지 못하는 것은, 아직 예수 그리스도를 통하여 주시는 하나님의 사랑을 경험하지 못했다는 뜻이다. 그것을 경험할 수 있다면 그 이후로는 성경의 기록들은 저절로 믿어지게 된다.

그러므로 믿음이란, 정신 작용으로서의 믿음도 중요하겠지만, 그보다 더 중요한 것은 믿어진다 안믿어진다의 차원을 넘어서서, 믿음의 대상을 이상화하거나 또는 믿음의 대상과 자신을 동일시하는(일반적으로 이상화나 동일시는 심리적 방어 기제로 취급되는 것이지만, 이 경우에는 대상이 실재로서의 완전 대상이므로, 믿음의 주체 또한 대상과 연합하여 구체적인 능력을 발휘하게 된다.) 과정을 통하여, 그 대상과 연합하는 것이다.

믿음의 대상을 따르다 보면, 그를 온전히 받아들이고 그 뜻에 철저히 순종하면서, 심지어 그 대상을 위하여 죽음에 대한 두려움조차 극복하는 지경에 이르게 된다. 그것이 기독교에서 말하는 믿음의 정체성이다. 아직 믿음이 없다면, 일단 예수를 믿음의 대상으로 설정해 보라. 반드시 경험하고, 반드시 깨닫게 되고, 반드시 성립되고, 반드시 구원받게 될 것이다.

사실 '오직 믿음으로 구원받는다'는 대원리는, 근본적으로 '믿음'을 강조하기 위해서라기보다는 '은혜'를 강조하기 위해 제시된 명제이다. 구원은 사람의 수고와 노력이 아니라 오직 하나님의 은혜로 되어지는 것이라는 의미이다. 따라서 믿음은 처음부터 행위의 대립 항목이 될 수 없다.

그러면 믿음(정신 작용으로서의 믿음을 포함하여)은 어디 쉬운 일이던가? 믿음이 자기 마음대로 되는 일인가? 아무리 수고하고 노력해도 안 되는 건 안 되는 거다. 억지로 믿을 수 없다는 말이다. 그러기에 "성령으로 아니하고는 누구든지 예수를 주시라 할 수 없"(고전 12: 3b)다고 하지 않았던가? 믿음 자체가 은혜로 주어지는 것이다.

그렇게 본다면, 구원을 위한 믿음에는 반드시 행함이 함께 할 수밖에 없음을 깨닫게 된다. 행함이 없는 믿음이란 상상할 수 없는 일이다. 믿음의 대상에 대한 사랑과 신뢰와 그의 뜻을 따르려는 마음과 그에게 인정받고 싶은 소망은, 믿음의 당연한 성립 조건이 되기 때문이다. 따라서 구원을 위한 믿음과 정신 작용으로서의 믿음을 구분한 것 같이, 율법으로서의 행위와 믿음의 행위를 구분하면, 믿음과 행위의 관계에서 혼동에 빠질 이유가 없다. 그뿐 아니라 하나님께서는 그 실천의 기본 원리를 이미 제시해 주셨다.

> *(마태복음 25장 45~46절)*
> *이에 임금이 대답하여 이르시되 내가 진실로 너희에게 이르노니 이 지극히 작은 자 하나에게 하지 아니한 것이 곧 내게 하지 아니한 것이니라 하시리니*
> *그들은 영벌에, 의인들은 영생에 들어가리라 하시니라*

"이 지극히 작은 자 하나에게 하지 아니한 것이 곧 내게 하지 아니한 것이"라는 말씀은 매우 중요한 의미를 내포하고 있다. 왜 하나님은 그 "지극히 작은 자 하나에게" 직접 하시지 않고 우리(나)에게 하라고 시키시는가? 하나님은 무소부재하시고, 전지전능하시며, 천지 만물을 다 창조하셨고, 온 우주가 다 그 분의 소유이다. 그런 하나님이 직접 하시면 더 효과적이고 더 완전하고 더 강력하지 않겠는가? 그런데 하나님은 직접 하시지 않고 당신의 자녀들에게 시키시기를 더 좋아하신다. 그것이 하나님께서 제정하신 믿음대로 행하는 자들을 위한 최고 법률이다.

일반적으로 법률은 반드시 지켜져야 하며, 그 위엄이 훼손되어서는 안 된다. 법률을 지키지 않는 사람은 이른바 범법자로서

처벌의 대상이 된다. 법률, 율법, 원칙, 규칙 모두 구체성에서 차이가 있겠지만 원리상 동일한 것이라고 본다. 그런데 한 가지 꼭 기억해야 할 것이 있다. 그것은, 법률은 헌법의 하위 개념이라는 점이다. 그래서 우리 사는 이 사회에서는, 잘못된 법률이라도 헌법 재판소에 정식으로 소원을 제기하여 위헌 판단이 내려지기 전까지는 존중되어야 한다고 말한다. 그리고 위헌 판단 또한 10년 전에는 위헌이었지만 지금은 합헌이 되기도 하고, 그 반대도 성립될 수 있다. 때로는 헌법 재판관들의 면면에 따라서 다른 판단이 내려지기도 한다.

그러나 하나님의 법은 그렇지 않다. 세상에 존재하고 또 존재할 수 있는 모든 법률(헌법 포함), 율법, 원칙, 규칙의 최상위 규정인 하나님의 법은, 법조문이 아니라 심령에 새겨진 성령의 법이기 때문이다. 따라서 하나님의 법에 어긋나는 모든 교회법과 관행들은 즉각 폐기됨이 마땅하다. 그리스도인 개인 개인들 역시 다르지 않다. 하나님의 법은 멀리 있고, 자신들의 편의와 이익은 눈 앞에 있다. 그러나 하나님의 법은, 사실은, 자기 유익보다 더 가까운 곳에 자리하고 있다는 것을 잊어서는 안 된다.

오늘날 이 하나님의 최고 법에 어긋나는 법칙들이 우리 기독교 공동체 안에 얼마나 많은지 셀 수 없을 지경이다. 누구는 알면서도 자기 편익을 위해서, 누구는 몰라서, 누구는 관심이 없어서, 누구는 알고 싶지 않아서 하나님의 법을 위반하고 있다. 지금은 후기 자본주의 끝판왕의 시대이다. 시대 자체가 바벨론 상인들의 정신으로 무장하고 있는 가운데, 우리 기독교와 교회도 이런 시대 정신에 사로잡혀서, 그냥 빛과 소금이 아니라 충분히 밝은 빛과 충분히 짠 소금이어야 할 우리가, 간신히 꺼지지 않은 빛과 겨우 짠 기미만 느낄 수 있는 소금으로 만족하면서 스스로를 합리화시키고 있는 상황이다. 그나마 유지하고 보존할 수라도 있다면 다행이지만, 이건 도무지 빛인지 어둠인지, 소금인지 설탕인지 알 수가 없다.

예를 들어 나에게 여윳돈 100만 원이 있다고 치자. 누군가 100만원을 빌려 달라고 했을 때 가진 게 없어 빌려 줄 수 없다고 말한다면, 그것은 "지극히 작은 자 하나에게 하지 아니한 것이"다. 따라서 "곧 내게(하나님께) 하지 아니한 것이" 된다. 100만 원을 가지고 있지만 50만 원밖에 없다 말하고 50만 원을 빌려 준다면, 충분히 '한' 것은 아니지만 아주 안 '한' 것보다는 낫다고 할 수 있겠다. 그러나 다른 사람에 꾸어서까지 빌려 주는 사람이 있다면, 그 사람이야말로 주님 예수의 길로 행하는 사람이라고 할 수 있을 것이다. 물론 맥락에 따라, 대상에 따라, 관계에 따라, 명분에 따라, 신뢰도에 따라, 호감도에 따라, 능력에 따라 여러 변수와 변화가 있을 수 있겠지만, 어떤 경우든 그 근본적인 취지에는 변개(變改)가 있을 수 없다.

주님 예수의 원리

> *(마태복음 5장 41~42절)*
> *또 누구든지 너로 억지로 오 리를 가게 하거든 그 사람과 십 리를 동행하고*
> *네게 구하는 자에게 주며 네게 꾸고자 하는 자에게 거절하지 말라*

우리가 지키고 따라야 할 단 한 가지 원리는 (여러 가지 방식으로 표현할 수 있겠지만) 주님 예수의 원리이다. 그 분의 가르침을 따르고 그 분의 길로 행하는 것만이 그리스도인의 유일한 대원칙이다. 주님 예수의 길로 행하기 위해서는 먼저 그 분을 알고, 그 분을 닮아 가기로 결심하며, 그 분을 모방하여 흉내를 내는 것으로부터 시작하는 것이 정석(定石)일 것이다. 마치 아이가 부모를 모방하는 데서부터 성인으로서의 인격을 갖추어 나가듯이 말이다.

주님 예수의 원리에 따르면, 주님의 심판대 곧 하나님의 법정은 사람의 법정과 다르다. 사람의 법정에서는 하지 말아야 할 일을 행한 사람이 형벌을 받지만, 하나님의 법정에서는 해야 할 일을 행하지 않은 사람이 형벌을 받는 법이다. 또한 사람의 법정에서는 범죄하지 않은 모든 사람이 무죄이겠지만, 하나님의 법정에서는 상급을 받지 못한 모든 사람이 유죄이다. 그리고 상급의 기준은 '믿음으로 하는 행위'이다.

주님께서 십자가에 달리신 것은 그냥 부활의 실례를 보여 주시기 위해서가 아니었다. 만약 그랬다면, 그것은 그저 하나의 특별한 사건에 지나지 않는다고 봐야 한다. 그 시대에 비디오가 있었다면, 녹화해서 두고 두고 재생하여 영화처럼 시청할 수 있었을 것이다. 주님께서 십자가에 달리신 것은 사건(事件)이 아니라, 기존의 질서를 완전히 다른 것으로 대체하는 일련의 사태(事態)라고 할 만하다. 그것은 마치 만유인력의 법칙이나 중력의 법칙처럼 온 우주의 질서를 아우르는 근원적인 힘과 원리의 전복(顚覆)이다. 좀 더 자세히 말한다면, 주님의 십자가 부활은 새로운 세상의 도래, 즉 '새 하늘과 새 땅'의 도입부라고 할 수 있다.

또한 예수께서 십자가에 달리셔서 죽었다가 다시 살아나신 일은 성자 하나님으로서가 아니라 우리와 똑같은 인간 예수로서였다. 인간 예수로서 죽었고 인간 예수로서 부활하신 (부활하신 후에는 전과 같은 인간 예수라고 할 수 없겠지만, 그것은 우리도 역시 마찬가지일 게다.) 주님은, 이제 모든 인류의 대표이자 '나'의 대표로서, 우리를 중보하시며 동시에 하나님을 대신하여 심판주의 자리에 앉으시게 되었다. 그러므로 십자가 사건은 쇼가 아니고, 연출이 아니며, 하나님의 임재 아래서 온 우주가 새로워지는 시발점이 열리는 실제 상황이었던 것이다.

> (요한일서 3장 2~3절)
> 사랑하는 자들아 우리가 지금은 하나님의 자녀라 장래에 어떻게 될지는 아직 나타나지 아니하였으나 그가 나타나시면 우리가 그와 같을 줄을 아는 것은 그의 참모습 그대로 볼 것이기 때문이니
> 주를 향하여 이 소망을 가진 자마다 그의 깨끗하심과 같이 자기를 깨끗하게 하느니라

주님의 부활을 좇아 자신도 부활할 것을 믿는 사람들이, 그 분의 형상을 닮기 위하여 새로운 결단으로 나아가는 것은 당연한 일이다. 더욱이 전 우주의 운명과 주님의 재림이 언제 어떻게 이루어지느냐와는 아무 상관 없이, 각 사람의 구원이, 자기 삶이 끝나는 것과 거의 동시에 새로운 세상에서 새로운 몸으로 부활하여 영생을 누리도록 예비되어 있다는 것이 밝혀진이상, 이제 그 결단을 방해할 수 있는 걸림돌은 아무 것도 없다.

부요한 삶도 빈곤한 삶도, 고난 가득한 인생도 행복이 넘치는 인생도, 그저 잠시 잠깐이면 지나가는 짧은 꿈에 지나지 않으며, 곧바로 주님의 재림과 부활이 일어나면서 부요함도 빈곤함도 고

난도 행복도 의미가 없어져 버린다. 그러므로 부요한(꼭 경제적인 부분만을 의미하는 것이 아니다.) 삶을 사는 사람은 그 부요함에 잡아 먹히지 말고 주님 앞에 겸손히 머리를 숙여야 한다. 그리고 빈곤한(반드시 경제적인 부분만을 뜻하는 것이 아니다.) 삶을 사는 사람은 그 빈곤에 짓눌려서 비뚤어지지 말고 주님 앞에 바르게 서야 한다.

> *(데살로니가전서 3장 12~13절)*
> *또 주께서 우리가 너희를 사랑함과 같이 너희도 피차간과 모든 사람에 대한 사랑이 더욱 많아 넘치게 하사*
> *너희 마음을 굳건하게 하시고 우리 주 예수께서 그의 모든 성도와 함께 강림하실 때에 하나님 우리 아버지 앞에서 거룩함에 흠이 없게 하시기를 원하노라*

그러나 기억해야 할 것은, 이 육신의 삶을 어떻에 사느냐에 따라서 저 영원한 삶이 영향을 받으리라는 점이다. 부요함도 빈곤함도 고난도 행복도 그로 인하여 넘어지지 않도록 주의할 일이다. 잠시 잠깐의 부요와 행복에 현혹되어서 주님 예수의 길을 외면하지 말아야 할 것이며, 길지 않은(?) 빈곤과 고난에 짓눌려서 주님의 가르침을 잊어서는 안 될 것이다.

물론 우리 인생은 그리 짧지 않으며, 부요와 행복도 빈곤과 고난도 그저 잠시 잠깐일 뿐이라고만 말하기 어려운 것이 사실이다. 주님의 재림과 우리 자신의 부활이 매우 가까이 있다는 사실을 깨달은 지금, 죽음이 무서운 것이 아니라, 솔직히, 사는 게 더 무서울 수도 있다. 하지만 우리의 부활과 영생은 하나님의 은혜로 이미 예비되어 있는 것이기는 하지만 동시에 지금 이 육신의 삶과 연계되어 있는 것이므로, 하나님께서 '내가 부를 때까지 너는 거기서 살라'고 하신이상 어떻게든 살아 내야 한다. 그것도 최선을 다해서.

> 우스갯소리 하나. 대출과 할부가 너무 많아서 매월 대출금과 할부금의 이자를 갚기가 고역인 사람들은, 그가 만약 그리스도인이라면, 주님의 재림을 간절히 기원하는 것이 좋을 것이다. 어느 날 갑자기 주님께서 재림하시면, 아마도 대출금과 할부금을 더이상 갚지 않아도 될지 모르기 때문이다. 물론 '네가 호리(毫釐)라도 남기지 않고 다 갚기 전에는 결단코 하나님 나라에 들어오지 못하리라'고 하실지도 모르지만.

초대 교회 성도들이 어떻게 그토록 큰 믿음의 능력을 보여 줄 수 있었는지에 대한 해답이 여기에 있다. 하루 하루 최선을 다해 살면서 "때를 얻든지 못 얻든지"(딤후 4: 2) 부활의 복음을 전파하며, "아무 것도 염려하지 말고"(빌 4: 6~7) "항상 기뻐하"며(살전 5: 16) "환난 중에도 즐거워하"다가(롬 5: 3~4), 부르시는 날에는 그 부르심의 과정이 어떠하든지 기꺼이 순종함으로써, 미리 예비해 놓으신 영원한 삶으로 나아가는 것, 그것이 바로 초대 교회 그리스도인들의 모습이었다. (사실 위의 성경 말씀들은 하나같이 임박한 주님의 재림, 즉 우리(나)의 부활과 관련하지 않고서는 제대로 이해할 수 없는 말씀들이다. 앞뒤를 함께 읽어 보면 바로 이해가 될 것이다.)

오늘날 우리가 그들보다 못할 이유가 어디 있겠는가? 오히려 우리는 그들보다 더 나은 입장에 있음을 알아야 한다. 우리에게는 완성된 성경이 있고, 복음이 거의 땅 끝에까지 전파되었으며, 디지털 기술로 인하여 믿음의 자료(데이터)들이 넘쳐나고, 전세계가 하나로 통합된 시대를 살고 있다.

그 때와 지금이 다른 것은 한 가지뿐이다. 그 때는 주님께서 자기 세대 중에 다시 오실 것을 믿고 기대했기 때문에, 자녀를 포함하여 남겨진 사람들을 걱정할 필요가 없었다. 아무도 남겨지지 않고 다 부활할 테니까. 하지만 지금은 그 때와 다르다. 주님의 재림이 이 세대에 이루어질지 다음 세대에 이루어질지 확신할 수 없기 때문에, 내 인생을 마친 다음에 남겨질 사람들 특히 자녀들이 살아 내야 할 그들의 남은 삶을 배려하지 않을 수 없다. 오직 한 가지 다른 점은 바로 그것이다. 그 외에 그 때와 지금 사이에는 아무런 차이가 없다고 생각한다.

거듭 말하지만, 우리는 죽기를 무서워할 이유가 없다. 비유적으로 말하면, 우리는 죽는다 해도 곧 다시 돌아오게 된다. 지금과는 전혀 다른 완전한 육신을 가지고 돌아오게 된다. 그 육신은 병들지 않으며 늙지 않으며 죽지 않는 완전한 육신이다. 물론 그 때의 세상은 지금과 같은 세상이 아니라 새 하늘과 새 땅으로 변화된 세상이다. 그러나 부활의 육신이 지금의 육신과 연속성을 가지고 있듯이, 새 하늘과 새 땅 역시 지금의 세상과 연속성을 가지고 있다. 그러므로 그 때의 '나'는 지금의 '나'와 똑같은 '나'이다. 바로 지금의 '나 자신'이다. 부활이 믿어지지 않는다구요? 그렇다면 죽어서 천국(천당)에 간다는 것은 어떻게 믿어지는가? 예수의 피로 죄를 씻고 구원받는다는 것은 어떻게 믿어지는가? 구원에 대한 믿음과 부활에 대한 믿음은 본질상 동일한 것임을 이해하라.

그러면 어떻게 살 것인가?

자, 그러면, 이제,
그리스도인은 어떻게 살아야 하는가?

1. 부활 신앙으로 무장하고 죽기를 무서워하지 말라. 죽으면 모든 수고와 괴로움이 그치고 오히려 부활에 더 가까워진다는 사실을 기억하라.

(로마서 14장 8~9절)
우리가 살아도 주를 위하여 살고 죽어도 주를 위하여 죽나니 그러므로 사나 죽으나 우리가 주의 것이로다
이를 위하여 그리스도께서 죽었다가 다시 살아나셨으니 곧 죽은 자와 산 자의 주가 되려 하심이라

(요한계시록 14장 13절)
또 내가 들으니 하늘에서 음성이 나서 이르되 기록하라 지금 이후로 주 안에서 죽는 자들은 복이 있도다 하시매 성령이 이르시되 그러하다 그들이 수고를 그치고 쉬리니 이는 그들의 행한 일이 따름이라 하시더라

부활은 먼 훗날의 일이 아니라 천 년 같은 하루, 하루 같은 천 년을 보내고, 마치 3일 뒤에 일어나는 일처럼 실현될 것이다. 물론 지금의 삶을 가볍게 여겨서는 안 된다. 이 삶은 우리 신앙의 시험대이자 하나님께서 맡기신 사명이다. 죽는 날까지 최선을 다해서 살라. 당연히 죽음에 대한 두려움과, 죽어 가는 과정의 괴로움에 대한 두려움은 같지 않다. 그러나 죽음 자체는 5~10분의

고통을 수반할 뿐이다.

2. 하나님 나라를 하나님 나라답게 세우기 위하여, 천국을 천국답게 실현하기 위하여, 예수의 이름으로, 예수 사랑의 이름으로, 기꺼이 손해와 불편함을 감수하자. 기꺼이 이해하고 용서하고 공감하고 용납하자. 기꺼이 주 예수의 이름으로 이익을 포기하고, 억지로라도 친절함을 가장(?)하고, 이웃의 고통에 적극적으로 찾아다니며 귀를 기울이고, 정의를 하수같이 흘러 보내고, 내가 죽거나 망하거나 가족들이 거리에 나앉거나 굶어야 할 정도가 아니라면 도움을 바라는 형제를 거부하지 말고, 자본주의 법칙보다는 주님의 법칙을 따르기로 결단하라. (아예 서원을 하라.) 예수 사랑의 실천에는 한계가 없다. '나는 할 만큼 했다'는 빌라도의 유혹에 넘어가지 말라. 이전에 했던 사랑의 실천은 잊어버리자. 그저 '너무 힘들어서 더는 못하겠으니 잠시 쉬겠다'고만 하라.

3. 아버지의 마음으로 기도하자. (기적을 일으키지 못할지는 모르지만 주님 예수의 사랑만은 분명히 전하게 될 것이다.) 기회가 닿을 때마다 아버지의 마음으로 기도하자. 그렇게 기도해야 할 맥락이 아니라면, 모든 국면에서 최소한 아버지의 마음을 품도록 하자. 그리하여 예수 사랑을 널리 전파하자.

4. 예수를 아는 지식이 가장 고상하다는 사실을 받아들이고, 하나님께서 예비하신 부활에 이르기 위해 무작정 주님의 길을 따르라. 항상 주님을 모방하고 언제나 그 분의 형상을 닮으려고 노력하라.

(빌립보서 3장 7~14절)
그러나 무엇이든지 내게 유익하던 것을 내가 그리스도를 위하여 다 해로 여길뿐더러

또한 모든 것을 해로 여김은 내 주 그리스도 예수를 아는 지식이 가장 고상하기 때문이라 내가 그를 위하여 모든 것을 잃어버리고 배설물로 여김은 그리스도를 얻고

그 안에서 발견되려 함이니 내가 가진 의는 율법에서 난 것이 아니요 오직 그리스도를 믿음으로 말미암은 것이니 곧 믿음으로 하나님께로부터 난 의라

내가 그리스도와 그 부활의 권능과 그 고난에 참여함을 알고자 하여 그의 죽으심을 본받아

어떻게 해서든지 죽은 자 가운데서 부활에 이르려 하노니

내가 이미 얻었다 함도 아니요 온전히 이루었다 함도 아니라 오직 내가 그리스도 예수께 잡힌 바 된 그것을 잡으려고 달려가노라

형제들아 나는 아직 내가 잡은 줄로 여기지 아니하고

오직 한 일 즉 뒤에 있는 것은 잊어버리고 앞에 있는 것을 잡으려고
푯대를 향하여 그리스도 예수 안에서 하나님이 위에서 부르신 부름의 상을 위하여 달려가노라

이것이 그리스도인의, 삶에 대한 올바른 태도이다. 이것은 바울의 삶에 대한 이야기가 아니라 그리스도인으로서 '나 자신'의 이야기이다. 그리스도인은 마땅히 이렇게 살아야 한다. 진정 구원을 받은 사람은 죽기를 무서워하지 않으며, 죽기를 무서워하지 않으므로 이렇게 살 수 있다.

지금 여기에서의 부활

지금 육신으로 살아 가는 우리 믿음의 삶에서 진정으로 문제가 되는 것은 이것이다. 어떻게 하면 아직 실현되지 않은 부활을 마치 이미 실현된 것처럼 믿고 이해하고 받아들일 수 있을 것인가 하는 것이다. 아직 실현되지 않은 구원을, 어떻게 하면 마치 이미 실현된 것으로 믿고 이해하고 받아들일 수 있을 것인가? 어찌 하면 아직 완성되지 않은 하나님 나라를 이미 완성된 것처럼 인정하고 그 힘과 능력을 행사하며 살 것인가?

(요한복음 3장 18절)
그를 믿는 자는 심판을 받지 아니하는 것이요 믿지 아니하는 자는 하나님의 독생자의 이름을 믿지 아니하므로 벌써 심판을 받은 것이니라

구원은 죽어서 받는 것이 아니라 이미 살아서 받는 것이다. 구원받은 사람과 구원받지 못한 사람의 차이는 죽어서 드러나는 것이 아니라 이미 살아 있을 때부터 나타나는 법이다. 심판받은 사람과 심판받지 않는 사람의 차이는 이미 오늘의 삶에서 나타나야 하는 것이다. 따라서 심판과, 부활과 구원과 하나님 나라는 장래의 일이 아니라 바로 지금 여기에서의 일이다. 물론 그것은 내 마음의 결단과 서원만으로는 이루어질 수 없는 일이다. 이는 성령의 도우심이 없이는 불가능한 일이다.

우리가 이 삶을 열심히 살아야 하는 이유는, 그것이, 하나님께서 우리에게 맡기신 사명이기 때문이다. 내 의지로 태어난 것이 아니듯이, 내 의지대로 죽음을 선택할 수도, 죽음을 피할 수도 없는 것이 인간의 숙명이다. 그저 하나님께서 부르실 때까지 그리스도인으로서 충성된 삶을 사는 것, 그것이야말로 우리의 사명이다. 그래서 사는 것이지 죽음이 두려워서 사는 것이 아니다. 마지 못해 사는 삶이 아니라 하나님의 뜻에 따라 살고 있다는 믿음으로 사는 것, 그것이 바로 그리스도인의 삶이다. (당연히 잘 되지 않는다.)

그런데 오늘날 우리 그리스도인들의 삶을 보라. 기독교 공동체에서 일어나는 현상들을 보라. 사회 속에서의 기독교에 대한 판단과 평가를 들어 보라. 왜 오늘날 구원받은 사람과 심판받은 사람의 차이가 드러나지 않고 있는가? 왜 교회와 세속의 차이가 드러나지 않고 있는가? 왜 기독교가 타락했다는 소리가 들려 오는가? 심지어 역사상 가장 타락한 기독교라는 비난까지 받고 있는 것이 오늘 우리의 현실이다. 어째서 믿는 자가 믿지 않는 자와 구별되지 못하고 있는가?

알다시피, 그것은 부활 신앙을 잃어버렸기 때문이다. 부활 신앙을 잃어버렸기 때문에, 우리는 부활이 아니라 그저 천국, 성경적으로 정확히 말한다면 '낙원'을 사모하는 수밖에 없게 되었다. 그래서 그리스도인의 인생관이, 지금의 이 삶을 잘, 아주 잘 살다가, 죽어 천국에 가서도 영원히 잘, 아주 잘 사는 것으로 왜곡되어 버리고 말았다. 지금 이 육신의 삶을 부요하고 행복하게 사는 것이 하나님의 기뻐하시는 뜻이라고, 진정 그렇게 말할 수 있겠는가?

(로마서 4장 25절~5장 4절)
예수는 우리가 범죄한 것 때문에 내줌이 되고 또한 우리를 의롭다 하시기 위하여 살아나셨느니라
그러므로 우리가 믿음으로 의롭다 하심을 받았으니 우리 주 예수 그리스도로 말미암아 하나님과 화평을 누리자
또한 그로 말미암아 우리가 믿음으로 서 있는 이 은혜에 들어감을 얻었으며 하나님의 영광을 바라고 즐거워하느니라
다만 이뿐 아니라 우리가 환난 중에도 즐거워하나니 이는 환난은 인내를,
인내는 연단을, 연단은 소망을 이루는 줄 앎이로다

이 본문은, 주님께서 부활하신 이유가 우리를 의롭게 하시기 위해서라고 단언한다. 그리고 주님께서 부활하셨으므로 우리는 이미 의롭게 되었다. 이미 의롭게 되었는데, 왜 의롭게 살지 못하는가? 이미 의롭게 되었는데, 왜 불의하게 살아야 하는가? 사람이 의롭다 여기는 것이 하나님 앞에서는 의롭지 않을 수 있고, 사람이 의롭지 않다 여기는 일이 하나님 앞에서는 의로운 일일 수도 있겠지만, 부활을 믿는 사람은 이미 의로운 사람이니 그에 걸맞는 삶을 살기 위해 노력하지 않으면 안 된다.

7. "나라를 내게 맡기신 것 같이 나도 너희에게 맡겨"

이에 더하여, 히브리서 2장에서 주님의 부활은, "죽기를 무서워하므로 한평생 매여 종 노릇 하는 모든 자들을 놓아 주려 하심이"라고 기록되어 있음을, 처음부터 밝힌 바 있다. 그렇다면 우리가 의롭게 되는 것과 죽음을 무서워하지 않는 것 사이에는 어떤 밀접한 관계가 있다고 보는 것이 자연스럽다. 둘 사이에 어떤 관계가 있을까? 주 예수 안에서 의롭게 된 사람은 죽음을 무서워하지 않는다는 의미로 읽어야 하는 것이 아닐까?

죽음을 무서워하지 않는다는 것은, 아직 실현되지 않은 부활을 이미 실현된 것처럼 믿고 받아들이고 누리고 실천하는 것에 다름 아니다. 주님께서는 부활하셨고, 우리는 주님께서 부활하신 것을 믿는다. 우리는 의롭게 되었고, 또 주님의 부활을 따라 자기 자신도 부활할 것을 믿기에, 죽음을 무서워하지 않게 되었다. 당장 죽기를 바라는 것은 아니지만, 죽음이 가까이 온다 하더라도 지나치게 놀라거나 죽음을 부정하거나 죽음으로부터 도망치려 하지는 않을 것이다. 뿐만 아니라 주님의 영광을 위해 꼭 필요하다면 오히려 적극적으로 자기 생명을 내 놓을 수도 있을 것이다. 그것이 부활 신앙이며, 부활 신앙의 능력이다. 그리고, 죽음을 무서워한다고 해서, 죽음이 우리를 피해 가는 것도 아니지 않은가!

이 본문에서는 또한 주 예수에 대한 믿음으로 의롭게 되고 (부활을 믿게 됨으로써) 죽음을 무서워하지 않게 된 사람은 (환난은 인내를, 인내는 연단을, 연단은 소망을 이루는 줄 알기 때문에) 이 세상과 이 연약한 육신의 환란과 괴로움 가운데서도 즐거워하는 마음을 지킬 수 있다고 말한다. 다시 말해서 아직 실현되지 않은 구원과 부활의 능력이, 현재적으로 이미 일부나마 구체적으로 발현될 수 있다는 것이다. 그것이 순교를 마다하지 않을 수 있는 능력이요, 자신을 핍박하던 로마 제국을 도리어 안에서부터 지배하게 된 능력이며, 많은 사람들과 이 세상을 변화시키는 동력이 된다.

여기서 연단이라는 단어에 주목할 필요가 있다. 연단(鍊鍛)으로 번역된 헬라어 δοκιμή (도키메)는 영어로는 Discipline(훈련)으로 번역될 수도 있고 Character(품성)로도 번역될 수 있다. 두 가지 의미를 다 가지고 있는 단어이다. 그런데 Discipline은 조금 수동적인 의미로서 단순히 훈련받는다는 데 무게 중심을 둔 단어라고 할 수 있는 반면에, Character는 훈련의 결과 성품이 변화되는 것까지를 포함하는 단어라고 말할 수 있다.

사실 훈련이란 어떤 경우든 즐겁지 않으며 힘들고 괴로운 법이다. 그러나 모든 훈련은 목표가 있으므로, 그 목표를 달성할 때까지는 힘들고 괴로워도 훈련을 계속하는 것이 상식이다. 그렇다면 그 목표는 무엇인가? 이 본문에서 본다면 그 목표는 바로 변화된 캐릭터(성품, 인격, 품성)의 확립이라고 볼 수 있다. 훈련이 반드시 길어야 할 필요는 없다. 목표를 빨리 달성할 수 있다면 더이상 훈련을 계속해야 할 이유가 없는 것은 당연한 일이다.

목표의 신속한 달성 여부는 자의 반 타의 반이라고 할 수 있다. 무엇보다도 자신의 마음가짐이 중요하다. 진리를 바르게 알고 자기 자신을 바르게 성찰하고 주변 상황을 바르게 이해하는 가운데, 소망의 내용 자체를 주님의 뜻에 부합하도록 조정해야 한다. 이 책의 주제와 개념대로 말한다면, (주님의 죽음과 부활을 통하여) 믿음으로 의롭게 되었음을 받아들이고 (부활을 확신하게 됨으로써) 죽음을 무서워하지 않게 된 사람은, 환란 중에도 그것이 주는 무게와 힘든 것과 괴로움을 이기고, 의롭게 된 그리스도인 본연의 자세를 견지할 수 있게 되는 것이다.

만약 10년이 넘도록 연단받았는데 여전히 소망이 이루어지지 않고 있다고 느낀다면, 먼저 그 소원의 내용이 무엇인지 따져 보아야 하겠다. 과연 주님께서 기뻐하시는 뜻에 합당한 소망인지 또는 인간적 욕심으로 가득한 소망인지를 말이다. 소망 자체에 문제가 없다면, 기본적으로는 목표를 달성하지 못했기 때문이라고 볼 수 있다. 그저 수동적으로 환란 가운데 참고 기다려 왔을 뿐 주님의 뜻에 부합하는 캐릭터를 이루지 못했기 때문에 아직도 소망이 이루어지지 않고 있는 것이 아닌지 돌아볼 필요가 있다. 그래서 지금도 여전히 훈련을 받고 있는 것인지도 모른다.

　죽음을 무서워하지 않는다는 것은, 믿음의 경우와 마찬가지로, 그저 어떤 심리적 상태를 의미하는 것이 아니다. 그것은 한 개인의 심리적·영적 변화를 의미한다. 그 변화는 자신의 존재와 인생과 세상의 본질을 바라보는 안목의 변화인 동시에 자기 자신과 자기 자신이 속한 세상을 변화시키는 변화의 능력이라 할 수 있다. 그것을 깨닫고 거기에 이른 사람은 다시 전처럼 살아 갈 수 없는 법이다. 육신의 정욕과 한계에 휘둘리지 않고 그것을 넘어 하나님 나라를 바라보면서 살아야 하는 것이다.

　예를 들어 어떤 사업가가 은행에서 5억 원의 대출을 받게 되었다고 가정하자. 그리고 담보 대출이든 신용 대출이든 이 대출은 한 달 내에는 반드시 실행된다고 하자. 그런데 나의 자금 사정이 지금 매우 급박한 상황이라면, 그렇다면, 아직 대출이 실행된 것은 아니지만, 아직 내 통장에 대출금이 입금된 것은 아니지만, 아직은 좀 더 기다려야 하겠지만, 그 사업가는 이런 저런 방법을 통하여 대출금을 당겨 쓰려고 하지 않을까?

　대출의 실행 여부를 어떻게 그토록 확신할 수 있느냐고 의문을 제기할 수 있다. 은행장이 직접 보장을 했다든지,

국가 기관에서 보증을 섰다든지, 뭐, 그런 사유가 있었으니까 확신할 수 있다고 생각할지도 모른다. 하지만 인간 세상에 절대적인 게 어디 있겠는가? 대출이 실행되기 직전에 천지가 개벽할 수도 있고, 은행 전산 시스템이 망가질 수도 있고, 적국이 쳐들어와서 전쟁이 발발할 수도 있지 않겠나? 만약 그런 문제가 발생한다면 대출은 무기한 연기되거나 취소될 수도 있을 것이다.

우리가 대출금을 당겨 쓰는 것을 별로 장려하지 않는 이유는, 대출이 나온다는 100.00%의 보장이 없기 때문이다. 혹시 모를 2%의 부정적인 가능성을 생각하기 때문이다. 실제로 대출금을 당겨 썼다가 대출이 취소되거나 연기되거나 한도액이 줄어서 아주 곤란한 지경에 처하는 일이 얼마든지 있을 수 있고, 또 실제로 그런 난관에 처하게 된 사례를 우리는 이미 여럿 알고 있다. 하지만, 부활의 약속은, 절대로, 취소되거나, 연기되거나, 변경되지 않는다.

왜 대출은 당겨 쓰면서 부활의 능력은 당겨 쓸 생각을 하지 않는가? 왜 대출은 당겨 쓰면서 구원의 능력은 당겨 쓸 생각을 하지 않는가? 성경은 여러 곳에서 그 능력을 당겨 쓰라고 권면한다. 대출이 나올 것을 확신하고 그것을 미리 당겨 쓰는 사람은, 그렇지 않은 사람과 구별되게 마련이다.

대출이 확정되기 전의 그와, 대출이 확정된 이후의 그는, 전혀 다른 사람이 된다. 그럼에도 왜 당겨 쓸 생각을 하지 못하는가? 그리스도인의 구원의 확신, 부활의 확신이 고작 은행 대출에 대한 확신보다도 못하다는 말인가? 모두들 별로 급하지 않은 모양이다. 아직은 여유가 있는 모양이다. 아직 잔이 넘칠 정도는 아닌 모양이다. 아직은 그다지 목이 타지 않는 모양이다.

후기 자본주의는, 테크놀러지와 다국적 기업과 인터넷과 SNS와 주식 제도와 글로벌 투자 시스템과 …… 등등으로 완성되는가 보다 했더니, 이제 보니 AI로 더 먼 극단에까지 나아갈 모양이다. 주님의 재림은, 밖에서 볼 때는, 아직 조금 더 기다려야 할지도 모르겠다. 악(?)이 더 쌓일 때까지!

이렇게 해서 우리는 천국(하나님 나라)을 천국답게 세우고, 계승하고, 발전시키며, 주님 다시 오실 때까지 지키고 보존해 나가야 할 것이다. 그것이 주님께서 승천하시면서 우리에게 남겨 주신 사명이요 유산이다. 이 사명을 다하지 않고서는, 형식적인 경건과 헌신과 봉사와, 도식적인 모든 사역도, 주님 앞에 아무런 의미를 가질 수 없을 것은 자명한 일이라고 말하지 않을 수 없다. 만약 이 사명을 유산으로 받기를 거부한다면, 아마도, 그리스도인이 아니랄 수밖에!

성화의 목록을 갱신하라

오늘날 우리 시대 가운데 제기되고 있는 그리스도인의 품성과 덕목, 이른바 성화(聖化)의 개념은, 너무 개인적 윤리와 거룩성에만 초점이 맞춰지고 있는 것 같다. 성화, 곧 온전한 그리스도인의 덕목을 살펴보면, 나라와 교단과 신학자·목사에 따라 조금씩 차이는 있겠지만, 공통적으로 나타나는 현상을 볼 수 있다. 그것은 바로 모든 덕목이 오직 개인적인 영역에만 몰려 있다는 사실이다.

예를 들면 경건과 거룩, 윤리적으로 흠결이 없을 것, 말과 행실, 건전한 삶, 온유하고 순종적인 태도 등등! 하나같이 개인적이고 내면적인 덕목들이다. 공동체성이나 희생과 헌신에 대한 이야기는 찾아 보기 힘들다. 억지로 찾자면 고작해야 코이노니아나, 십일조와 헌금의 강조 정도가 있을 뿐이다. 하물며 주님의 재림이나 순교에 대한 이야기는 거의 금기에 가깝다. (그런 이야기를 자꾸 하면 성도들이 부담스러워서 자기 교회를 떠나 다른 교회로 옮겨 간다고 한다. 치리와 이명이 다 무너졌으니 막을 방도도 없고……!)

경건과 거룩 등 개인적인 덕목들에 희생과 헌신과 용서함이다 포함되어 있는 게 아니냐고 의문을 제기하는 분이 있을지도 모르겠다. 하지만 실상은 그렇지 않은 것 같다. 개념상으로는 그럴지도 모르겠으나 실제 현실에서는 전혀 다르다. 윤리적인 사람이라고 해서 꼭 용기 있는 사람일 수 없고, 경건한 사람이 반드시 희생적인 사람인 것도 아니다. 건전한 삶을 사는 사람이 타인에게는 인색한 사람일 수도 있고, 온유한 사람이 오히려 희생에 소극적이며 비겁할 수도 있다. 개인적인 덕목들은 개인의 구원에는 유용할지 모르나, 하나님 나라를 이루는 덕목과는 좀 거리가 있어 보인다.

경건과 거룩, 윤리적으로 흠결이 없을 것, 말과 행실, 건전한 삶, 온유하고 순종적인 태도 등은 선한 덕목이며, 또 자신의 구원을 이루기 위해 반드시 필요한 것이기는 하다. 그러나 하나님 나라를 하나님 나라답게 만들고자 한다면 개인적인 덕목들을 넘어서는 헌신과 희생들이 요청된다. 모세나 바울의 기도까지는 아니더라도, 아버지의 마음으로 하는 기도까지는 아니더라도, 죽기를 무서워하지 않는 데까지는 아니더라도, 주님 예수의 이름을 영화롭게 하기 위하여 기꺼이 양보하고 손해 보고 희생하려는 마음들이 있어야 한다.

양보하고 손해 보고 희생하는 것 역시 하나님께서 매우 기뻐하시는 덕목들이다. 그런데 이런 외부 지향적인 덕목들은 별로 강조되지 않고 오직 내면 지향적인 덕목들만 강조되는 이유는 무엇인가? 내면 지향적인 덕목들은 결국 이 육신의 삶에서 자신의 유익으로 다시 돌아오게 된다는 것을 은연중 알고 있기 때문이 아닌지 의심스럽다. 또는 비록 매우 힘들기는 하겠지만 손해 볼 일은 아니라고 생각해서, 상대적으로 어렵지 않게 받아들이는 것인지도 모른다.

반면에 외부 지향적인 덕목들은 일단 손해 보는 느낌이 강하고, 또 그 유익이, 이 육신의 삶이 아니라 다음 생에서야 돌아오게 된다고 여겨지는 경향이 있는 것 같다. 다음 생에서의 상급이 바로 그런 개념에 가깝지 않은가 한다. 만약 그렇다면, 그것은 성화의 덕목에서까지 이기심을 벗어나지 못하는 태도가 아니냐는 비판에서 자유로울 수 없다고 생각한다.

하늘 창고에 쌓여 있는 억만금보다는 지금 내 손에 있는 이 땅의 백만금이 더 소중한 법이다. 왜냐하면 정해진 기한이 차기 전까지는 찾아 쓸 수 없는 억만금보다는, 필요할 때 언제든지 인출할 수 있는 백만금이 더 가치가 있다고 생각하기 때문이다. 하나님께서는 하늘 상급을, 마치 이 땅에서 계속 붓다가 하늘에서 만기가 되면 찾을 수 있는 적금처럼 만들어 놓으셨다. 중도에 해약하면 계약 파기로 하늘 상급이 폐기되는 것이다. 하나님께서 이렇게 만들어 놓으신 이유는, 그렇게 하지 않으면 하늘 상급을 받는 사람이 아무도 없을 것이기 때문이다. 지금도, 나 역시, 할 수만 있다면 지금 바로 인출하여 오늘의 위급을 막고 싶은 심정이다. ^^

여기 고아원에서 막 나와 갈 데가 없는 청소년이 하나 있다고 하자. 이 때 만약 나에게 그럴 만한 여유가 있고, 하나님 나라의 영광을 위하여 그렇게 하기로 결단할 수 있다면, 나는 그 아이를 위하여 앞으로 그가 자립할 때까지 생활비를 제공해 줄 수 있을 것이다. 지금 이 시대에 그런 행동은 참으로 귀한 것이며 주님의 뜻에 매우 부합되는 행동이라고 할 수 있다. 그런데 그런 내가, 비록 그에게 지금 제공하기로 한 비용의 10%만 제공하면 된다고 해도(90% 절약), 내 집에 방 하나를 내어 주고 그 '작은 자'와 함께 생활하면서 그를 돌보아야 한다면, 그것은 전적으로 다른 문제가 된다. 주님께서는 어느 쪽이 더 귀한 일이라고 생각하실까? (물론 맥락에 따라 다를 수 있다. 참고로, 나 역시 아직 그래 본 적이 없다.)

경제적 손해는 여유가 있다면 감수할 수 있다. 그러나 생활의 불편은 싫다. 늙은 부모를 모시자고 하면 (친부모든 배우자의 부모든) 대부분의 경우 가장 대표적인 반대 이유가 (주로 여성들의 경우) 불편해서 싫다는 말이다. 늙은 부모를 모시는 것의 당위성과 그것이 주님의 뜻에 대단히 부합한다는 것을 알면서도, 불편해서 안 된다고 하는 것이다. 어떤 '작은 자'를 돌보든 늙은 부모를 돌보든 어떤 경우든, 그것은 본질적으로 불편한 일일 것이다. 그런데 불편해서 안 된다고 한다면, 그 일의 본질 자체를 아예 무시하는 게 된다. 그러면, 그런 일이 유쾌하고 즐겁고 기쁠 줄 알았는가?

만약 그 일이 아주 기쁘고 즐겁고 유쾌한 일이었다면 과연 못하겠다는 결정들이 내려질 수 있었을까? 아니 그런 걸 떠나서, 예를 들어 늙은 부모를 모시는 일에 중요한 옵션이 걸려 있다고 하자. 늙은 부모에게 큰 재산이 있는데, 만약 모시지 않겠다고 한다면 부모님의 재산 중 많은 부분의 상속을 포기해야 한다고 치자. 그럴 때도 불편해서 싫다고 했을 것인가? 물론 우리 그리스도인들의 삶에는, 만족을 주는 일이지만 주님의 뜻에 어긋나므로 참아야 되는 경우도 많다. 육신의 정욕과 안목의 정욕과 이생의 자랑이 다 그런 범주에 속한다. 참는 것은 다 힘들고 불편하다. 아마도 특히 인간 관계가 주는 불편함이 가장 큰 불편함을 주는 모양이다.

참고로 부모들도 역시 반성하고 겸손히, 장성한 자녀를 인정해야 할 것이다. 늙어서 자녀와 함께 산다는 것은, 이미 장성하여 독립적인 가정을 이루고 사는 자녀에게 '얹혀 사는' 일임을 인정하고, 억누르지 말고 간섭하지 말고 고집부리지 말고, 그것만

잘 해도 100점 짜리 부모라고 할 수 있을 것이다. 그렇게 살다가 치매가 온다든지 운신을 못한다든지 배변이 힘든 상황이 되면 자진해서 요양원으로 가 거기서 생을 마치면 된다.

(열왕기상 2장 2절)
내가 이제 세상 모든 사람이 가는 길로 가게 되었노니 너는 힘써 대장부가 되고

생을 마치는 것은 "세상 모든 사람이 가는 길"이다. 무서울 것도 없고 서러울 것도 없다. 오히려 삶의 모든 수고와 괴로움이 끝나고 이제 곧 낙원을 거쳐 잠시 후면 부활하여 영생을 누릴 터이니, 반가운 마음도 가질 만한 일이라고 생각한다.

상급에 대하여

(요한계시록 21장 10~12절)
또 내게 말하되 이 두루마리의 예언의 말씀을 인봉하지 말라 때가 가까우니라
불의를 행하는 자는 그대로 불의를 행하고 더러운 자는 그대로 더럽고 의로운 자는 그대로 의를 행하고 거룩한 자는 그대로 거룩하게 하라

7. "나라를 내게 맡기신 것 같이 나도 너희에게 맡겨"

> 보라 내가 속히 오리니 내가 줄 상이 내게 있어 각 사람에게 그가 행한 대로 갚아 주리라

주님 재림과 부활의 때가 가까우니 (2천 년 전이나 지금이나 늘 가까운 법이다.) 불의를 행하는 자와 더러운 자를 그냥 내버려 둔다는 말씀은 참 두려운 말씀이 아닐 수 없다. 나는 그런 자가 아니라고, 그러니까 나와는 상관 없는 말씀이라고, 그렇게 말하지 말고, 다시 한번 자신을 돌아 볼 일이다. 주님께서 주실 상(벌)이 있다고 하신다.

> *(에베소서 6장 5~8절)*
> 종들아 두려워하고 떨며 성실한 마음으로 육체의 상전에게 순종하기를 그리스도께 하듯 하라
> 눈가림만 하여 사람을 기쁘게 하는 자처럼 하지 말고 그리스도의 종들처럼 마음으로 하나님의 뜻을 행하고
> 기쁜 마음으로 섬기기를 주께 하듯 하고 사람들에게 하듯 하지 말라
> 이는 각 사람이 무슨 선을 행하든지 종이나 자유인이나 주께로부터 그대로 받을 줄을 앎이라

무슨 선(악)을 행하든 행한 그대로 주님께 받게 된다고 이 본문은 말씀하고 있다. 지금의 신분이나 자격이나 능력과는 아무

상관 없이, 오직 행한 그대로 돌려 받게 된다는 것이다.

>   *(고린도후서 5장 9~10절)*
>   그런즉 우리는 몸으로 있든지 떠나든지 주를 기쁘시게 하는 자가 되기를 힘쓰노라
>   이는 우리가 다 반드시 그리스도의 심판대 앞에 나타나게 되어 각각 선악간에 그 몸으로 행한 것을 따라 받으려 함이라

상급은 심판대 앞에서 주어진다. 그것은 상급이 심판의 결과임을 의미한다. 심판의 기준은 주를 기쁘시게 하는가 기쁘시게 하지 못하는가에 달려 있다.

>   *(고린도전서 9장 24절)*
>   운동장에서 달음질하는 자들이 다 달릴지라도 오직 상을 받는 사람은 한 사람인 줄을 너희가 알지 못하느냐 너희도 상을 받도록 이와 같이 달음질하라

목적은 상을 받는 것이다. 바울은 자기 달음질(사역)의 목표가 상을 받기 위해서라고 고백한다. 이것은 물론 비유적인 표현이기는 하지만, 도대체 무엇 때문에 바울은 저렇게까지 하는 것일까? 굳이 그렇게까지 할 필요는 없었을 것 같은데……. 대체

그 상이 무엇이기에?

상급은 매우 설명하기 어려운 개념이다. 구원받는 것만 해도 감지덕지인데 무슨 상급까지 바라느냐고 말하는 사람들도 있다. 참 욕심 없고 겸손한 사람들이다? 하지만 성경에 분명하게 기록되어 있는 개념이 그저 아무렇게나 이해해도 좋을 그런 것일 리가 없다. 받으면 좋고 못 받아도 할 수 없는 그런 개념 말이다.

어쩌면 구원이 이미 상급의 일부가 아닐까? 그럴지도 모르겠다. 하지만 만약 그렇다면, 상급이 별 거 아닌 게 되든지 구원이 아주 어려워지든지 둘 중 하나가 될 것 같다. 반면에 성경에서 상급의 구체적 실상을 자세히 언급하지 않는 이유는, 아마도 너도 나도 모두가 다 상급을 받는 것을 방지하기 위해서인지도 모른다. 상급의 구체적인 실상을 알게 되면 누구든지(비그리스도인들까지도) 오직 상급만을 위해서 이 육신의 삶을 살아 가려 할 테니까! 그것은 마치 하나님이 계시다면 왜 이 세상에 악이 있느냐 또는 사랑의 하나님이 왜 자녀들에게 고난을 허락하시느냐 하는 질문처럼, 매우 어리석은 대답을 듣게 만들 것이다.

상급을 설명하기 어려운 이유는 우리의 사고 자체가 이 육신의 삶에 특화되어 있기 때문이다. 기본적으로 우리가 알고 있는 상급이란 다른 사람들과의 차등을 전제로 한다. 그래서 1등상은

2등상보다 높고, 1억 원의 상금은 1천만 원의 상금보다 많다. 어떤 상은 더 권위가 있는 상이고 또 어떤 상은 권위가 없어서 받아도 그만 안 받아도 그만일 수 있다. 그래서 우리는 가능하다면 더 권위가 있는 상, 더 금액이 큰 상금을 바라게 된다. 그것이 재물이든 명예든 권력이든, 우리 삶의 경험과 연동되어 만족을 줄 수 있는 어떤 것이어야 한다는 말이다.

그러나 성경에서 말하는 상급은 그런 종류가 아닐 것이다. 더욱이 그 상급이, 우리가 살아 있는 동안에 받는 것이 아니라 이 삶이 끝난 뒤에 받는 것이라고 한다면, 더 설명하기가 어려워진다. 왜냐 하면 차등이란 저 영원한 세계에서는 성립될 수 없는 관념이기 때문이다. 새 하늘과 새 땅에서는 상을 받은 사람의 만족도, 상을 받지 못한 사람의 상대적 박탈감도 있을 수 없는 일이다. 따라서 이 상급이란 육적인 상급이 아니라 영적인 상급일 것으로 짐작된다.

영적인 상급을 영적인 기준으로 판단하지 않고 육적인 기준으로 판단하는 것은 어리석은 일이라고 말하지 않을 수 없다. 그런데 영적인 일을 제대로 판단할 영적인 기준을 우리는 가지고 있지 못하다. 그렇다고 영적인 상급을 육적인 기준으로 판단한다면, 받지 않아도 크게 아쉽지 않은 것으로 여겨질지도 모를 일이다. 그러므로 상급의 실체와 의미를 깨닫는 것도 어렵고 또 설명하는 것은 더욱 어려울 것이 당연하다.

다만 성경 말씀을 가볍게 여기지 말아야 한다는 한 가지만은 분명히 언급해 두고 싶다. 하나님께서 약속하신 것을 소홀히 여겨서는 안 된다. 우리 자신이 지금 영적인 기준을 가지고 있지 못하기 때문에 뭐라고 확실하게 말할 수는 없지만, 그것이 육적인 상급과는 비교할 수 없을 만큼 좋은 것이라는 사실만은 확실하다고 생각한다. 그렇지 않다면 성경에서 그렇게 말씀할 이유가 없다.

여기서는 한 가지만을 언급해 두고 싶다. 어느 책에선가 읽은 내용이다.

가장 큰 상급은 주님의 형상을 닮는다는 사실이다. 주님의 형상을 닮게 된 것이야말로 가장 큰 상급이다. 얼마나 많이 닮을 만큼 변화되었느냐가 상급의 크고 작은 기준이 될 수 있다. 주님의 형상을 닮은 정도의 차이가 다시 어떤 구체적인 차이를 만들어 내느냐 하는 것은, 다시 차등의 수준으로 돌아가는 것 같아 꺼려지는 바가 있기는 하지만, 아무튼 상급이란 그런 것이 아닐까 싶다. 천사들도 반열이 있어서 격이 다르고 서로 임무도 다른 것처럼, 우리도 그렇게 되는 게 아닌가 하는 생각이 든다. 더욱이 우리는 천사보다 우월한 존재가 된다고 하지 않았던가?(히 2: 5~16)

순교에 대하여

(이 글은 나의 책 '기독교 인문학으로 기독교 다시 읽기'에서 발췌하여 수정한 것이다.)

주님 예수를 따르는 사람들에게 최대의 명예는 아무래도 순교일 것이다. 최고의 명예이기는 하지만, 모두가 두려워하고 아무도 바라지 않는 것이 바로 순교이다. 순교란 우리가 다 아는 바와 같이, 자신이 믿고 따르는 신앙을 위하여 목숨을 바치는 것을 말한다. 생명은 하나밖에 없고 따라서 순교의 기회도 한 번밖에 없다. 그러나 그 한 번 있는 기회를 쓰고 나면 나의 인생은 영원히 끝장이 날 터인데……

모든 인간은 죽음을 두려워하게 마련이다. 더이상 존재하지 못하게 되는 것을 누가 두려워하지 않으랴. 죽은 이후 갈 곳이 어디인지는 그저 한없이 좋은 곳이라는 것 외에 확실한 것이 없고, (성경이 자세한 것을 말하지 않은 이유는 아마도 미리 알 필요가 없기 때문일 것이다) 미래에 얻을 것에 대한 기대보다 현재에 잃어야 할 것에 대한 부담이 더 크니, 이래 저래 죽음은 두려운 것일 수밖에 없다. 그것도 한창 나이에 죽어야 한다면 더욱 그럴 것이다.

7. "나라를 내게 맡기신 것 같이 나도 너희에게 맡겨"

나는 어릴 때부터 순교가 두려웠다. 순교에 대한 이야기를 들을 때마다, 예수를 부인하지 않으면 지독한 고문을 가한 다음 목을 베어 죽이겠다고 위협하면 어떻게 할까 걱정하곤 했다. 과연 나는 믿음을 지킬 수 있을까? 믿음을 지키지 못해 결국은 지옥에 떨어지지 않을까 신경이 쓰여서, 며칠 동안 잠을 설치곤 했다. 물론 이제 그런 걱정은 하지 않는다.

그것은 내가 걱정할 문제가 아니다. 이 세상에 의도를 가지고 행하는 지독한 고문을 스스로의 힘으로 이겨 낼 수 있는 사람은 아무도 없다. 주님께서 감당할 힘을 주시지 않으면 아무도 할 수 없는 일이다. 만약에 순교하는 것이 정말 하나님의 뜻이라면, 하나님은 반드시 감당할 힘도 함께 주실 것이다. 그러므로 그것은 내가 걱정할 문제가 아니며, 또 걱정한다고 해도 달라질 것은 아무 것도 없다.

사실 정말 어려운 것은 순교 자체가 아니다. 주님을 사랑하고 하나님 나라를 사모하는 사람이라면, 하나님 앞에 자신의 생명을 드리는 것이 불가능한 일이라고는 생각되지 않는다. 그러나 정작 두려운 것은 순교 자체라기보다는 순교에 이르는 과정이라고 할 수 있다. 순교에 이르기까지 받아야 할 고통 말이다. 죽음을 받아들이기로 결심하는 것과 죽음의 과정을 감당하는 것은 별개의 문제이다.

인간이란 참 이상한 존재이다. 산처럼 거대한 고통 앞에서 꿋꿋이 버티던 사람이, 어느 때는 지극히 사소한 일에 걸려 넘어지곤 한다. 반대로 한없이 연약해 보이던 사람이 어떤 일에는, 마치 사람이 달라지기라도 한 것처럼 강렬한 의지와 공격성을 보여 주기도 한다. 자신도 자기의 한계를 모를 수 있는 것이 인간이다. 자신 속에 얼마나 많은 죄가 도사리고 있는지, 또는 어떤 선함이 숨겨져 있는지, 미처 깨닫지 못한 채 오늘을 살아 가고 있는 우리들이다.

일반적으로 우리가 생각하는 순교관은, 교회사에 기록되어 있는 예화들을 통하여 형성되었을 것으로 생각된다. 기독교를 핍박하는 사람들에게 둘러싸여 배교를 강요받는다. 예수를 부인하면 아무 일 없겠지만, 만약 거부한다면 죽음을 면치 못할 것이다. 믿음을 지키기 위해 지불해야 할 대가는 실로 엄청나다. 갖가지 종류의 고문, 화형, 높은 데서 떨어뜨리기, 짐승에게 먹이로 던져지기 등등. "그냥 총살이나 참수로 해 주시면 안 될까요? 그 정도라면 어떻게든 개겨 보겠는데……!"

이러한 생각에 따른다면, 오늘날의 세계에서 순교는 오직 선교지에서만 가능하다. 그것도 기독교에 대한 핍박이 왕성하게 일어나고 있는 지역, 특히 이슬람교나 힌두교가 활발한 지역에서만 순교는 가능하다. 순교를 하려면 그런 지역을 찾아 가야 한다. 반대로 그런 지역에만 가지 않으면 순교할 위험도 없다. 따라서 순교할 것인지 배교할 것인지 근심할 필요도 없다. 다시 말해서 순교는 오직 선교지에서만 일어날 수 있는 매우 예외적인 사건으로서, 나와는 하등 상관이 없는 일이다.

그러나 이는 형식 논리에 지나지 않는다. 로마 시대에는, 핍박의 정도가 시기별로 지역별로 조금씩 다르기는 했지만, 순교냐 배교냐의 선택에 직면하는 것은 제국 전체에 걸쳐서 일어나는 일이었다. 로마 제국 안에 살고 있는이상 결코 피할 수 없는 일이었다는 말이다. 그렇게 본다면, 우리들은 좋은 시대를 만나서 그런 고민을 하지 않고 살아도 되니 정말 다행한 일이라고 생각할지도 모른다. 하지만 사실은 그렇지 않다. 오늘도 성도들의 사정은 로마 시대와 별로 다르지 않다.

먼저 순교냐 아니냐 하는 것은 외형적으로 판단할 수 없는 문제라는 점을 지적하고 싶다. 외부로 드러난 모습이 순교처럼 보인다고 다 순교가 아니다. 선교지에서 핍박자들에게 납치되어 죽임을 당했다, 그들에게 대항하다가 살해당했다, 무리하게 교회 일을 하다가 병들어 죽었다, 선교 사역으로 동분서주하던 중 사고를 당해 죽었다고 해서 무조건 모두 순교라고 할 수는 없다는 말이다.

물론 유가족과 동역자들과 선교사로 파송한 분들은 그렇게 믿고 싶을 것이다. 하지만 마지막 순간에 주님을 위하여 자신의 생명을 드린다는 분명한 의식과 고백과 결단이 없었다면, 그것은 분명히 순교라고 말할 수 없다. 순교는 형식 논리에 따라 결정될 수 있는 것이 아니기 때문이다.

오늘날은 순교의 조건이 더 까다로워졌다고도 할 수 있겠는데, 그것은 순교와 배교를 강요하는 주체가 로마 시대처럼 분명히 드러나지 않는 경우가 많기 때문이다. 지금 우리에게 그것을 요구하는 자가 누가 있는가? 아무도 없다, 예외에 가까운 몇몇 경우를 제외하고는.

순교는 주님께 자기 생명을 드리는 과정이라고 하였다. 과정이란 길 수도 있고 짧을 수도 있고 순간적일 수도 있게 마련이다. 긴 과정이라면 아직 시간이 있겠지만, 만약 폭발적인 순간이라면 생각할 시간이 부족하다. 따라서 그리스도인이라면 항상 순교의 마음가짐을 가지고 있을 필요가 있다. 말하자면 결정을 미리 내려 놓지 않으면 안 된다. 그렇지 않으면 결단의 순간에 주님을 배신하게 될지도 모르기 때문이다.

순교는 주님을 위하여 자신의 생명을 드린다는 분명한 의식과 고백과 결단이 요구된다. 그런 의식과 고백과 결단이 충족된다면, 외형적인 모습이 어떻든 그것은 분명히 순교이며, 주님께서 기뻐 받으시는 산 제사라 하기에 부족하지 않을 것이다. 누구나 한번은 죽어야 하는 인생이다. 어차피 피해 갈 수 없는 그 죽음이 순교라는 명분으로 승화될 수 있다면 얼마나 다행한 일이겠는가? 죽음은 피할 수 없음을 인정하면서 왜 순교는 피할 수 있을 것으로 기대하는지 모르겠다.

사람은 반드시 죽지만 그 죽음이 언제 이를지는 아무도 알 수 없는 법이다. 나이 들어 죽는다면 자연스러운 일이겠지만, 아직 젊어서 죽어야 한다면 좀 억울할 수도 있을 것이다. 그러나 죽는 시기가 치명적으로 중요한 문제인 것은 아니다. 정말 중요한 문제는 그 죽음이 순교냐 아니냐 하는 것이다. 이르든 늦든 죽음은 이미 결정되어 있고, 그냥 내버려 두어도 어차피 곧 죽을 목숨들이 아닌가? 그런데 그 목숨을 제 값보다 훨씬 더 많은 값을 주고 주님께서 사시겠다는 것이다. 그것이 바로 순교이다. 어느 쪽이 남는 장사인지 따져 보라. 자, 그냥 죽겠는가 순교로 죽겠는가?

도시 계획이 확정되어 곧 헐릴 집을 비싼 값을 주고 사는 사람은 아마 없을 것이다. 그러나 우리 주님은 그런 분이시다. 주님은 당신의 목숨을 바쳐서 우리 각 사람의 목숨을 사셨다. 이미 값이 지불되었고 계약은 되돌릴 수 없는데, 지금 와서 망설인다면 어떻게 될까? 체결된 계약을 파기하면 당연히 계약금을 돌려받을 수 없는 법이다. 돌려받을 수 없는 계약금이 무엇을 의미하는지는, 말하고 싶지, 않다.

주 예수를 믿는 사람의 죽음은 항상 순교여야 하며, 또 언제나 순교일 수 있다. 순교의 과정이 얼마나 길든 얼마나 짧든, 주님을 위하여 자신의 생명을 드린다는 분명한 의식과 고백과 결단이 있다면, 그것은 순교이다. 늙어 병상에서 죽어도 그리스도인은 순교자의 반열에 들어갈 수 있는 자격이 있다. 마지막 과정을 거치는 동안 순교의 고백을 하나님께 충분히 올려 드림으로써, 어쩔 수 없이 맞는 죽음을 스스로 선택하는 죽음으로 바꾸도록 하라.

당신이 순교하는 과정은 그대로 전도요 하나님께 영광이요 하나님 나라의 부요함이 될 것이다. 비그리스도인들은 당신의 순교를 보고 이렇게 말할 것이다.

"어떻게 이런 아름다운 죽음을 맞이할 수 있을까? 이 분이 믿는 예수님이 누구인지 나도 좀 알아 봐야겠다."

그리스도인이라면 이렇게 말할 것이다.

"장로(권사)님의 죽음은 정말 멋진 죽음이었어. 그리스도인의 죽음이 어떠해야 하는지 보여 주셨어. 나도 나중에 그런 죽음을 맞고 싶다."

그리스도인의 인생은 하나님으로부터 받은 것을 하나님께 다시 돌려 드리는 과정이다. 처음에는 받기만 하다가 어느 때부터는 받는 과정과 드리는 과정이 병행된다. 그리고 점점 받는 것보다 드리는 것이 더 많아지다가, 더이상 드릴 것이 없어서 마지막으로 남은 생명을 돌려드리는 것이 바로 순교이다. 물론 드릴 것이 아직 많이 남아 있는데 생명을 먼저 돌려드려야 하는 경우도 있을 수 있다. 아쉬움이 남지만 하나님의 뜻에 순종할 수밖에.

가장 단순하게 말한다면, 하나님으로부터 생명을 받아 이 세상에 왔다가, 하나님께 생명을 돌려드리고 원래 자리로 돌아가는 것이 그리스도인의 인생이다. 이제 늙었다면 가진 모든 것을 하나님께 돌려드리고 순교를 준비하라. 아직 시간이 있다면 가진 모든 것을 하나님께 돌려드리고 순교할 계획을 세우라. 가장 귀한 생명을 드리면서 그보다 덜 귀한 것들을 아까워하지 말라. 소홀히 여기지도 말라. 방법은 제각기 다를지라도, 하나도 남김 없이 하나님께 돌려드리되 자기 스스로의 결정으로 함이 마땅하리라.

이렇게 그리스도인의 순교는 완성되는 것이다.

삶의 부조리와 그 배후

성경의 진리가 어떻게 우리의 육신적 현실을 변화시키는 즉각적이고도 실제적인 능력이 될 수 있을까?

똑같은 조건에서도 늘 다르게 응답하시는 하나님 앞에서 나(우리)는 과연 안심할 수 있는가?

왜 하나님은 늘 이렇게 당신의 자녀들을 기다리게 하시는가?

이해할 수 없는 일들

늘 의문스러웠던 것은, 성경의 진리가 어떻게 우리의 육신적 현실을 변화시키는 즉각적이고도 실제적인 능력이 될 수 있을까 하는 점이었다. 이 말은, 뒤집어 보면 그렇지 못하다는 뜻이 된다. 짧지 않은 인생을 살다 보니, 삶의 여러 고비에서 하나님의 도우심과 은혜를 경험하게 되는데, 객관적으로 명백하다고는 할 수 없는 경우가 거의 대부분이었다.(나 자신은 하나님의 도우심과 은혜라고 확신한다.) 비그리스도인들이 본다면, 열 명이면 열 명 모두가, 우연이거나 자기 마음의 투사일 뿐이라고 해석했으리라.

객관적으로 명백하지 않다는 말은, 일관적이지 않다는 말과 거의 같은 맥락으로 이해해도 좋을 것 같다. 나로서는 그 때 그 경우와 똑같은 조건이라고 생각하는데, 성령의 역사는(또는 하나님의 반응은) 똑같지 않을 뿐 아니라 전혀 달랐다. 따라서 나는(우리는) 언제든지 안심할 수 없게 되는 것이다. 내가(우리가) 예상한 결과가 나온다는 보장이 없으니까! 그래서, 이렇게 안심할 수 없음과 하나님에 대한 신뢰를 동시에 만족시킬 수는 없을까 하는 것이, 나의 의문이며 나의 주제이다. 비그리스도인들에게 또는 아직 믿음이 약한 다른 성도들에게 자신 있게 제시해 줄 수 있도록!!

다음 상황을 살펴보자. 좀 길다.

(사도행전 14장 8~19절)
루스드라에 발을 쓰지 못하는 한 사람이 앉아 있는데 나면서 걷지 못하게 되어 걸어 본 적이 없는 자라

바울이 말하는 것을 듣거늘 바울이 주목하여 구원 받을 만한 믿음이 그에게 있는 것을 보고

큰 소리로 이르되 네 발로 바로 일어서라 하니 그 사람이 일어나 걷는지라

무리가 바울이 한 일을 보고 루가오니아 방언으로 소리 질러 이르되 신들이 사람의 형상으로 우리 가운데 내려오셨다 하여

바나바는 제우스라 하고 바울은 그 중에 말하는 자이므로 헤르메스라 하더라

시외 제우스 신당의 제사장이 소와 화환들을 가지고 대문 앞에 와서 무리와 함께 제사하고자 하니

두 사도 바나바와 바울이 듣고 옷을 찢고 무리 가운데 뛰어 들어가서 소리 질러

이르되 여러분이여 어찌하여 이러한 일을 하느냐 우리도 여러분과 같은 성정을 가진 사람이라 여러분에게 복음

을 전하는 것은 이런 헛된 일을 버리고 천지와 바다와 그 가운데 만물을 지으시고 살아 계신 하나님께로 돌아오게 함이라

하나님이 지나간 세대에는 모든 민족으로 자기들의 길들을 가게 방임하셨으나

그러나 자기를 증언하지 아니하신 것이 아니니 곧 여러분에게 하늘로부터 비를 내리시며 결실기를 주시는 선한 일을 하사 음식과 기쁨으로 여러분의 마음에 만족하게 하셨느니라 하고

이렇게 말하여 겨우 무리를 말려 자기들에게 제사를 못하게 하니라

유대인들이 안디옥과 이고니온에서 와서 무리를 충동하니 그들이 돌로 바울을 쳐서 죽은 줄로 알고 시외로 끌어 내치니라

바울과 바나바는 신으로 추앙될 만큼의 영광을 받은 직후에 (또는 얼마 후에) 많은 사람들에게 돌로 맞아서 거의 죽을 지경에 이르게 되었다. 여기서 의문이 드는 것은, 사람들의 돌변한 반응도 그렇지만, 앉은뱅이를 단번에 일으켜 세우도록 허락하신 성령께서, 왜 돌에 맞아 죽을 지경에 빠질 때에는 본 척 만 척하시는가 하는 것이다. 아니, 구해 주시기는 하지만, 어째서 즉시 구해 주시지 않고 조금(또는 많이) 기다리게 하시는가 말이다.

그 조금의 기다림이, 당사자들에게는 목숨이 왔다 갔다 할 수도 있는 문제인데……!!

바울과 바나바는 도대체 어느 장단에 춤을 추어야 하는가? 그들은 자신의 마음을 어느 쪽에 맡겨야 하는가? 어디, 그들만 그러한가? 오늘날 우리 역시 그들과 똑같은 입장이다. 좀 신속하게 응답하시고 늦지 않게 구원해 주시면 안 되는 것일까? 그러다가 너무 늦으시면 망할 수도 있고, 죽을 수도 있고, 또 실제로 망하기도 하고 죽기도 하는 것이 우리의 엄연한 현실인데 말이다. 설마 망하고 죽은 자들 가운데 그리스도인은 하나도 없고, 그리스도인 가운데 망하고 죽는 자들은 아무도 없는 것일까? 정말 그런 것인가?

당연히, 내가 망하거나 죽는다고 해도, 하나님은 선하시고 나를 향한 선하신 뜻으로 섭리하심을 믿는 것이 믿음이며, 또 사실이 그러하다고 생각한다. 이제 육신의 삶에 바로 이어지는 부활을 믿고 죽기를 무서워하지 않게 되었다면, 죽음이 곧바로 우리가 소망하던 부활의 세상으로 연결해 줄 터이니, 좀 섭섭하기는 하지만 불만은 없다. 또 망했다고 한들 결국은 다시 일으켜 세워 주실 것이니, 죽으나 사나 하나님의 영광을 찬양함이 마땅할 것이다. 그러나 문제는, 지금 내가, 나의 사랑하는 사람들이, 이토록 힘들어 하고, 이토록 괴로워하며, 이토록 두려움에 짓눌리고 있다는 사실이다.

물론 하나님의 선하신 뜻과 섭리가 있음을 믿는다. 하나님께서 그리 하시는 것은 하나님 당신을 위해서가 아니라 우리(나)를 위해서라는 사실을 잘 알고 있다. 하지만 그렇다 해도 좀 아쉬운 것은 사실이다. 믿음 없는 자의 넋두리지만, 이 광야길 같고 포로길 같은 우리 인생 현실에서 항상 아주 신속하고도 구체적인 도움이 되어 주신다면 얼마나 좋겠는가?

웃사의 경우와 욥

많이 알려져 있는 다음과 같은 상황에서, 우리는 이 사건을 어떻게 받아들이고 또 어떻게 이해해야 할까? 아마도 올바른 해석을 위해 우리는 이것 저것 제법 여러 가지를 점검해 보아야 할 것이다.

> *(사무엘하 6장 3~7절)*
> *그들이 하나님의 궤를 새 수레에 싣고 산에 있는 아비나답의 집에서 나오는데 아비나답의 아들 웃사와 아효가 그 새 수레를 모니라*
> *그들이 산에 있는 아비나답의 집에서 하나님의 궤를 싣*

고 나올 때에 아효는 궤 앞에서 가고

　다윗과 이스라엘 온 족속은 잣나무로 만든 여러 가지 악기와 수금과 비파와 소고와 양금과 제금으로 여호와 앞에서 연주하더라

　그들이 나곤의 타작 마당에 이르러서는 소들이 뛰므로 웃사가 손을 들어 하나님의 궤를 붙들었더니

　여호와 하나님이 웃사가 잘못함으로 말미암아 진노하사 그를 그 곳에서 치시니 그가 거기 하나님의 궤 곁에서 죽으니라

(역대상 13장 7~10절)
　하나님의 궤를 새 수레에 싣고 아비나답의 집에서 나오는데 웃사와 아히오는 수레를 몰며

　다윗과 이스라엘 온 무리는 하나님 앞에서 힘을 다하여 뛰놀며 노래하며 수금과 비파와 소고와 제금과 나팔로 연주하니라

　기돈의 타작 마당에 이르러서는 소들이 뛰므로 웃사가 손을 펴서 궤를 붙들었더니

　웃사가 손을 펴서 궤를 붙듦으로 말미암아 여호와께서 진노하사 치시매 그가 거기 하나님 앞에서 죽으니라

하나님께서 웃사를 치신 이유는 다윗의 입을 통하여 명백히

밝혀져 있다.

> *(역대상 15장 11~15절)*
> 다윗이 제사장 사독과 아비아달을 부르고 또 레위 사람 우리엘과 아사야와 요엘과 스마야와 엘리엘과 암미나답을 불러
> 그들에게 이르되 너희는 레위 사람의 지도자이니 너희와 너희 형제는 몸을 성결하게 하고 내가 마련한 곳으로 이스라엘의 하나님 여호와의 궤를 메어 올리라
> 전에는 너희가 메지 아니하였으므로 우리 하나님 여호와께서 우리를 찢으셨으니 이는 우리가 규례대로 그에게 구하지 아니하였음이라 하니
> 이에 제사장들과 레위 사람들이 이스라엘 하나님 여호와의 궤를 메고 올라가려 하여 몸을 성결하게 하고
> 모세가 여호와의 말씀을 따라 명령한 대로 레위 자손이 채에 하나님의 궤를 꿰어 어깨에 메니라

이 본문에 따르면 하나님께서 웃사를 치신 이유는, "규례대로 그(하나님)에게 구하지 아니하였"기 때문이다. 다시 말해서 하나님의 율법대로 행하지 않았기 때문이라는 것이다. 그런데 이 구절은 너무 포괄적이어서, 그저 대충 하나로 묶어서 퉁치자는 것이나 다를 바가 없어 보인다. 좀 더 구체적이고 세부적인 분석

들이 필요할 것 같다.

먼저, 하나님께서는, 법궤를 운반함에 있어서 첫번째 잘못(법궤를 원래 있던 자리에서 수레에 옮겨 싣는 행위)에 대해서는 침묵하셨지만, 두 번째 잘못(수레에서 굴러떨어지는 법궤를 손으로 붙잡는 행위)에는 즉시 징벌을 내리셨다. 두 번째 잘못이 첫번째 잘못보다 더 무거운 죄라는 뜻으로 이해해야 하는 것일까? 또는 첫번째 잘못은 집단적인 죄이고 두 번째 잘못은 개인적인 죄라는 의미에서, 집단적인 죄는 집단적으로 심판하시고(집단적인 심판은 좀 더 긴 시간 동안 다소 복잡한 과정을 통하여 이루어지고) 개인적인 죄는 개인적으로 심판하시는 바, 그 결과가 즉시 웃사의 죽음으로 나타났다고 해석해야 하는 것인가?

그에 대해서는 여러 해석이 가능하겠지만, 여기서 우리가 관심을 가져야 할 것은 웃사라는 사람이다. 왜 그는 그토록 하나님의 진노를 사게 되었을까? 내가 만약 웃사의 입장이었다면 어떻게 해야 했을까? 하나님의 임재의 상징인 법궤가 땅바닥에 떨어지려고 하는데, 그럼 운송의 책임을 맡은 사람으로서 웃사가 가만히 있어야 한다는 말인가? 물론 그 진행 절차는 율법에 비추어 볼 때 처음부터 잘못되었던 것임이 분명하다. 하지만 그렇게 진행되도록 결정한 것이 전부 웃사의 책임은 아니지 않을까? 또한 웃사가 잘못했다 한들 그게 죽어 마땅한 죄라고 할 수는 없지 않겠는가?

그러나 웃사는 그냥 죽임을 당했다. 전적인 자신의 잘못이 아님에도 그는 죽고 말았다. 그냥 조연 한 사람이 무대에서 퇴장했을 뿐이라고, 그렇게 이해하면 되는 것일까? 우리가 다 조연인데?(어떤 의미에서는 다 주연이기도 하겠지만) 하나님께서는 주연인 다윗만을 사랑하시고 우리 조연들은 모두 미워하시는가 보다. 혹시 웃사는, 하나님의 징벌이 있을 수 있음을 알면서도, 하나님의 임재의 상징인 법궤가 땅바닥에 떨어지고 그 내용물들이 법궤 밖으로 굴러나와 여기 저기 흩어져 뒹구는 것을 차마 볼 수 없어서, 그래서 죽기까지 각오하고 법궤를 붙들었던 것이 아닐까? 모세 같은 사람이라면, 사도 바울 같은 사람이라면, 어쩌면 그렇게 행동했을지도 모르겠다.

만약 웃사가, 어떤 경우든 하나님의 율법은 지켜져야 하니까, 그러니까 감히 법궤에 손을 대지 못하고, 법궤가 땅바닥에 떨어져 구르는 것을 당혹하고도 안타까운 마음으로 그냥 지켜보고만 있었다면 어떻게 되었을까? 그러면 웃사는 무사했을지도 모른다. 법궤는 하나님 당신 자신이 지키실 것이다. 또는 그냥 떨어지도록 내버려 두심으로써 하나님 임재의 상징이, 하나님의 임재 자체는 아니라는 것을 깨닫게 하셨을지도 모른다. 성전까지도 버리실 수 있는 하나님이 아니시던가?

웃사는 도대체 어떤 마음으로 법궤에 손을 대었을까? 급한 마음에 아무 생각 없이 법궤를 붙들었는지, 법궤에 손을 대면 안 된다는 율법에 대해 알고는 있었는지, 법궤를 붙잡은 마음의 동기가, 하나님의 영광이 훼손되는 데 대한 우려 때문인지 또는 그저 자신이 앞장선 이 멋진 행사가 망가질까 우려했기 때문인지, 성경이 자세히 말해 주지 않으므로 잘 알 수는 없지만, 어떤 경우든 웃사가 하나님의 율법을 가볍게 여긴 것은 분명해 보인다. 하지만 하나님의 율법에 무지한 것은 다윗 역시 마찬가지였다. 뿐만 아니라 제사장들과 레위인들과 이스라엘 전체가 율법에 무지했다. 그 결과가 이것이다. 어찌 보면 웃사 홀로 모든 책임을 지고 억울하게 죽었다고 볼 수도 있겠다.

웃사가 죽고 나서 법궤는 다윗성으로 들어오지 못하고 임시로 오벳에돔의 집으로 들어갔다. 그런데 겨우 3개월 머무는 동안 오벳에돔의 집이 복을 받았다는 점에 비추어 보면, (아비나답의 집이 복을 받았다는 언급이 없고 또 웃사가 저리 된 것을 보면) 아비나답의 집에서는 법궤의 관리에 부족했던 점이 있었던 것이 아닌가 짐작해 본다.

법궤가 아비나답의 집으로 들어간 것은 이미 오래 전의 일이었다. 블레셋에게 빼앗겼던 법궤가 다시 돌아온 지 70년 정도 지난 것 같다. 아비나답의 아들인 엘르아살은 아마도 죽었을 것이므로 웃사는 아비나답의 손자일 것이다.(구약에서는 곧잘 손자를 아들로 표현하기도 한다.) 아마도 웃사는 평소에 하나님의 법궤가 집 안에서 어떤 대접을 받는지 보면서 자랐을 것이다. 그러므로 웃사는 자신이 자라면서 본 대로, 하나님의 율법을 소홀히 여기는 어리석음을 범하였고, 그 결과가 자신의 죽음으로 나타난 것이다.

원래부터 법궤는 반드시 레위인들이 고리에 채를 꿰어서 어깨에 매고 운반하게 되어 있다. 그런데 그냥 수레에 싣고 운반하려 한 것이다. 게다가 안전에 대한 아무런 고려도 없이, 예를 들어 각목으로 턱을 만들어 법궤가 미끄러지지 않도록 방지한다든지 하는 조치도 없이 그냥 덩그러니 수레에 싣고 출발하였다. 이는 분명히 법궤를, 하나님의 영광과 하나님의 명령을 소홀히 여긴 것이다. 아마도 처음에 벧세메스에서 기럇여아림으로 법궤가 들어왔던 모습을 그대로 답습했던 것 같다.

그 다음에 생각해 볼 수 있는 것은, 법궤를 수레에 실으려면 여러 사람이 법궤를 붙잡기 위해 손을 대야 했을 텐데, 그 때는 하나님께서 아무도 치지 않으셨다는 점이다. 설마 수레까지만 율법의 규정대로 법궤를 옮겨 오지는 않았을 게 아닌가! 아무튼 웃사가 법궤에 손을 대기 전까지는 하나님께서 아무도 치시지 않았고 따라서 아무도 죽은 자가 없었다. (아무도 죽은 자가 없었기 때문에 온 이스라엘은 하나님의 율법이 얼마나 지엄한지를 미처 깨닫지 못하고 있었다.) 그런데 하나님께서 진노하셔서 웃사만이 죽임을 당했다면, 웃사에게는 무언가 하나님께서 치실 만한 이유가 있었다고 보는 것이 합당하다. (하지만 똑같이 손을 댔는데 누구는 살고 누구는 죽는다? 도대체 그 기준이 무엇일지 깊이 생각 볼 필요가 있겠다.)

한 가지 또 생각해 볼 수 있는 것은, 왜 하필이면 나곤의 타작 마당 거기서 소들이 뛰었느냐 하는 점이다. 다윗성에서 10km 정도 떨어져 있는 기럇여아림에서 출발하여 나곤의 타작 마당에 이를 때까지 아무 일도 일어나자 않았는데, 왜 갑자기 소들이 거기서 뛰었을까? 하나님께서 웃사를 시험하시려고 소들을 뛰게 하셨을까? 그렇게 볼 수는 없다. 하나님께서는 아무도 친히 시험하시지 않는다고 했다.

(야고보서 1장 13절)
사람이 시험을 받을 때에 내가 하나님께 시험을 받는다 하지 말지니 하나님은 악에게 시험을 받지도 아니하시고 친히 아무도 시험하지 아니하시느니라

그럼 하나님께서는 일이 이렇게 진행되어 나가는 과정에 아무 관련이 없으실까? 그럴 수는 없는 일이다. 우리의 머리털 숫자까지 세시는 분이 하나님이시다.

(마태복음 10장 30절)
너희에게는 머리털까지 다 세신 바 되었나니

그럼 소들이 뛴 이유는 어디서 찾아야 할지 알 수가 없다. 소들이 거기서 뛰지만 않았어도 웃사는 죽지 않았을 것이다. 설령 웃사가 죽어 마땅한 죄인이라 해도, 소들이 거기서 뛰지 않았으면, 지금까지와 마찬가지로 그럭 저럭 자기 삶을 영위해 나갔을 것이다. 그러다가 자기 죄를 넘어서지 못하고 멸망에 이르렀을 수도 있겠지만, 나중에 회개하고 새 사람이 되어 장수를 누렸을 지도 모를 일이다. 일이 어떻게 진행되고 어떤 결과를 가져 올지, 불행이 행복의 원인이 될지 행복의 결과가 불행의 씨앗이 될지, 하나님 외에는 어느 누구도 알 수가 없다. 그저 눈에 보이는 단면만을 가지고 아주 짧은 예상밖에는 할 수 없는 우리들이다.

그러므로 이 육신적 세계의 인과율로 하나님의 일을 재단한다는 것은 불가능한 일이다. 웃사가 과연 죽어 마땅한 죄를 저질렀기 때문에 죽었다고 명확하게 말할 수는 없다. 지금 이스라엘에 웃사보다 더 큰 죄를 저지른 사람은 아무도 없다고 단정할 수는 없는 노릇이다.

(누가복음 13장 4절)
또 실로암에서 망대가 무너져 치어 죽은 열여덟 사람이 예루살렘에 거한 다른 모든 사람보다 죄가 더 있는 줄 아느냐

하지만 만약 그렇다면, 이는 웃사에게는 매우 불합리하고 억울한 일이 아닐 수 없을 것이다. 다만, 웃사의 죽음으로 인하여 이스라엘은 하나님께서 살아 계시다는 사실을 다시 한번 깨달을 수 있었다. 이스라엘을 깨닫게 하기 위해 웃사는 기꺼이 자신의 죽음을 받아들일 수 있을까? 이런 불합리 또는 부조리가 우리의 삶에는 가득하다는 것이 내 생각이다. 그러나 이런 불합리·부조리의 근원에는 오직 하나님의 한결같은 섭리와 다스리심이 있다고 나는 믿는다. 이 육신의 삶은, 그러므로, 저 부활의 삶과 연결시키지 않고서는, 그저 불합리하고 부조리한 짧은 꿈에 지나지 않는 것 같다.

그렇다면, 이제, 우리는, 어떻게 살아야 하는가? 우리 눈에 보이기에는 모든 일이 다 이랬다 저랬다 하는 것 같고, 일관적인 방향이 보이지 않으며, 이건 확실하다고 말할 수 있는 것이 아무 것도 없는데, 아주 단기적인 예상에만 의지해서 어떻게 나와 내 집의 살 길을 찾아 나갈 수 있을지 모르겠다. 아마도 그래서 모두

들 악착을 떠는 것이겠지! 지금 이 후기 자본주의 시대에 돈에 대해 더욱 악착을 떠는 것도 그런 이유겠지!

(잠언 24장 19절)
너는 행악자들로 말미암아 분을 품지 말며 악인의 형통함을 부러워하지 말라

어떻게 악인이 의인보다 더 형통할 수 있는가? 그것부터가 의문인데, 아예 부러워하지도 말라고 하신다. 뿐만 아니라 행악자들에게 분을 품지도 말라신다. 혹시, 그 분이, 우리가 육신적 존재임을 잠시 잊으신 게 아닐까? 그게 아니라면 우리가, 혹시, 그 분이 어떤 분이신지 잠시 잊고 있는 것은 아닐까?

욥은 모든 재산과 열 명의 자녀를 한꺼번에 잃어버렸는데, 나중에 잃은 재산들을 두 배로 보상받았고 다시 열 명의 자녀들을 얻었다.

(욥기 42장 12~13절)
여호와께서 욥의 말년에 욥에게 처음보다 더 복을 주시니 그가 양 만 사천과 낙타 육천과 소 천 겨리와 암나귀 천을 두었고
또 아들 일곱과 딸 셋을 두었으며

어떤 이는 이를 두고 자녀도 두 배로 보상받은 것이라고 해석하는데, 맞는 말이지만 틀리다고 읽는다. 잃은 열 명의 자녀들이 겪었을 두려움과 괴로움과 황당함과 억울함은 보상이 불가능하기 때문이다. 열 명의 자녀는 하나 하나가 모두 그냥 쓰고 버릴 수 있는 무대 장치가 아니라는 말이다. 그들 한 사람 한 사람이 모두 자기 삶의 주인공이며, 하나님 앞에서 믿음의 주체로 서 있는 주역들이었다. 그런데 그들이 한 날 한 시에 모두 다 죽어 버린 것이다.

하나님께서 사탄과의 내기를 위해 그들 모두를 희생시키신 게 아니냐고 생각하지 말라.(우리의 하나님이 그러실 리가!) 어떤 결과이든 감히 피조물이 하나님께 불평을 할 수는 없는 법이라고 말하지도 말라.(그런 말은 오직 하나님만 하실 수 있다.) 우리가 이해할 수 있는 범위를 넘어서는 하나님의 섭리가 있다는 것을 인정하고, 그저 겸손히 인간적인 판단과 선택을 내려 놓으라. 그리고 스스로의 감정과 고통스런 마음을 기도하는 가운데 추스르는 것이 옳다.

하나님에 대한 완전한 신뢰

히브리서에 보면, 아브라함은, 자신이 아들 이삭을 제물로 바

처도 하나님께서 다시 살리실 것으로 믿었다고 했다.

> (히브리서 11장 17~19절)
> 아브라함은 시험을 받을 때에 믿음으로 이삭을 드렸으니 그는 약속들을 받은 자로되 그 외아들을 드렸느니라
> 그에게 이미 말씀하시기를 네 자손이라 칭할 자는 이삭으로 말미암으리라 하셨으니
> 그가 하나님이 능히 이삭을 죽은 자 가운데서 다시 살리실 줄로 생각한지라 비유컨대 그를 죽은 자 가운데서 도로 받은 것이니라

그런데, 하나님께서 다시 살리실 것을 믿으면, 그냥 자기 아들을 쉽사리 바칠 수 있게 되는 것인가? 그건 분명히 좀 다른 문제인 것 같다. 그것도 제물 담당자나 누구에게 맡기는 것이 아니라 자기 스스로의 손으로, 아들을 번제물로 바쳐야 하는 것이니, 아들의 목 경동맥을 칼로 찔러 피를 뿌리고 몸은 조각 조각 잘라서 불에 태워야 하는 것이다. 그 때 사랑하는 아들이 느껴야 할 고통과 두려움과 아버지에 대한 배신감, 그리고 아브라함 자신이 감당해야 할 이루 말할 수 없는 괴로움과 아픔은 무시당해도 좋은 하찮은 요소에 지나지 않는 것인가?

이 본문은, 하나밖에 없는 아들을 번제의 제물로 바치라는 하

나님의 명령에 순종한 아브라함의 믿음에 대해서만 단순히 언급하고 있지만, 우리는 그 행간에서, 아브라함의 순종이 사람으로서는 불가능할 정도의 괴로운 희생을 전제로 이루어진 것이라는 사실을 읽어 낼 수 있어야 한다. 그래야 이 말씀을 제대로 해석할 수 있다.

아브라함의 순종은 '하나님에 대한 완전한 신뢰'가 어떤 것인지를 우리에게 보여 주고 있다. 아브라함은 자기 손에 아들의 피를 묻혀야 하는 그 끔찍한 과정까지도 하나님의 뜻에 맡기기로, 즉시, 결정한 것이다. 결정이 먼저이고 고민은 나중에 하는 게 맞다. 아마도 그의 심령은, 모리아산까지 사흘 길을 가는 동안 지옥에 빠져 있었겠지만 말이다. 하나님께서 아브라함을 왜 "믿는 모든 자의 조상"(롬 4: 11)으로 삼으셨는지 그 근본적인 이유를 이해할 수 있다.

또 한 가지 아브라함의 일과 관련하여 덧붙이고 싶은 것은, 하나님은 일이 이렇게 진행될 줄 모르고 계셨을까 하는 의문이다. 우리 모두가 아는 바와 같이, 그럴 리가 없다. 하나님은 전지(全知)하시다. 그런데, 그렇다면 하나님은 왜 굳이 아브라함을 그 지경에까지 몰아 넣으시는 것일까? 아브라함이 독자 이삭의 목 경동맥에 칼을 들이댈 때까지 왜 하나님은 기다리시는가? 왜 하나님은 우리의 기도에 즉시 반응하시지 않고 천천히, 때로는 아주 늦었구나 싶을 만큼 천천히, 아주 가끔씩은 다 끝나 버린 다음에 응답하시는가? 하나님 당신 자신을 위해서인가 아브라함(우리)을 위해서인가?

한 가지 분명한 것은, 아브라함은 그 과정을 통하여 하나님과의 관계에 있어서 자신도 알지 못했던 자기 정체를 발견할 수 있었을 것이라는 점이다. 그뿐 아니라 갈대아 우르 출신의 아브라함에게 낯설지 않았던 인신 공양의 본질에 대하여 통찰하는 바가 있었을 것이며, 아들의 목에 칼을 댔던 경험으로부터 자신이 아들을 얼마나 사랑하는지 절실히 깨달았을 것이며, 하나님의 약속을 이미 그 자신의 심령 속에 완성시킬 수 있었을 것이다. 그런 과정을 통하여 비로서 아브라함의 믿음, 하나님에 대한 완전한 신뢰는 완성될 수 있었던 것이다.

하나님을 믿는 것과 하나님을 신뢰하는 것은 같지 않다. 하나님을 조금 신뢰하는 것과 하나님을 많이 신뢰하는 것 사이에는 아주 큰 차이가 있다. 우리가 많은 경우에, 하나님의 선하신 뜻에 합당하도록 판단하고 선택하고 실천하지 못하는 가장 큰 이유는, 하나님을 믿지 못해서라기보다는 하나님에 대한 신뢰가 충분하지 못하기 때문이다. 하나님에 대한 신뢰보다는, 지금 확실하게 내 손에 들려 있는 도구와 대안이 더 믿을 만하다고 느끼기 때문이다.

'하나님에 대한 완전한 신뢰', 그야말로 모든 신앙적 의문에 대한 최종 해답일 수 있다. 반드시 하나님께서 내가 원하는 결과를 이루어 주실 것이라는 믿음은 (그런 일이 가능할 수도 없겠지만 '하나님에 대한 완전한 신뢰'라고 할 수도 없다. 비록 내가 원하는 결과가 아니더라도(나 자신뿐 아니라 내 자녀까지, 끝내 망하거나 죽더라도) 하나님께서 나(우리)를 해롭게 하실 리 없다는 것을 믿는 것이 '하나님에 대한 완전한 신뢰'를 보이는 일이다. 그렇지 않으면 순교하기란 사실상 어렵다고 본다.(우리 중 누구도 그런 상황까지 가기를 원하지 않겠지만) 실제로 우리에게는 죽음과 거의 동시에 부활의 영광이 보증되어 있음을 잠시도 잊어서는 안 된다.

도무지 이해할 수 없는 이런 사건과 사고들이 어디 드문 일이던가? 하나님이 계시다면 어떻게 이런 일이……?!! 따지고 보면 우리가 사는 이 세상에서는 그런 일들이 시시때때로 자주 일어나고 있다. 또한 그리스도인이라면, 하나님에 대한 신뢰의 시험대에 서야 하는 경우도 허다하다. 우리는 다 웃사와 같고, 욥과 그의 자녀들 같고, 아브라함과 다르지 않다. 왜 웃사는 죽고 우리는 살아 있는가? 왜 욥은 자녀들을 잃고, 내 자녀는 멀쩡하게 잘 지내는가? 왜 아브라함은 하나님을 신뢰하는 믿음의 시험에서 합격하고, 왜 나는 항상 실패하는가? 왜, 누군가가 죽으면 그저 있을 수 있는 사건 가운데 하나로 여기면서, 내 자녀가 죽게 되면 도무지 이해할 수 없는 비극이라 하는가?

우리는 얼마나 여러 번 하나님의 법을 범해 왔을까? 우리는 얼마나 여러 번 이해할 수 없다는 이유로 하나님을 의심해 왔을까? 우리는 얼마나 여러 번 하나님의 뜻에 순종하기를 거부해 왔을까? 그런데도 아직 망하지 않았고(망했던 사람과 망하는 중에 있는 사람도 적지 않겠지만), 그런데도 아직 살아 있다.(죽은 사람들, 아니, 잠 자는 사람들도 있겠지만, 그들은 지금 부활을 위해 대기하고 있는 중이다.)

그러면 하나님의 진리를 믿는 우리들은, 그 진리를, 현실을 변화시키는 능력으로 삼기 위하여 어떻게 해야 하는가? 물론 현실을 변화시키는 주체는 내가 아니라 하나님이다. 나는 주체가 아니라 도구일 뿐이며, 도구인 동시에 대상이라고 하는 게 맞을 것이다. 하나님은 나를 통하여 너를 변화시키시고, 너를 통하여 나를 변화시키고자 하신다. 하나님은 우리를 통하여 우리를 변화시키려고 하신다.

이 냉혹한 현실의 법칙 뒤에는 그보다 더 엄정한 하나님의 법칙이 있다. 지금, 당장의 문제가 해결되지 않고, 참기 어려운 고통이 계속되고 있다. 망할(죽을) 줄 알면서도 하나님의 영광을 위하여 모든 것을 (하나님을 믿고) 하나님께 맡기겠는가, 아니면 결단코 망할(죽을) 수는 없으므로 하나님의 뜻을 못 본 체하겠는가? 그도 아니라면, 이럴 수도 없고 저럴 수도 없으니, 하나님께서 응답해 주실 때까지 그저 모든 고통을 감당하면서 막연히 인내하며 기다릴 것인가?

우리는 겸손하게, 전지 전능자 하나님 앞에 전심으로 머리를 숙여야 한다.(숙일 수밖에 없다.) 우리의 오감을 사로잡고 있는 이 육신적 전쟁의 배후에는, 우리가 알지 못하는 영적 전쟁이 있다. 이 세계의 배후에 있는 영적 세계는(우리가 아는 것은 거의 아무 것도 없다.) 우리가 짐작하는 범위를 아득히 초월하는 세계임을 인정하고, '하나님에 대한 완전한 신뢰'에 모든 것을(망하고 죽는 것까지) 맡겨야 한다. '하나님에 대한 완전한 신뢰'를 보이기 위해 감당해야 할 댓가에 집중하는 순간, 순종은 물 건너 간다. 망하면 다시 일어설 것이고 죽으면 부활과 영생이다.

그리고 막말로, 그러지 않는다고 해서 다른 대안이 있는 것도 아니다. 그저 당장의 위급을 잠시 모면할 따름이다. 어차피 결국에는 죽을 목숨이고 영원한 해결책은 어디에도 없다. 되살아난 나사로도 결국 다시 죽었고, 병이 나은 환자는 언젠가 다시 병에 걸릴 것이다. 그저 정도의 차이에 불과하고, 그저 시기가 이르냐 늦으냐의 문제일 뿐이다. 결국 우리는 어차피 그렇게 되어질 것들을 하나님께 드림으로써 그 분의 인정을 받게 되는 것이다.